L'ESPRIT

DE LA

GUERRE NAVALE

OUVRAGES DU MÊME AUTEUR

Étude sur le Combat naval. Un volume in-8 de 165 pages. Paris, 1902 (Berger-Levrault et Cie, éditeurs).

Étude sur la Stratégie navale. Un volume in-8 de 423 pages. Paris, 1905 (Berger-Levrault et Cie, éditeurs). *Ouvrage couronné par l'Académie des sciences.*

Ces deux volumes, aujourd'hui épuisés, forment, en réédition, les tomes I et II de l'ouvrage :

L'ESPRIT DE LA GUERRE NAVALE :

      I. **La Stratégie** (2e édition de l'*Étude sur la stratégie navale.* 1909). Un volume de 401 pages. Prix : **6** fr.

     II. **La Tactique** (2e édition de l'*Étude sur le combat naval*). Un volume de 154 pages. Prix : **2** fr. **50.**

    III. **L'Organisation des forces.** Un volume de 328 pages. Prix : **5** fr.

Les Enseignements de la Guerre russo-japonaise. La lutte pour l'empire de la mer. Paris, 1906. Un volume in-8 de 231 pages, accompagné de 27 croquis et de 3 cartes hors texte (Challamel, éditeur).

RENÉ DAVELUY

CAPITAINE DE FRÉGATE

L'ESPRIT

DE LA

GUERRE NAVALE

III

L'ORGANISATION DES FORCES

BERGER-LEVRAULT & Cie, ÉDITEURS

PARIS | NANCY

RUE DES BEAUX-ARTS, 5—7 | RUE DES GLACIS, 18

1910

AVERTISSEMENT

On n'écrit pas un livre en quelques jours. Lorsqu'on est embarqué pendant plus de trois années consécutives en qualité de second, de premier-aide de camp, de chef d'état-major et de commandant, on ne dispose pas de loisirs suffisants pour travailler avec assiduité. Il y a donc bien longtemps que les bases de cet ouvrage ont été posées.

Il venait à peine d'être terminé au moment où l'orage qui s'amoncelait à l'horizon a éclaté sur la marine. Pendant tout le mois de juillet 1909, elle a été sur la sellette à la Chambre des Députés. La conclusion de ces longs débats a été la nécessité d'opérer une refonte complète de tous les services. C'est à quoi on s'occupe actuellement. Puissions-nous ne pas attendre trop longtemps.

Il résulte de cette situation que la réalité d'aujourd'hui peut ne plus être celle de demain.

Malgré que nous soyons dans une période de transition, nous n'avons rien changé à notre texte. Il était trop tard. Et puis il est instructif de connaître les *causes qui ont amené la crise actuelle. L'homme marche à tâtons dans l'existence; et s'il n'avait pas pour se guider les leçons du passé, il s'égarerait et reviendrait à son point de départ.*

A bord du *Faucon*, La Sude, août 1909.

R. D.

TABLE DES MATIÈRES

TROISIÈME PARTIE

L'administration

INTRODUCTION

On a pu dire avec raison que la plupart des fautes que l'on relève dans notre histoire maritime ont eu pour origine, bien moins des conceptions erronées qu'une insuffisance de moyens résultant d'une préparation défectueuse. Trop souvent, en effet, la stratégie, aussi bien que la tactique, ont été esclaves des circonstances. Faute de pouvoir bien faire, on se contentait de faire quelque chose.

Après avoir, dans deux études précédentes ([1]), essayé de dégager les *possibilités* de là guerre navale, il nous reste donc maintenant à rechercher les conditions nécessaires pour les réaliser. Nous sommes ainsi conduits à étudier l'organisation des forces au double point de vue du personnel et du matériel.

Ces éléments constituent les deux leviers de la guerre ; c'est de leur trempe que dépend l'avenir maritime de la France. Pour mener nos bâtiments

----

[1] *La Stratégie; la Tactique* (Tomes I et II de l'*Esprit de la guerre navale*).

au combat, il suffit de trouver un homme ; mais, avant de donner à cet homme les instruments dont il a besoin pour enchaîner la victoire, il aura fallu former, pendant la paix, toute une génération de combattants ; il aura fallu construire des navires capables de résister à l'épreuve du feu; il aura fallu les armer avec un matériel robuste et puissant. Tout cela exige un effort constant, une compréhension saine des nécessités de la guerre.

Des deux facteurs, matériel et personnel, on s'est souvent demandé lequel joue un rôle prépondérant. En fait, ils ont une importance égale. Le matériel le plus puissant n'a aucune valeur entre des mains qui ne savent pas l'utiliser; et l'ouvrier le plus habile ne fera jamais qu'une œuvre imparfaite avec de mauvais outils.

Ce qui est vrai, c'est que, pendant les longues périodes de paix, les préoccupations vont plutôt au matériel parce qu'il est plus facile de le prendre comme terme de comparaison pour apprécier la puissance respective des différentes marines. L'amour-propre entre également en jeu; on se résout difficilement à posséder un type de bâtiment, un modèle d'artillerie, manifestement inférieurs à ceux des autres nations. L'esprit est ainsi constamment tendu vers l'amélioration du matériel.

Au contraire, tout conspire contre le personnel. Sa valeur réelle n'apparaît que sur le champ de bataille. Pendant la paix, elle ne se révèle qu'aux professionnels, et souvent à des indices assez peu précis. Deux marines pourront avoir la même apparence sans qu'on puisse discerner la tare qui ronge l'une d'elles.

Cette absence de manifestations extérieures est cause qu'on consent plus volontiers des sacrifices sur le personnel. En paroles, on ne semblera pas le négliger; on se plaira à exalter la discipline; on fera appel en toute occasion, ou même sans occasion, au dévouement et à l'esprit de sacrifice des troupes et des équipages, comme s'il suffisait d'évoquer ces qualités pour les faire naître. Mais, dans la pratique, le besoin d'économies, les idées humanitaires mal comprises, les accès de popularité malsaine feront consentir à des concessions qui porteront atteinte au personnel, aussi bien au point de vue du nombre que de la qualité. Sous l'empire de ces diverses influences, la valeur globale du personnel périclite peu à peu. Comme la désagrégation se fait par degrés insensibles, on ne s'en rend pas compte nettement; on l'aperçoit d'autant moins qu'elle envahit le corps militaire en entier, la tête aussi bien que les membres; et il arrive un moment où les seuls qui seraient capables de remédier au mal n'en ont plus la notion parce qu'eux-mêmes ont subi la contagion.

Survienne une guerre. On s'aperçoit, mais trop tard, que l'argent qui a été consacré à entretenir et à transformer de vieilles unités a été dépensé inutilement, parce qu'on l'a pris sur le personnel qui aurait pu les armer; on constate que le rendement du matériel neuf est diminué de toute l'infériorité du personnel qui le monte.

Dans une organisation rationnelle, le personnel et le matériel doivent donc marcher de pair; l'un ne doit jamais être sacrifié à l'autre. La seule différence qui existe entre ces deux éléments est qu'il est plus facile d'avoir un bon matériel qu'un personnel entraîné; la question du matériel excite l'émulation des officiers, des ingénieurs, des industriels; l'instruction et l'éducation du personnel sont des tâches ingrates, presque ennuyeuses, qui ne donnent que l'obscure satisfaction du devoir accompli.

On peut ajouter également que, dans une marine où le personnel a confiance en soi et est conscient de la grandeur de son rôle, le matériel ne saurait être défectueux; car le seul fait d'avoir toujours présent à l'esprit le but suprême indique le moyen de l'atteindre. A ce point de vue seulement, on est en droit de dire que la question du personnel est plus grave que celle du matériel.

Cela posé, il faut déterminer les conditions d'emploi et de gestion du matériel; régler le statut du personnel et les rapports entre les différents services; établir enfin un lien entre le matériel et le personnel. Ces diverses nécessités ont donné naissance à l'*administration*.

Celle-ci a donc pour but de permettre à la machine maritime de fonctionner avec douceur et

régularité. Si les procédés qu'elle emploie ne s'a-
daptent pas aux principes qui ont présidé à
l'organisation des forces, ils entravent le fonctionnement régulier des services au lieu de le faciliter.
C'est à ce point de vue que nous aurons à étudier
notre système administratif.

PREMIÈRE PARTIE

LE PERSONNEL

L'OFFICIER — SON RÔLE

L'officier de terre est mieux connu du public que l'officier de marine, parce qu'il ne vit pas, comme ce dernier, sur un terrain réservé. C'est lui qui sert de modèle lorsque le vulgaire veut se faire une opinion sur la situation de l'officier en général.

Son sort fait envie : il ne s'habille pas comme tout le monde; il voyage à quart de place; il appartient à la catégorie des privilégiés qui jouissent d'une retraite.

Pendant la paix, son existence s'écoule paisiblement, accompagnée de nombreux loisirs. Ses occupations n'ont rien de transcendant : surveiller l'instruction des recrues, faire des manœuvres de garnison, assister à quelques conférences. La monotonie de la vie de garnison n'est troublée que de loin en loin par de grandes manœuvres.

Parmi les soldats, il s'en trouvera qui auront une instruction égale ou supérieure à celle de leurs officiers; il y aura des licenciés, des docteurs en droit, des savants en herbe. Ceux-là, en voyant leur capitaine commander la compagnie et le lieutenant à la tête de sa section, se diront qu'il n'est pas difficile d'être officier et qu'ils seraient capables d'en exercer la fonction. C'est à peine si, pendant les manœuvres, ces intellectuels se rendront compte que le maniement des hommes et leur utilisation sur le terrain est un art qui ne se développe que par une pratique constante.

Ceux qui jugeront la question de plus haut et que l'âge aura mis aux prises avec les difficultés de la vie, ceux-là verront les choses sous un jour différent. Ils se diront que recommencer tous les ans à faire l'éducation des jeunes soldats, dégrossir des natures frustes, répéter indéfiniment les mêmes enseignements sans jamais se lasser, est une besogne ingrate et qu'il y a quelque mérite à l'accomplir. Ils se diront surtout que l'armée est un organisme créé en vue de la guerre et que l'état de paix, étant contraire à son principe, ne permet pas d'apprécier sainement le rôle de l'officier.

En effet, dès qu'on entre en campagne la scène change. Au milieu des fatigues qui sont la monnaie courante de l'état de guerre, le rôle des officiers grandit subitement. Ce sont eux qui soutiennent le moral de leurs hommes; et si leur influence ne se faisait pas sentir constamment, les armées se désagrégeraient. Pour dompter les éléments, tirer parti des situations, raffermir les courages éprouvés par les fatigues et les revers, il faut faire preuve d'une trempe morale exceptionnelle. Sur le terrain, même à la tête des plus petites unités, le côté artistique du métier se révèle sous un jour insoupçonné.

Et ce n'est pas dans le calme et la tranquillité d'esprit que l'action des officiers doit s'exercer. C'est sur les routes poudreuses, et au bivouac après des journées de marche exténuantes. C'est sur le champ de bataille qu'il faut prendre les décisions les plus graves, souvent sous la mitraille; et de la solution adoptée dépendra la vie ou la mort, le succès ou la défaite, la gloire ou la honte. Vous tous, hommes de lettres et hommes de science, vous qui avez acquis par vos œuvres une juste renommée, qu'auriez-vous produit si vous aviez dû travailler dans des conditions aussi anormales? Aucun de vous n'a connu le poids du fardeau le plus lourd que puisse porter un homme : celui de la responsabilité de la vie de ses semblables.

Le fait que le rendement des troupes varie suivant le degré de confiance qu'elles accordent à leurs chefs, que les mêmes hommes sont vainqueurs ou vaincus suivant qu'ils sont placés sous telle ou telle autorité, ce fait seul suffirait à démontrer que tout le monde n'a pas les aptitudes nécessaires pour exercer le commandement et que le rôle de l'officier présente des difficultés qu'on ne rencontre au même degré dans aucune autre position sociale. C'est pourquoi on a coutume de dire que l'armée vaut ce que valent les officiers. Ceux-ci sont les piliers de l'édifice militaire.

Ainsi, suivant le point de vue auquel on se place, le métier militaire est à la fois le plus facile et le plus difficile à exercer. C'est le plus facile, s'il se borne au train-train de la vie de garnison; c'est le plus difficile, s'il embrasse la préparation à la guerre et la guerre elle-même.

* * *

La situation de l'officier de marine est un peu différente de celle de son camarade de l'armée de terre. Dans l'armée, il semble — ce n'est d'ailleurs qu'une apparence — que l'exercice de chaque grade permet d'acquérir les connaissances nécessaires pour satisfaire aux exigences du grade supérieur; chaque échelon constituant, pour ainsi dire, le prolongement de l'échelon inférieur, depuis celui de simple soldat jusqu'à celui de général. De même que, dans les emplois civils, on débute par un poste subalterne, et, en franchissant les divers degrés de la hiérarchie, on arrive à posséder tous les rouages de l'administration.

Dans la marine, il n'en est pas ainsi. Les officiers se trou-

vent, vis-à-vis des équipages, dans une situation analogue
à celle des ingénieurs vis-à-vis des ouvriers. Ils opèrent
dans un domaine inaccessible à leurs hommes ; ils se livrent
à des besognes mystérieuses auxquelles ces derniers ne comprennent rien. Il leur arrive même d'avoir avec les astres
des relations d'un caractère qui paraît étrange. Qu'il s'agisse
de la navigation, de la mise en action des moyens militaires
ou du fonctionnement si compliqué des navires modernes,
les hommes sont d'autant plus étrangers à certains travaux
des officiers qu'ils se recrutent, en majorité, dans les populations maritimes qui n'ont aucune instruction. Cette situation donne aux officiers de marine une autorité morale que
les officiers de terre ne peuvent acquérir au même degré
qu'en s'imposant par leurs qualités personnelles ; car eux
seuls sont capables de commander et de diriger le navire,
et personne ne peut les suppléer. Aussi le marin ne porte
pas envie à ses officiers ; il accepte leur autorité comme une
chose nécessaire et il y trouve une garantie de sa sécurité.

Une autre particularité de l'officier de marine est que,
par la nature du milieu, il se trouve — ou devrait se trouver
— mieux préparé que l'officier de terre à affronter les dangers de la guerre. Lorsqu'il est embarqué, il est en lutte
constante avec les éléments. Nul n'ignore que la navigation
n'est pas exempte de périls. Le mauvais temps, les écueils,
les collisions sont des ennemis permanents ; l'armement des
bâtiments est si puissant qu'il occasionne des accidents.
La vie maritime fournit ainsi des occasions journalières de
tremper les caractères, lorsqu'elle est active et ne se borne
pas à une réclusion à l'intérieur des rades.

A l'époque où la formation de notre empire colonial
créait à la France des contestations avec les pays exotiques,
le commandant d'un bâtiment en campagne se trouvait
fréquemment en face de situations délicates. Comme les
diverses parties du monde n'étaient pas alors reliées entre

elles par des réseaux télégraphiques, il ne pouvait puiser des inspirations auprès du pouvoir central; il lui fallait agir sous sa propre responsabilité de façon à maintenir le prestige du pays, sans l'engager dans une aventure. A cette école, se formait le jugement et se développaient les initiatives. Nous n'avons pas à déplorer l'établissement de communications instantanées; mais il nous sera permis de regretter que la marine ne favorise plus au même degré l'éclosion des vertus militaires.

*
* *

En cherchant à définir le rôle de l'officier, nous avons voulu montrer que l'homme qui aura à le remplir ne saurait être choisi au hasard. Il devra être le produit d'une sélection; il devra être doué des qualités et posséder les connaissances nécessaires pour être capable d'accomplir sa tâche. Ce ne sera pas forcément un homme parfait, un phénix; il pourra avoir des défauts, mais il ne devra pas avoir certains défauts.

D'ailleurs, pour apprécier sainement l'officier, il ne faut pas le juger trop superficiellement. Chaque métier imprime à ceux qui l'exercent une empreinte particulière, au physique comme au moral. A force d'évoluer toujours dans le même cadre, on finit par former un petit monde spécial qui a des manières et des habitudes communes, une façon de penser caractéristique. M. Lockroy a tracé avec maîtrise le portrait de l'officier de marine, de cet homme qui vit en tournant le dos au public, en méprisant le terrien. Ce particularisme de l'officier en général et de l'officier de marine en particulier les fait taxer de fierté et de hauteur et leur attire l'animosité des esprits étroits. On peut regretter que le corps d'officiers ait parfois une manière de faire qui le met en opposition avec la masse

du public, mais il ne faut pas prendre au tragique ses petits
travers qui ont aussi leur utilité, parce qu'ils contribuent
à développer en lui le sentiment de sa mission. Les collec-
tivités, comme les individus, ont leurs faiblesses dont il faut
savoir s'accommoder lorsqu'elles sont compensées par de
solides qualités. Ce sont celles-ci que nous allons chercher
à préciser.

II

L'OFFICIER (suite) — SES QUALITÉS

Le caractère. — On dit de quelqu'un qu'il a du caractère lorsque, en toutes circonstances, il fait passer son
devoir avant son intérêt.

Le caractère est la première qualité de l'officier. C'est-à-
dire qu'il doit avoir, avant toutes choses, à un degré élevé,
le sentiment de sa mission et des devoirs qu'elle lui crée.

C'est par le caractère bien plus que par les galons que
l'officier impose son autorité. Au cours de notre carrière,
nous avons tous rencontré de ces natures molles qui, malgré
leur grade, ne savaient pas commander et encore moins
se faire obéir; nous en avons connu d'autres qui, malgré
leur jeunesse et leur inexpérience, faisaient accepter leur
volonté sans même que leurs inférieurs eussent l'idée de
discuter leurs ordres. Si l'on cherche à analyser la façon
de faire des uns et des autres, on constate qu'elle ne diffère
que par des nuances; mais ces nuances suffisent à marquer
l'aptitude au commandement; et l'instinct des hommes ne
s'y trompe pas.

Cela étant, on devrait s'efforcer de n'admettre dans le
corps des officiers que des jeunes gens chez qui on croit
découvrir cette qualité primordiale. Cependant, en France,
le recrutement se fait sans aucune préoccupation de ce
genre, et c'est grand dommage; car un officier qui n'a pas
de caractère restera toujours un déclassé. Nous sommes

atteints d'une véritable maladie pédagogique; et, pour
nous, tout se ramène à une question d'examens. Qu'il
s'agisse de faire un professeur ou un guerrier, la valeur
professionnelle se calcule de la même façon : au poids des
connaissances. Seule, la nature des examens diffère. Or,
nous verrons plus loin que l'instruction est nécessaire à
l'officier, mais qu'elle n'offre pas des garanties suffisantes
dans un métier où il faut plus souvent *vouloir* que *savoir*.

On peut affirmer, je crois, que les officiers de la marine
anglaise ont une instruction moins développée que la nôtre;
à ce point de vue spécial ils sont moins distingués. En revanche ils ont beaucoup plus de caractère, parce que l'Angleterre a toujours préféré des « hommes » à des savants;
et il ne semble pas qu'elle s'en soit mal trouvée. Cette
préférence est si marquée qu'aucun élève n'est admis à
l'école navale d'Osborne sans que, par une enquête discrète,
on ne se soit assuré de ses dispositions naturelles. Afin que
les futurs officiers aient toujours présent à l'esprit ce qu'on
attend d'eux, on place sous leurs yeux cet adage : *Character
is of more value than science.* Cet affichage permanent n'est
pas inutile; car, si le caractère ne s'acquiert pas, il se développe sous l'influence du milieu.

L'action. — L'action est cette aptitude spéciale qui
prédispose à agir, à surmonter les résistances, à vaincre les
difficultés.

La mer est, par excellence, un champ d'action; la lutte
y est perpétuelle. Lutte de volonté pour former, instruire
et entraîner les équipages; lutte contre les éléments dans
la navigation courante; lutte meurtrière, enfin, contre ses
semblables pendant la guerre. Il n'en résulte pas qu'il suffise
d'être marin pour être homme d'action; mais, sur mer mieux
que partout ailleurs, on peut le devenir, parce que le genre
de vie y prédispose. Au contraire, tous ceux qui, par pro-

fession, ont une tendance à prendre des habitudes sédentaires, perdent peu à peu toute activité physique et morale;
dès qu'une circonstance quelconque vient troubler la régularité de leur existence, ils se trouvent désorientés; le
moindre effort les rebute et ils aperçoivent des difficultés
là où il n'est besoin que de volonté.

L'action n'est pas, comme le caractère, une affaire de tempérament; c'est bien plutôt une question d'entraînement.
Le vieux soldat, qui a vu maintes fois le feu, a sur le conscrit une supériorité qui n'est pas contestée; il n'est pas
cependant naturellement plus brave, car la jeunesse a bien
plus que l'âge mûr l'insouciance du danger; mais, en abordant l'ennemi, il n'a pas les mêmes appréhensions, il n'est
pas sujet au même degré aux découragements irréfléchis
parce qu'*il en a déjà vu de toutes les couleurs*. Si le marin
ne redoute pas la mer, c'est qu'il s'y trouve sur son élément.
Il sait comment se comporte le bâtiment, il connaît toutes
les ressources du métier. Pour le passager, le spectacle
qu'offre le mauvais temps prend des proportions démesu-
rées; les mouvements du bâtiment, les lames qui déferlent
lui enlèvent son assurance; c'est l'impression craintive
qu'il en ressent, bien plus que le roulis et le tangage, qui
lui barbouille l'estomac et lui donne le mal de mer.
Lorsque le genre de vie que l'on mène vous met constamment aux prises avec des difficultés, on finit par s'habituer
à les surmonter; on prend confiance en soi et le tempérament devient combatif, dans le bon sens du mot; la nature
s'adapte au milieu. C'est à ce résultat qu'on doit tendre
pour les officiers.

Dans le métier militaire l'action est nécessaire à tout le
monde, mais elle a une importance infiniment plus grande
pour les chefs que pour les subordonnés. Ces derniers ont
rarement à faire preuve d'initiative; s'ils sont bien dans la
main de leurs officiers, ils sont obligés d'obéir, et, lorsqu'ils

ont confiance dans le commandement, ils y puisent un réconfort moral qui les soutient. Les chefs, eux, ont toujours des décisions à prendre et la solution à adopter est laissée à leur appréciation. S'ils ne sont pas hommes d'action, ils agiront avec timidité, ce qui équivaut le plus souvent à reculer devant le moindre obstacle.

*
* *

Les considérations qui précèdent montrent le danger que, dans une marine, présente l'inaction prolongée à l'intérieur des rades. Pour nous, marins, la mer constitue notre meilleure source d'énergie. Et puis, la navigation est l'antichambre du combat.

Avant de se battre, il faut commencer par se rendre sur le champ de bataille. Une marine dont les unités ne sont pas rompues à la pratique de la navigation se trouve dans la même situation qu'une armée dont les soldats ne sont pas entraînés à la marche. Il semble que cette vérité ait été perdue de vue; car, chez nous, la navigation n'est plus en honneur; on considère qu'elle occasionne des dépenses inutiles.

Sans doute, nous ne demandons pas qu'on augmente les divisions des mers lointaines au détriment de nos escadres métropolitaines; mais il serait possible de donner plus de mouvement à ces dernières. Les sorties qu'elles effectuent sur les côtes de France n'ont aucun rapport avec la navigation. Chacune d'elles opère dans un rayon strictement limité autour de sa base d'opérations, en faisant de petites traversées à l'usage des enfants, en visitant toujours les mêmes mouillages où chaque bâtiment prend toujours le même poste avec les mêmes marques. Restant dans le voisinage immédiat des côtes, nos forces de première ligne ignorent le mauvais temps; si par hasard elles rencontrent

un peu de mer, les navires qui les composent se trans-
forment en hôpitaux.

Cette pratique n'est qu'une contrefaçon de la navigation.
Elle est d'autant plus regrettable que nos bâtiments pourraient être d'admirables instruments de navigation. Ils ont
été dotés d'un très grand rayon d'action; les états men-
tionnent avec orgueil les milliers de milles qu'ils peuvent
parcourir; mais on n'a jamais songé à utiliser ces brillantes
qualités. Nos lévriers des mers ne sortent jamais de leur
chenil.

Les escadres ne naviguant pas, les stations lointaines
étant réduites à l'état de squelette, les officiers perdent
l'habitude et la pratique de la navigation. Ce n'est pas à
une autre cause que l'on doit attribuer les nombreux accidents de mer survenus dans la marine depuis quelques
années. A cette occasion, on s'est efforcé de rechercher les
responsabilités; on a accusé les conseils de guerre de faire
preuve d'une indulgence excessive; on s'est plaint de ne
pas trouver dans nos règlements des moyens de répression.
Personne n'a songé que ce n'est pas par des sanctions qu'on
développe le sens marin et que le marin doit naviguer pour
apprendre la navigation, tout comme le forgeron qui
n'apprend son métier qu'en forgeant. Ce serait vraiment
trop facile de faire le quart ou de commander un navire
s'il suffisait d'apporter sur la passerelle, pour tout bagage
nautique, une instruction théorique reçue sur les bancs de
l'école. La navigation, comme tout ce qui touche à l'action,
est surtout une question de pratique; elle se compose d'une
série d'impressions qui se superposent et correspondent à
une infinité de cas variés. Et plus on navigue, moins on
perd de bâtiments. On pourra, en temps de paix, diminuer
le nombre des accidents de mer grâce à une prudence excessive; mais la moindre complication qui nécessitera le
réveil de nos forces navales nous placera dans une situation

dangereuse. Il faudra bien alors faire sortir nos bâtiments, et nous en perdrons autant dans des sinistres maritimes que du fait de l'ennemi. La marine russe en Extrême-Orient naviguait peu ou point; on sait ce qu'il lui en a coûté de bâtiments naufragés ou tellement avariés qu'ils ne purent pas participer aux opérations.

Je sais que l'opinion que j'émets ici n'est plus en honneur dans la marine, et beaucoup d'officiers s'imaginent de bonne foi qu'une escadre est prête au combat lorsque ses bâtiments savent tirer du canon et tenir leur poste dans une ligne. Mais il est facile de constater que, en ne naviguant pas, on finit par avoir une peur maladive et irréfléchie de la mer. Journellement on voit des officiers reculer devant la perspective de faire campagne dans les mers lointaines et de visiter des parages auxquels ils ne sont pas habitués. L'inaction engendre des chimères; et lorsque, après une longue période de repos, on évoque de lointains souvenirs, on s'exagère les difficultés qu'on a rencontrées; le recul, au lieu de les diminuer, les grossit comme dans un mirage.

Au contraire, la vie active entretient la santé de l'esprit autant que celle du corps. On prend confiance en soi, on a le sentiment de sa force. On navigue toujours avec plus de hardiesse à la fin d'une campagne qu'au commencement; dans la marine à voiles, on portait plus de toile à la fin qu'au début du quart.

Ainsi, plus on surmonte de difficultés, plus on est disposé à en surmonter d'autres; et c'est après avoir accompli un effort physique, qu'on redoute le moins d'en accomplir d'autres; car, tant qu'on n'atteint pas au surmenage qui épuise, la fatigue est saine et donne de la vigueur.

Tout dans la vie se résume par une question d'habitudes. On s'habitue à l'action comme on s'habitue à la paresse; on s'habitue même à la guerre et à l'idée de mourir. Plus la guerre fait de victimes, plus se développe l'esprit militaire et de sacrifice. Plus on meurt, plus il y a de gens prêts à donner leur vie.

Les officiers ne sont pas des êtres à part. Ils ont les mêmes faiblesses que tous les autres mortels; et il en sera évidemment ainsi tant que, suivant la formule d'un colonel célèbre, on recrutera l'armée dans le civil. Ce qui est anormal, c'est le caractère de leur mission et l'effort constant que nécessite son accomplissement. Il faut donc les armer pour la lutte, les préserver des défaillances. On rencontre bien quelques natures exceptionnelles qui ont le tempérament du taureau et qui, en face d'un obstacle, sont toujours prêtes à foncer; mais la grande majorité du genre humain ne possède pas d'aussi heureuses dispositions pour faire la guerre; elle cherche à tourner les difficultés plutôt qu'à les vaincre. C'est dans cette catégorie qu'on est bien forcé de recruter la plupart des officiers, car la première ne nous fournit qu'un nombre de sujets insignifiant. Il faut alors leur donner la trempe qui leur manque en les plaçant dans un milieu approprié et, pour cela, il faut les jeter en pleine action. Préservons-les surtout des habitudes sédentaires qui exercent un effet déprimant et sont incompatibles avec le métier de la mer.

L'auteur rencontra un jour un officier qui avait quitté son commandement avant terme pour venir trôner dans un bureau de la rue Royale; on le voyait parcourir les couloirs du ministère, portant d'un air satisfait de volumineux dossiers. Comme je m'étonnais qu'il eût préféré les charmes de la bureaucratie aux satisfactions du commandement, il me répondit d'un ton dédaigneux que son bâtiment ne lui offrait plus aucun intérêt et qu'il rendait plus de services à la marine sur un rond de cuir que sur sa passerelle. Bien à plaindre est la marine qui engendre un pareil état d'esprit chez ses officiers. C'est bien, sans doute, à coups de paperasses qu'on administre, mais l'administration n'est qu'un accessoire dans l'œuvre de préparation à la guerre. Le principal est d'avoir des « hommes » et c'est par l'action directe et personnelle qu'on les forme. Le jour où les bureaux auront plus d'influence que le personnel navigant sur la valeur de nos équipages, ce jour-là la marine n'existera plus que sur le papier. Par moments, on se demande avec anxiété si nous n'en sommes point arrivés là.

Et cet officier qui cachait ses galons sous des manches de lustrine, se doutait-il qu'il laissait sur son rond de cuir les plus précieuses qualités : le commandement, l'activité, tout ce qui ne s'acquiert et ne se conserve que dans le mouvement?

*
* *

Dans tous les métiers qui exigent une dépense physique, la vigueur corporelle a une importance particulière. C'est à ce point de vue qu'il faut encourager chez les officiers la pratique des sports qui entretiennent la vigueur du corps. Chez d'autres nations on ne se contente pas de favoriser les sports, on les impose presque par les facilités qu'on donne pour les pratiquer et par le système d'éducation. Nous autres, gens studieux, nous sommes enclins à taxer de frivole cet engouement pour les exercices corporels; nous serions confus de fournir à nos jeunes élèves du *Borda* les moyens que procure l'Amirauté aux élèves d'Osborne. Nous avons tort. Si les sports athlétiques ne sont pas l'image de la guerre, ils développent certaines qualités qui sont nécessaires pour la faire. Dans chaque jeu, il y a compétition; il y a un vainqueur et un vaincu. Pour l'emporter, il faut faire travailler le cerveau aussi bien que les membres. Comme dans la guerre, on recherche toujours une supériorité par une dépense d'énergie de plus en plus grande.

On m'excusera de m'être étendu longuement sur l'importance de l'action; mais cette qualité en engendre beaucoup d'autres dont les noms sont plus ronflants, tout en n'étant que des dérivées de celle-là. On nous parle volontiers de courage, de décision, d'initiative. Ces produits ne se trouvent pas chez le marchand; ils poussent comme des champignons dans les terrains appropriés. L'action est leur engrais.

Le sentiment du devoir. — Bien des gens s'imaginent que le jeune homme qui se destine à la carrière militaire est conscient des devoirs que lui impose son état. Il n'en est rien. A l'âge où s'accuse ce qu'on appelle la « vocation », on a peu réfléchi et, en s'orientant vers les armes, on obéit à des mobiles assez variés; mais, parmi ceux-ci, ce ne sont pas les charges et les devoirs du métier qui prédominent. Les uns veulent être officiers de marine par esprit d'aventures; d'autres, simplement parce que leur père l'était; d'autres enfin, parce qu'ils habitent dans un port où domine l'élément maritime et que, dès leur jeune âge, leur horizon a été borné par la mer. En sorte que, au sortir de l'école, les jeunes officiers jouissent avec satisfaction de leur nouvelle situation, apprécient le plus souvent le côté militaire du métier, mais n'ont qu'une notion assez vague de leurs devoirs. A aucun moment, dans notre carrière, on ne songe à préciser les obligations morales que nous avons vis-à-vis du pays, de nos hommes et de nous-mêmes. C'est à nous de nous créer une doctrine à ce sujet; mais nous ne sommes amenés à approfondir cette grave question que tardivement, lorsque le sentiment des responsabilités nous force à envisager nos devoirs. Il y a là une lacune regrettable de notre éducation maritime. Celle-ci a un caractère exclusivement professionnel; elle gagnerait à être morale pour une petite part.

Le sentiment du devoir est, en effet, le plus puissant soutien que nous ayons, aux heures difficiles, pour nous

préserver des défaillances, parce qu'il nous montre la route
à suivre. Celui qui poursuit un but bien défini avec l'idée
fixe de l'atteindre, ou qui tend vers un idéal supérieur, en
arrive pour ainsi dire à s'extérioriser. Son esprit, concentré
tout entier sur un objet unique, reste étranger aux influences déprimantes. Il puise dans l'exaltation de son rôle la
volonté nécessaire pour surmonter tous les obstacles sans
jamais se décourager.

Le sentiment du devoir donne plus que le courage; il
donne la tranquillité d'esprit.

L'ambition. — Les qualités d'action trouveront également un aliment dans des sentiments d'une noblesse moins
abstraite. L'ambition est un de ces éléments d'activité.
Non pas l'ambition malsaine qui vise uniquement à s'élever
au détriment des autres; mais celle qui se manifeste par le
désir d'accomplir de grandes choses, de marquer son passage en laissant un nom.

L'ambition s'inspire de mobiles très différents suivant
les caractères et l'état social des pays.

Chez Nelson et Suffren, c'est l'amour de la gloire; chez
César et Napoléon, c'est la passion de l'autorité et de la
domination.

On doit convenir que ce dernier exemple est mal choisi;
car l'ambition poussée à ce degré devient un terrible danger.
Aussi avons-nous voulu montrer seulement que l'ambition
est un aiguillon qui stimule puissamment les facultés. D'ailleurs, si César et Napoléon avaient vécu dans des temps
moins troublés, leur ambition n'aurait eu que des conséquences heureuses pour leur pays; car elle n'aurait pu déborder en dehors des limites qui en font une qualité.

III

L'OFFICIER (suite) — L'INSTRUCTION

Est-il nécessaire d'avoir un corps d'officiers possédant une instruction solide?

A cette question, la réponse est facile : les programmes d'admission dans les écoles militaires sont de plus en plus chargés. En ce qui concerne l'École Navale, il est nécessaire de reculer périodiquement la limite d'âge pour permettre aux candidats de s'assimiler les matières qu'on leur demande. Dans les hautes sphères gouvernementales on reconnaît donc la nécessité de l'instruction. Cependant, en même temps que, d'un côté, on élève le niveau intellectuel des officiers passant par les écoles, d'un autre côté on ouvre une porte de plus en plus large aux officiers provenant du rang et qui possèdent des connaissances infiniment moins vastes. Il y a là une contradiction manifeste : on semble faire une concession en maintenant les écoles militaires et, en même temps, on augmente la sélection en augmentant les difficultés d'admission dans ces écoles.

Quoi qu'il en soit, et sans tenir aucun compte de l'état de choses existant, nous nous demanderons quel rôle joue l'instruction dans la valeur professionnelle des officiers.

Dans l'armée, en dehors des armes spéciales, telles que l'artillerie et le génie, il ne paraît pas nécessaire, au premier abord, d'avoir fait de fortes études pour devenir officier. Le maniement des troupes est surtout une question de pratique que l'on ne peut acquérir nulle part mieux que sur le terrain. Les cadres subalternes des légions napoléoniennes étaient composés presque exclusivement d'officiers de fortune qui avaient peu ou point d'instruction. Parmi la brillante pléiade des généraux de la Révolution et de l'Empire, beaucoup n'avaient pas passé par les écoles militaires : Hoche, Ney, Murat, Lannes, Masséna, et bien d'autres. Cependant il ne faut pas perdre de vue que les premiers, — ceux qui n'ont pas percé — n'étaient bons qu'autant qu'on ne les sortait pas de leur rôle subalterne. Pour commander, il ne suffit pas de faire la guerre, il faut aussi la comprendre; elle présente des situations infiniment variées dont on ne peut tirer parti qu'en possédant des vues élevées. Si on n'en saisit pas le caractère, on répétera indéfiniment les mêmes mouvements et les mêmes manœuvres, sans jamais progresser; on arrivera vite à une certaine dextérité d'exécution qu'on ne dépassera pas; après quoi, on n'agira plus que par routine. C'est ce que le grand Frédéric traduisait par cet aphorisme : un mulet qui aurait fait vingt campagnes sous le maréchal de Saxe n'en serait pas pour cela meilleur tacticien.

Quant à ceux qui sont devenus généraux, voire même maréchaux, ils n'étaient pas sans aucune instruction, soit qu'ils eussent fait eux-mêmes leur éducation, comme Hoche; soit qu'ils eussent fait des études assez complètes, comme Murat. Munis de ce bagage, ils avaient fait leur instruction militaire à une école qui n'est pas à dédaigner, l'école de la guerre, et conquis leurs grades sur le champ de bataille; à l'exception de Hoche, ils avaient eu pour professeur l'homme qui a incarné le génie de la guerre. Malgré tant de circonstances favorables, un doute subsiste dans l'esprit. Tous ces hommes, à coup sûr intelligents, possédaient-ils ce que leur maître appelait les hautes parties de la guerre? Étaient-ils capables de faire de la grande stratégie? A la façon dont ils ont opéré lorsqu'ils ont été livrés à eux-mêmes, on est en droit d'en douter. Ils étaient plus aptes à exécuter qu'à concevoir. Au contraire, on croit apercevoir moins de brillant, mais plus de fond, chez Davout et Marmont, qui sortaient des écoles militaires et avaient une instruction plus complète. Or, en France, nous aurons toujours des officiers brillants, car le courage n'y a pas de valeur marchande. Ce qu'il nous faut surtout, ce sont des officiers complets, c'est-à-dire instruits, parce que jamais la guerre n'a présenté à aucune époque un caractère aussi savant.

L'instruction développe les facultés. Pour arriver à dégager la philosophie de l'histoire militaire, il faut pouvoir synthétiser la guerre. Les génies militaires n'étaient pas seulement des hommes d'action; tous étaient aussi des penseurs. Ils avaient profondément médité pour arracher à la guerre ses secrets, et c'est par l'instruction qu'ils avaient acquis l'habitude de la réflexion et de la méditation.

L'instruction donne des vues générales; elle dégage la pensée des mesquines contingences et prépare ainsi aux hautes fonctions. Enfin, elle prédispose au commandement : tous ceux qui ont fait leur service militaire ont constaté que les officiers de fortune savent moins bien prendre les hommes et font accepter plus difficilement leur autorité.

C'est cet ensemble de raisons qui justifie les écoles militaires, et celles-ci sont d'autant plus nécessaires actuellement que la nouvelle génération n'a pas fait la **guerre** et doit suppléer à l'expérience par l'étude.

***

L'exemple tiré des guerres de la Révolution et du Premier Empire ne saurait s'appliquer à la marine. Les officiers de mer ont besoin d'un bagage scientifique plus considérable que celui des officiers de troupe; ils ne peuvent l'acquérir sans éducation première. Il en était déjà ainsi dans l'ancienne marine, bien que les navires fussent alors infiniment plus simples qu'ils ne sont aujourd'hui.

Pendant la Révolution, on eût été bien aise de se débarrasser en bloc de tout l'ancien corps d'officiers qui avait été recruté exclusivement dans la noblesse; mais il fut impossible de trouver dans les rangs de nouveaux cadres pour remplacer les officiers qui avaient émigré ou qui avaient été destitués. Les commandants que l'on improvisa étaient d'une ignorance et d'une incapacité telles que les représentants du peuple ne cessaient de s'en plaindre. Quant aux amiraux, Villeneuve, Bruix, Brueys, Latouche-Tréville, Morard de Galle, Decrès, ils provenaient du cadre des officiers rouges. On ne peut guère citer que Martin qui provint des pilotes, mais ceux-ci avaient des connaissances assez étendues en hydrographie et en météorologie.

Dans la marine moderne, l'instruction est encore plus indispensable qu'elle n'était autrefois. La navigation exige d'autant plus de précision qu'elle est plus rapide; les bâtiments de guerre ne sont que de vastes usines où tous les genres d'industrie se coudoient.

Entre les mains d'ignorants, ces énormes machines, aux rouages multiples, ne pourraient pas fonctionner.

Cependant, les connaissances qu'on exige pour entrer à l'École Navale et celles qu'on y acquiert sont encore insuffisantes pour que l'éducation professionnelle de l'officier de marine soit complète. Au sortir de l'école, il possède des notions suffisantes pour exercer son métier de marin et servir en sous-ordre; mais il ne peut pas diriger l'un des grands services militaires du bâtiment sans avoir étudié particulièrement les moyens qui le mettent en action. L'officier alors se spécialise. Il s'oriente vers le canon ou la torpille (qui est accouplée à l'électricité), ou la mous-

queterie (qui englobe l'artillerie légère). Le voilà de nouveau à l'école. Nous verrons plus tard s'il n'y a pas excès
de spécialisation et s'il ne serait pas possible de diminuer
le nombre des écoles. Pour l'instant, où nous cherchons
seulement à montrer combien est complexe la question de
l'instruction dans la marine, nous nous bornons à constater
ce qui existe.

Est-ce tout? Pas encore.

La carrière de l'officier se compose de deux périodes
distinctes. Dans la première, il n'exerce que des fonctions
subalternes; au point de vue militaire, son rôle se borne à
faire fonctionner les armes du bâtiment. Ayant pour principale préoccupation de faire donner à l'armement le rendement maximum, il s'identifie avec son matériel, et mieux
il sait l'utiliser, plus il a confiance en lui. C'est ainsi que
le canonnier ne jure que par le canon, et que la torpille
est pour le torpilleur l'arme par excellence.

La spécialisation exerce un contre-coup sur les idées; elle
leur imprime une direction unique; l'officier n'est pas porté
vers les questions d'ordre général et ne voit rien en dehors
de son domaine particulier. Il a, comme les foules, des préférences ou des antipathies qui ne se justifient pas; il subit
l'empreinte de ses fonctions et n'obéit pas à des convictions
raisonnées. Ainsi, la spécialisation a cet effet fâcheux de
développer le particularisme.

Mais, dès que l'officier devient commandant, il commence à voir les choses sous un jour différent. Il entre, à
ce moment, dans la deuxième phase de sa carrière. Il ne
s'agit plus, pour lui, de connaître dans leurs moindres détails
les divers organes de son bâtiment; il cherche surtout à
tirer parti de leur ensemble; il doit imprimer à tous les
services une orientation telle que chacun contribue à une
action commune. Puis, entre ses mains, le navire lui-même
devient une arme; et pour savoir de quelle façon il l'utilisera,

son attention est attirée sur l'ennemi, sur les moyens dont il dispose et l'usage qu'il peut en faire. Enfin, comme le commandement d'un navire est la première étape vers le commandement des escadres, son horizon s'élargit encore et embrasse finalement le maniement des masses, c'est-à-dire la guerre navale dans toute son ampleur.

Ainsi, la technique de l'officier de spécialité est basée sur la connaissance et l'emploi de chaque arme, prise en particulier; celle du commandant doit former une synthèse, non seulement de toutes les armes, mais de tous les moyens de la guerre.

C'est précisément afin de donner aux officiers cette vue d'ensemble, et d'orienter leur esprit dans un sens déterminé, qu'a été créée l'École Supérieure. Son but est d'inculquer cette science nouvelle qu'on ne peut acquérir ni à l'École Navale — parce que le jugement n'est pas encore formé — ni dans les écoles de spécialités — parce que celles-ci répondent à d'autres besoins.

L'enseignement de cette école doit être surtout philosophique. A ce titre, il exige une maturité d'esprit et un jugement qu'on ne peut acquérir qu'à un certain âge. Il serait dangereux d'ailleurs d'enseigner la grande guerre à des officiers trop jeunes : ils négligeraient le côté terre à terre de leur métier et le service en souffrirait. L'École Supérieure de la guerre est ouverte aux simples lieutenants; au sortir de l'école, ces brillants officiers, habitués à manier — sur la carte — des masses de 100.000 hommes, de 500.000 hommes, regardent avec tristesse leur peloton de 60 hommes.

Le système de la marine qui n'admet à son école que des lieutenants de vaisseau ayant déjà plusieurs années de grade, paraît plus rationnel. Mais on nous permettra de regretter la suppression du concours d'admission. Le concours présentait l'avantage d'étouffer les récriminations de ceux qui attribuent leur échec au favoritisme. On lui reprochait de ne pas offrir plus de garanties que le simple choix. C'est fort possible. Dans tous les cas, il en offrait tout autant : le choix et le concours ont laissé parfois passer des éléments de qualité inférieure. Il sera toujours préférable de forcer les candidats malheureux à s'en prendre à eux-mêmes plutôt que de leur permettre d'accuser de leurs déboires la partialité d'une commission.

L'École Supérieure de la marine est de création relativement récente. Son utilité a été contestée. Pour apprécier son efficacité, il suffit de se rappeler les déclarations d'un ancien ministre, affirmant qu'à son entrée au ministère il n'existait aucun plan d'opérations pour aucune des éventualités auxquelles la marine peut avoir à faire face. Cette situation était évidemment regrettable, mais elle était normale. La marine ne possédant aucune doctrine ne pouvait avoir de ligne de conduite et elle se trouvait impuissante à assigner un rôle à ses escadres. L'indécision qui régnait sur l'utilisation des forces navales avait un contre-coup sur les constructions qui se faisaient au petit bonheur, sans qu'on fût fixé sur l'emploi qu'on pouvait faire des bâtiments. A côté d'un cuirassé, on construisait un garde-côte, puis une canonnière cuirassée, puis un croiseur en bois.

Aujourd'hui, nous savons que le règne des garde-côtes est terminé; on nous a annoncé qu'on allait démolir la muraille de Chine constituée autour de notre littoral par les flottilles. Qu'on ne s'y trompe pas ! C'est là une nouvelle conception de la guerre navale qui commence à se faire jour; ou plutôt, c'est une première conception qui se substitue au néant.

C'est à l'École Supérieure que nous devons de voir poindre l'aurore d'une ère nouvelle.

*

Si importante que soit l'instruction, il ne faudrait pas déduire de ce qui précède que tous les officiers doivent se recruter par les écoles. Cette conclusion serait trop radicale.

Certaines natures ont de telles réserves d'énergie qu'elles semblent avoir été créées spécialement pour faire la guerre. Sans doute, ceux-là seront d'autant plus complets qu'ils seront plus instruits; mais ce serait se priver d'une force que d'opposer à leur avancement, sous prétexte d'instruction première, des barrières infranchissables. Cette seule raison suffirait à justifier le recrutement par le rang.

Et puis, l'instruction ne joue pas le même rôle à tous les degrés de la hiérarchie. Dans les grades inférieurs, l'expérience supplée avantageusement aux connaissances théoriques qu'on acquiert dans les écoles; il est donc juste de faire une part à ceux qui représentent l'élément pratique.

Le principe du recrutement par le rang n'est donc pas en jeu. Nous aurons seulement à nous demander si la marine en a fait une judicieuse application.

IV

L'OFFICIER (suite)

LA QUESTION DU RECRUTEMENT

————

Il n'y a pas de carrière plus spécialisée que celle de l'officier de marine; il n'y en a pas qui possède autant de sources de recrutement différentes.

L'École Navale, établie à Brest, a fourni longtemps la presque totalité des officiers; elle en fournit encore la majorité. On sait qu'on y accède à la suite d'un concours dont le programme est de plus en plus chargé. Certes, nous ne sommes pas suspect de vouloir abaisser le niveau intellectuel de notre corps; mais la question est de savoir quel est le degré d'instruction nécessaire pour franchir les portes de l'école. Nous aimerions mieux qu'on exigeât moins de science et plus de dispositions pour le métier. Il suffit que les candidats aient fait des études assez fortes pour les rendre aptes à s'assimiler toutes les matières dont ils auront besoin ultérieurement; il est nuisible qu'ils arrivent au service avec un supplément de bagages qui, en raison de leur âge, leur a occasionné des fatigues cérébrales.

L'inconvénient des programmes actuels est qu'ils ne peuvent tenir dans des cervelles trop jeunes. Il a donc fallu élever progressivement la limite d'âge qui atteint maintenant dix-neuf ans.

On a ainsi perdu de vue que le métier de la mer demande à être exercé de très bonne heure. Voici pourquoi.

Le marin vit dans un milieu très spécial. Lorsqu'on embarque pour la première fois, on se trouve tout à coup transporté sur un élément qui bouleverse toutes les conditions de l'existence. Certains n'ont jamais pu s'habituer à vivre sur un flotteur qui reproduit, en les exagérant, les mouvements des montagnes russes; et ils éprouvent sur l'onde amère des impressions qui paralysent toutes leurs facultés. Cette particularité provient de ce qu'on analyse avec trop de soin ses sensations; et pour employer une expression triviale, mais juste, *on se monte le coup*. A force d'énergie, on pourra vaincre cette répulsion et s'accommoder de la vie anormale du bord; mais on ne s'acclimatera jamais complètement. Et ici, nous n'entendons pas parler du mal de mer, mais de l'appréhension que cause la mer à certaines personnes. Or, il n'est pas nécessaire de démontrer que le marin a besoin, au contraire, d'être si familiarisé avec l'élément liquide, qu'il puisse conserver en toutes circonstances la plénitude de ses moyens.

Ce phénomène d'appréhension n'est pas d'ailleurs particulier à la mer; on le retrouve chaque fois qu'on transporte un individu de son milieu habituel dans un milieu avec lequel il n'est pas familiarisé. Nelson, qui était un marin audacieux et qui peut à juste titre passer pour avoir été un « dur à cuire », Nelson n'a jamais pu supporter la voiture; les chevaux lui inspiraient une crainte instinctive. On a vu des généraux sans peur ne pouvoir aborder une tribune.

Or la jeunesse, avec son insouciance, n'a aucune subtilité dans le raisonnement. C'est pourquoi, sur terre comme sur mer, elle s'adapte beaucoup plus facilement au milieu. Les jeunes gens, pour peu qu'ils aient de l'amour-propre, seront à leur aise partout où ils se trouveront en compagnie de grandes personnes dont la présence leur donne un réconfort moral. C'est afin de mettre à profit cette aptitude spéciale de la jeunesse à s'adapter aux milieux qu'il y a intérêt à commencer à vivre sur l'eau de bonne heure, lorsqu'on doit consacrer à la mer toute son existence.

Il faut donc entrer jeune à l'École Navale, et malgré les avantages qu'offrira à beaucoup de points de vue l'installation à terre de l'école, on regrettera qu'elle prive nos futurs officiers du bénéfice certain que procure la vie à bord sous le rapport de l'ambiance.

*
* *

L'École Polytechnique contribue aussi au recrutement des officiers de marine pour une petite part : elle fournit chaque année trois ou quatre sujets.

Cette source de recrutement est difficile à justifier.

Elle fait double emploi avec l'École Navale, sans offrir les mêmes garanties. On considère qu'il faut deux années d'école et une année d'application pour faire l'éducation professionnelle des officiers. A l'École Polytechnique l'instruction n'a aucun caractère maritime ; mais, sous prétexte qu'on y résout des équations d'un degré plus élevé qu'au *Borda*, une seule année d'application est jugée suffisante. Dans cette façon de voir, la logique ne trouve pas son compte.

Par ailleurs, si l'on pose en principe que l'École Polytechnique doit mener à tout et être considérée comme une sorte d'école universelle, elle devrait fournir des officiers à l'infanterie, à la cavalerie et au train des équipages.

Certes, l'École Polytechnique a fourni à la marine des sujets très distingués ; mais il est permis de penser que ces sujets eussent été tout aussi distingués s'ils avaient passé par l'École Navale.

Avec l'École Navale et l'École Polytechnique, on en a fini avec le recrutement par les écoles. On arrive ensuite à ce que l'on est convenu d'appeler le recrutement par le rang. On va voir ce qu'il en est.

**
*

Avant la création du Saint-Maixent naval, le principe du recrutement par le rang existait dans la marine dans son intégrité; c'est-à-dire qu'un marin, entré au service comme simple matelot, pouvait prétendre au brevet d'officier en passant un examen lorsqu'il avait atteint le grade de premier maître (adjudant).

Nous disons que le principe existait dans son intégrité, parce qu'on n'obtenait les épaulettes qu'après avoir franchi tous les degrés de la hiérarchie (sauf le grade d'aspirant), et qu'en récompensant les services de serviteurs dévoués on s'assurait la garantie de fortes connaissances pratiques. Hâtons-nous d'ajouter que la marine, satisfaite d'avoir posé le principe, n'avait rien fait pour en faciliter l'application. L'école des sous-officiers n'existant pas, les maîtres se trouvaient dans des conditions peu favorables pour préparer leurs examens; il leur fallait payer des professeurs, acheter des livres. Ces dépenses, s'ajoutant au manque de loisirs, constituaient pour beaucoup des obstacles insurmontables.

Le nombre des candidats fut d'ailleurs toujours très faible, parce que la maistrance de la marine se recrutait dans des milieux qui ont une répugnance instinctive pour les travaux intellectuels.

Cet état de choses fit reprocher à la marine de ne pas offrir des débouchés suffisants à ses officiers mariniers, et c'est alors que fut créé le corps des adjudants principaux.

Ceux-ci ont rang d'officier; ils se recrutent parmi les premiers maîtres et on leur attribue des tarifs de solde et de retraite progressifs équivalents à ceux des officiers jusqu'au grade de chef de bataillon inclusivement. La particularité de ce corps réside dans le fait que ses membres ne sont employés que dans les services à terre, sauf les pilotes-majors. Il présente donc une analogie frappante avec l'ancien corps des officiers de port de la monarchie.

Il y a actuellement une centaine d'adjudants principaux répartis en cinq classes. On pourrait, sans inconvénients, augmenter encore leur nombre en leur attribuant un certain nombre de postes qui sont occupés par des officiers de vaisseau. Est-il nécessaire, par exemple, d'être lieutenant de vaisseau pour remplir les fonctions de capitaine de pompiers, ou pour se livrer, dans les préfectures et les majorités, à des besognes bureaucratiques qui n'exigent d'autre savoir que celui qu'on acquiert par routine?

La création du corps des adjudants principaux ne donna pas satisfaction au courant d'opinion qui reprochait amèrement à la marine de posséder des institutions aristocratiques, sous prétexte que les officiers de vaisseau avaient tous, ou presque tous, la même origine. A ces officiers aristocrates, on opposait les officiers mécaniciens qui arrivent tous par le rang; grâce à quoi ils ont bien mérité de la démocratie.

Ainsi, ceux de nos camarades — et ils sont légion — dont les pères ont appartenu, soit à la maistrance de la flotte, soit à la maistrance des arsenaux; les fils des petits commerçants des ports; les fils d'instituteurs et de gendarmes, tous devenaient suspects parce que leurs parents s'étaient privés du nécessaire pour leur permettre d'entrer à l'École Navale.

Quant aux officiers mécaniciens, ils ne sortent pas plus du rang que les officiers de vaisseau; ils n'ont jamais été matelots. Presque tous proviennent des écoles d'arts et métiers; ils sont entrés dans la marine avec l'assimilation de second maître; ils ont été soumis à un régime de faveur par rapport aux sous-officiers des autres spécialités, tant au point de vue de la solde que des conditions d'existence. Le mécanicien sortant du rang est celui qui vient directement de l'industrie et débute par être matelot; celui-là arrive péniblement au grade de sergent-major qu'il ne franchit que bien rarement, parce qu'on l'arrête en route à l'aide d'une succession d'examens qui constituent autant de barrières.

Quoi qu'il en soit, il fallait démocratiser la marine puisque le simple fait de passer par l'École Navale conférait un titre de noblesse. C'est pour arriver à ce résultat qu'a été fondée l'école des sous-officiers de Brest, le Saint-Maixent naval.

Pour y attirer les candidats, on leur fait d'énormes avantages. On entre à l'école en qualité de second maître; les cours ne durent qu'une année à laquelle s'ajoutent deux années d'application; après quoi, les élèves sont nommés d'emblée enseignes, c'est-à-dire lieutenants. On leur fait grâce du grade de sous-lieutenant qui est encore considéré dans la marine comme faisant partie de la période d'instruction. Il suffit donc aux sous-officiers de trois ans pour acquérir l'instruction que les élèves du *Borda* n'obtiennent qu'au bout de cinq ans, bien que ces derniers arrivent à l'école avec un bagage scientifique infiniment plus lourd.

Mais il arriva que le programme du concours d'admission n'était pas adapté au degré d'instruction des sous-officiers des spécialités militaires. De ce fait, la nouvelle école fut menacée d'avoir plus de professeurs que d'élèves.

Pour sauver l'institution, on employa un moyen radical : on donna l'accès de l'école aux seconds maîtres mécaniciens.

L'effet fut immédiat. Les seconds maîtres des spécialités militaires, pour qui avait été fondée l'école, ne pouvaient en disputer l'entrée à des jeunes gens qui avaient reçu dans les écoles d'arts et métiers des notions scientifiques qu'eux-mêmes ne possédaient pas. Ils se trouvèrent donc évincés de leur propre domaine, et, en 1904, sur vingt-deux candidats admis, vingt et un étaient des seconds maîtres mécaniciens (1).

Pour apprécier le préjudice causé aux intéressés, il faut savoir que les mécaniciens de la marine ont, dans leur propre corps, une hiérarchie complète qui va jusqu'au grade de mécanicien général de 1re classe (vice-amiral). Ils ont donc, au point de vue des perspectives d'avenir, toutes les satisfactions auxquelles ils sont en droit de prétendre. Le privilège qui leur est accordé de pouvoir arriver officier, soit dans le corps des officiers de vaisseau, soit dans celui des mécaniciens, s'exerce ainsi au détriment des sous-officiers des autres spécialités dont ils prennent les places.

D'un autre côté, on se demande à quelle conception, au point de vue de l'utilisation du personnel, répond le recrutement des officiers de vaisseau parmi les mécaniciens. La marine forme des mécaniciens pour assurer le service de ses machines; elle en fait des tourneurs, des ajusteurs, des chaudronniers, des forgerons; puis, au moment même où leur instruction va être terminée, on les oriente dans une voie diamétralement opposée; on leur enseigne la navigation, l'astronomie, les instruments nautiques, la balistique, l'artillerie, la torpille, les substances explosibles. On leur fait quitter la machine pour les envoyer sur la passerelle; en vérité, c'est un défi au sens commun. Pourquoi alors n'avoir pas poussé le paradoxe jusqu'au bout en recrutant les officiers mécaniciens parmi les gabiers, les canonniers, les timoniers, les fusiliers et les torpilleurs? Pourquoi les élèves du *Borda* ne peuvent-ils pas passer dans le service des machines?

---

(1) Pierre LABAT, *Le recrutement des officiers de la marine de guerre* (*Revue politique et parlementaire* du 10 avril 1906).

Enfin, ce sont des officiers mécaniciens eux-mêmes qui ont fait la remarque que les seconds maîtres de leur spécialité vont à l'école de Brest lorsqu'ils ont perdu tout espoir de devenir officier dans leur corps.

Si le fait est exact, il comporte une morale qu'il est facile de dégager.

Le recrutement des officiers de vaisseau parmi les mécaniciens se justifiera le jour où il n'y aura qu'un seul corps d'officiers de marine, chargé à la fois de la conduite du navire et de la conduite des machines. Cette solution paraît inéluctable, puisque l'Angleterre et les États-Unis ont été obligés de l'adopter; mais elle n'a rien à voir avec notre régime actuel qui, au contraire, maintient le principe de la séparation des corps, avec des attributions nettement différentes pour chacun d'eux. Il est contraire à ce principe d'opérer un virement du corps des mécaniciens dans celui des officiers de vaisseau au préjudice des spécialités militaires et en faisant litière des connaissances professionnelles déjà acquises.

Toujours est-il que l'école constituait un monopole exclusif au profit des mécaniciens. Une réaction s'opéra, et, pour avoir d'autres candidats, on usa d'un nouvel expédient : on alla les chercher dans des couches plus profondes en faisant appel aux quartiers-maîtres (caporaux). Ceux-ci sont distraits du service général pour suivre les cours préparatoires qui leur permettent de se présenter au concours d'admission.

Cette mesure a eu des conséquences imprévues. Du coup, le recrutement par le rang s'est trouvé supprimé, car le quartier-maître qui est marqué du destin pour devenir officier est rangé dans une catégorie spéciale et ne participe plus au régime commun. Il commence par débarquer et c'est à terre qu'il va faire son apprentissage d'officier de marine. Là, on le mettra en boîte pour le chauffer. Sa situation est donc assimilable à celle de l'élève de l'École Navale au point de vue matériel, et il a aussi peu de pratique du métier que ce dernier

Dès qu'on vit la possibilité de bondir, en moins de cinq années, du grade de quartier-maître à celui d'enseigne de vaisseau, des éléments nouveaux s'engagèrent dans la marine pour profiter de cette aubaine inespérée. Ces éléments sont constitués par les fruits secs des autres écoles, en particulier de l'École Navale.

Or, la marine ne doit rien à ces laissés-pour-compte. Si elle leur a refusé l'entrée de l'École Navale pour cause d'insuffisance, ce n'est pas pour les faire rentrer par une porte détournée, ni pour leur faire une carrière plus brillante qu'à ceux qui doivent à leur travail d'avoir été admis. Un de ces privilégiés est arrivé officier plus jeune que son frère qui avait eu la mauvaise fortune d'être reçu à l'École Navale. Le milieu dans lequel se recrutent les sous-officiers élèves (qui ne proviennent pas des mécaniciens) est donc exactement le même que celui qui fournit les élèves officiers; la qualité seule diffère.

Ainsi, que le but poursuivi ait été, soit de sauvegarder le principe du recrutement par le rang, soit d'introduire dans le corps des officiers un élément professionnel pourvu de solides connaissances pratiques, soit de récompenser les services de serviteurs d'élite, soit de recruter une partie des officiers dans un autre milieu social, ce but n'a pas été atteint. Il y a une école qui ne répond à rien et qui donne des résultats si médiocres qu'elle n'a pas trouvé grâce, à la Chambre aussi bien qu'au Sénat, devant plusieurs rapporteurs du budget de la marine non suspects de partialité.

Que deviennent avec tous ces régimes les vrais sous-officiers de carrière, ceux qui ont conquis tous leurs grades un à un? Avouons-le : personne n'a songé à eux. Ils attendaient les satisfactions qui devaient les sortir de l'ornière;

ils attendent encore. L'école des sous-officiers n'est pas faite pour eux. Au moins, nous autres leurs chefs, nous n'avons rien à nous reprocher; nous ne sommes pour rien dans cette aventure.

C'est cependant à eux qu'il faut revenir si nous voulons faire du recrutement par le rang. Que le concours d'admission soit mis à leur portée; qu'on tienne compte, dans les conditions d'entrée, un peu de leur instruction et beaucoup de leurs services antérieurs qui sont leur meilleur titre de recommandation. Cela fait, il ne faudra pas moins de deux années de cours pour qu'ils puissent acquérir les connaissances nécessaires. On pourra avoir ainsi un corps d'officiers solides, qui compléteront heureusement les officiers brillants sortant du *Borda*. Habitués à des besognes souvent terre à terre, ils ne considéreront pas que le service courant est au-dessous de leurs moyens et ils apporteront souvent plus de zèle et de régularité dans leurs fonctions que les jeunes officiers qui sont enclins à voir les choses de trop haut. Et cette fois, on aura donné satisfaction à nos idées démocratiques.

On peut même aller plus loin et faciliter l'entrée de l'École Navale à tous les milieux en donnant gratuitement l'instruction élémentaire qui y conduit à certaines catégories d'enfants intelligents des écoles primaires. La véritable démocratie consiste à élever le niveau intellectuel de la nation, et non pas à l'abaisser. Or, l'école des sous-officiers, telle qu'elle fonctionne actuellement, ne semble avoir d'autre but que d'affirmer l'inutilité de la sélection.

Il en est de la démocratisation comme de toutes les bonnes choses, qui ne sont bonnes qu'autant qu'elles ne sont pas altérées dans leur principe, a dit un écrivain maritime averti (1).

----

(1) CLAUDIUS.

En résumé, le recrutement par le rang est encore à créer dans la marine; nous n'en avons qu'une parodie.

*
* *

La marine possède une quatrième source de recrutement : le recrutement par les capitaines au long cours.

C'est un reste du passé.

Dans la marine à voiles, la ligne de démarcation entre le bâtiment de guerre et le bâtiment de commerce n'était pas nettement tracée. Sans parler des corsaires, tous les navires marchands étaient plus ou moins armés; et il y eut des bâtiments de la Compagnie des Indes qui portèrent jusqu'à cinquante canons. Dans ces conditions, l'idée de prendre des officiers de la marine marchande pour combler les vides de la marine de guerre était toute naturelle. En fait, il y a toujours eu dans la marine royale un certain nombre d'officiers de cette provenance.

Mais, tandis que le bâtiment de guerre se transformait en se compliquant dans d'énormes proportions, le bâtiment de commerce dépouillait, au contraire, tout appareil militaire. A partir du jour où cette évolution fut terminée, les capitaines au long cours cessèrent d'être qualifiés pour remplir des fonctions militaires auxquelles ils n'étaient plus préparés; la clause qui leur permettait d'entrer dans la marine de guerre aurait dû être abolie. Elle a été cependant conservée et l'on s'est réservé la faculté de les utiliser en qualité d'enseignes auxiliaires; après un certain temps de stage, ils peuvent être nommés enseignes entretenus; ils entrent alors dans les cadres.

Pendant les expéditions du Tonkin et de Madagascar, on usa de cette faculté. On ne saurait prétendre qu'on eut à le regretter; mais là n'est pas la question. Les capitaines au long cours, quel que fût leur mérite personnel, prenaient des places qui revenaient de droit à nos sous-officiers. Aujourd'hui il n'y a plus intérêt à maintenir cette source de recrutement.

S'il nous paraît excessif d'admettre les capitaines au long cours dans la marine de guerre à titre permanent, il nous paraîtrait rationnel de les utiliser comme officiers de réserve.

Actuellement le corps des officiers de réserve est composé d'officiers retraités, d'officiers démissionnaires et, en principe, de capitaines au long cours. La première catégorie ne peut servir qu'à terre; elle peuplera les bureaux. La seconde est peu nombreuse et n'est pas susceptible d'augmentation. La troisième n'existe que sur le papier à cause des conditions draconiennes qu'on impose pour acquérir le titre d'officier de réserve. C'est cependant cette dernière catégorie qui sera seule capable de fournir le complément du nombre d'officiers de l'espèce qui sera nécessaire pour les besoins de la mobilisation.

En temps de guerre, il est avantageux de disposer d'un grand nombre d'officiers pour doubler les quarts et mieux encadrer les hommes. D'un autre côté, les services de surveillance ne nécessitent pas des connaissances militaires bien développées; ils exigent surtout de l'autorité. Les dispositions des bâtiments actuels ont déterminé l'éparpillement de l'équipage dans une infinité de compartiments et de réduits; les hommes ne sont plus groupés sous l'œil de leurs officiers comme ils l'étaient sur les anciens vaisseaux, et des organes d'une importance capitale sont dirigés par de simples gradés. Il est caractéristique, par exemple, qu'on ne puisse pas mettre d'officiers dans les soutes où une panique arrêterait subitement l'approvisionnement des pièces. Les capitaines au long cours seraient qualifiés pour compléter les états-majors dans les services accessoires; ils savent faire le quart et ils sont habitués au maniement des hommes. Pour les attirer, il suffirait de remplacer les examens par un stage qui permettrait d'apprécier les seules qualités qu'on leur demande : la pratique de la navigation et l'exercice de l'autorité. Ceux qui subiraient avec succès cette épreuve feraient ensuite des périodes d'embarquement pendant lesquelles ils toucheraient la solde et porteraient l'uniforme des officiers de leur grade.

N'oublions pas que les officiers de réserve n'embarquent qu'au moment de la mobilisation et qu'ils n'ont pas besoin d'avoir l'instruction nécessaire pour former les hommes; ils les trouvent tout formés. C'est cette particularité qui permet de faire appel à des éléments spéciaux pour constituer les cadres de réserve.

Il ne déplairait pas aux officiers des paquebots de couper de loin en loin leur navigation au long cours par un séjour dans nos escadres; et il ne semble pas que les compagnies puissent en prendre ombrage. Il appartiendrait d'ailleurs à la marine de s'entendre avec elles pour réserver les droits des absents.

V

L'OFFICIER (suite)
LA QUESTION DES GRADES

Tout organisme militaire est forcément hiérarchisé. De cette nécessité découlent les grades.

Du jour où l'on constitua une escouade de douze hommes, on dut la placer sous une autorité; et l'on fit le caporal. La réunion de plusieurs escouades a formé la demi-section qui nécessita la création du sergent. Et ainsi de suite depuis la section jusqu'au corps d'armée, en passant par la compagnie, le bataillon, le régiment, la brigade, la division; pour lesquelles on a fait des lieutenants, des capitaines, des chefs de bataillon, des colonels, des généraux de brigade et de division, sans omettre les commandants de corps d'armée. Ainsi, pour manier la masse militaire, il a fallu la subdiviser en groupements élémentaires dont la réunion forme des groupements plus importants; et ceux-ci se concentrent également pour constituer des masses de plus en plus nombreuses. A chacune des articulations de ce système, on a placé un chef dont l'autorité s'exerce sur les subdivisions inférieures.

Dans la marine, les grades répondent à des nécessités analogues; mais les groupements d'hommes s'arrêtent au bâtiment; ils sont ensuite remplacés par des groupements de bâtiments.

A l'origine, les navires avaient un faible tonnage; leur organisation était des plus simples; les réunions de navires étaient peu nombreuses. Il n'y avait donc que trois grades pour les officiers : lieutenant de vaisseau, capitaine de vaisseau, chef d'escadre.

Lorsque les tonnages augmentèrent, ils entraînèrent une augmentation dans les effectifs des équipages. Un seul grade subalterne devint insuffisant, et l'on créa le grade d'enseigne de vaisseau. En même temps la marine se développait; les escadres se multiplièrent, et, pour commander plusieurs escadres, on nomma des lieutenants-généraux.

Pendant longtemps, presque tous les bâtiments de guerre furent compris sous la dénomination générale de « vaisseaux »; on ne les différenciait entre eux que par le rang. Lorsqu'on établit une distinction entre les vaisseaux et les frégates, les capitaines de vaisseau continuèrent à commander indifféremment les deux types de navires. Cependant le grade de capitaine de frégate existait; mais il n'était donné qu'à des officiers qui n'appartenaient pas au cadre des officiers rouges. Jean Bart est entré dans la marine royale en qualité de capitaine de frégate.

En 1791, les grades de « chef d'escadre » et de « lieutenant-général » ont été remplacés par ceux de contre-amiral et de vice-amiral. Antérieurement, il y avait bien eu en France des amiraux et des vice-amiraux; mais ces dénominations n'avaient aucune relation avec la hiérarchie maritime, ni avec le commandement des forces navales. L'amiral n'était généralement pas un marin; il exerçait une juridiction sur certaines provinces maritimes et jouissait de privilèges spéciaux. Lorsque Louis XIV voulut récompenser les services de Tourville, il le nomma maréchal et non pas amiral. Le vice-amiralat n'était qu'une dignité; il y avait en France trois charges de vice-amiral. Sous Louis XVI, on en créa une quatrième au bénéfice de Suffren (1). En Angleterre, les amiraux, vice-amiraux et contre-amiraux exerçaient une fonction qui paraît avoir été indépendante du grade. L'amiral commandait le corps de bataille, le vice-amiral était à l'avant-garde; le contre-amiral, à l'arrière-garde.

Les grades, dans la marine, se sont donc développés au fur et à mesure des besoins. Répondant à des nécessités maritimes souvent très différentes de celles de l'armée de terre, on n'avait guère songé à les assimiler aux grades militaires. Ce n'est qu'à partir de la Révolution qu'on établit une concordance exacte entre les grades des armées de terre et de mer. Ce fut alors qu'on décida que l'enseigne serait lieutenant; le lieutenant de vaisseau, capitaine; le capitaine de frégate, lieutenant-colonel; le capitaine de vaisseau, colonel, etc. On avait vécu jusqu'alors sans sentir le besoin de pareilles distinctions, parce que l'ancien régime avait le souci des préséances sociales plutôt que celui de la hiérarchie militaire.

*
* *

Le nombre des grades est en rapport avec les divers groupements qui sont nécessaires à l'utilisation rationnelle des forces navales; ce nombre est également influencé par la variété du matériel naval. Le grade est un organe de décentralisation, car on a vite reconnu le danger de faire commander directement des forces trop nombreuses par une seule tête. L'action du commandement s'affaiblit à

---

(1) A titre documentaire, on peut citer la particularité suivante : Suffren était lieutenant-général des armées navales, au service du roi de France, et vice-amiral de France; mais il était en même temps bailli de l'Ordre de Malte et ambassadeur de l'Ordre auprès du Roi Très Chrétien.

mesure qu'elle s'étend. Enfin, le grade consacre le principe d'autorité.

Dans certains cas, on a cherché à remplacer l'autorité du grade par celle de l'ancienneté. C'est ainsi, par exemple, que, pendant de nombreuses années, les divisions légères des escadres ont été commandées par de simples capitaines de vaisseau. La marine éprouvait une répugnance invincible — et incompréhensible — à placer des contre-amiraux à la tête de ces divisions. Cet exemple a eu du moins cette conséquence heureuse de montrer l'utilité du grade. En effet, le commandement était ainsi attribué automatiquement au plus ancien des commandants de croiseurs. Ce n'était donc pas le ministre qui donnait le commandement à celui qu'il jugeait le plus capable de l'exercer; car la décision présidentielle qui nomme un officier à un commandement n'implique pas que cet officier est aussi capable de conduire une division qu'un bâtiment. De plus, l'ancienneté des capitaines, dans une division, varie à chaque mutation; elle enlève donc toute stabilité au commandement qui change constamment de mains. Ce changement de commandement provoque un changement dans le classement des bâtiments, le chef occupant toujours un poste déterminé. En sorte que la composition des forces ne dépend plus de la puissance des unités; elle est imposée par l'âge des capitaines.

Ces inconvénients sont majeurs. On peut y remédier en partie en substituant la fonction au grade, et en donnant à certains officiers une commission du grade supérieur. Il y a même un proverbe maritime qui dit : « La fonction prime le grade. » C'est vrai, mais l'application de cette maxime ne va pas sans danger, et il sera prudent de ne pas en abuser. Celui qui est l'objet de cette marque de confiance changerait volontiers sa commission contre le grade; car il se trouve dans une fausse position vis-à-vis de ses camarades plus anciens. Généralement il usera envers eux de ménagements qui contrarieront l'exercice de ses fonctions, ou, s'il fait sentir son autorité, il fera des mécontents et sera en butte à une sourde hostilité. Il ne s'agit pas de savoir si cette opposition sera ou non justifiée; il faut tenir compte des faiblesses humaines et se rappeler les conséquences fâcheuses qu'ont eues les rivalités de personnes. A tout point de vue, la solution la plus simple et la plus logique est de sanctionner l'autorité par le grade.

Cela posé, nous nous demanderons si, dans la marine, nous possédons tous les grades dont nous avons besoin.

*
* *

Dans les hauts grades, il en manque un: celui d'amiral. Le premier groupement de bâtiments est la division, commandée par un contre-amiral. La réunion de deux divisions constitue une escadre; plusieurs escadres forment une armée navale; enfin la concentration de plusieurs armées s'appelle une flotte. L'Angleterre a donc des vice-amiraux pour commander ses escadres; des amiraux (full admirals) pour commander les armées et, théoriquement, des amiraux de la flotte (admirals of the fleet) pour commander les flottes.

Notre marine n'est pas assez nombreuse pour avoir besoin d'amiraux de la flotte; mais nous aurions besoin d'amiraux. Dès maintenant, les forces navales de la Méditerranée, groupées sous le nom impropre d'escadre, constituent en réalité une armée navale; car elles ne comprennent pas moins de trois escadres (1). Par suite de l'absence d'amiral, le commandement de cette armée n'est pas organisé. On conviendra que c'est un inconvénient sérieux. Afin d'éviter, dit-on, les tiraillements entre vice-amiraux qui se sont

_____

(1) Ceci était écrit avant la réorganisation des escadres qui a modifié leur composition.

produits à une époque antérieure, la deuxième escadre et l'escadre des grands croiseurs ne sont pas commandées par des vice-amiraux, comme elles devraient l'être. Pour la deuxième escadre, il en résulte qu'elle n'a pas de chef, bien qu'elle forme une unité tactique distincte. Chacune de ses divisions relève directement du commandant en chef; dans les exercices, elle est placée sous la direction temporaire du plus ancien de ses contre-amiraux qui n'a pas l'autorité effective. On retrouve donc dans cette organisation tous les défauts que nous avons signalés plus haut. Quant à l'escadre des croiseurs, qui va bientôt comprendre deux divisions de croiseurs cuirassés — c'est-à-dire une force plus importante que n'était l'escadre entière il y a vingt-cinq ans — elle a bien un chef qui est contre-amiral; mais sa deuxième division se trouve sans tête, ainsi que la division des bâtiments légers.

Pour organiser le commandement de l'armée navale de la Méditerranée, il eût fallu un amiral et deux vice-amiraux. Et, en temps de guerre, ce n'est pas une seule armée que nous aurions, mais deux ou trois.

J'entends bien que, tant qu'on n'aura pas créé le grade de général de corps d'armée, on ne consentira jamais à donner des amiraux à la marine. Aussi, nos aspirations sont-elles plus modestes. Le nom nous importe peu, pourvu que nous ayons la chose. Nous voudrions donc que, parmi les vice-amiraux, on créât une catégorie spéciale qui serait l'équivalent de ce que sont, dans l'armée, les commandants de corps d'armée. Ceux-ci ont un signe distinctif et une situation particulière qui leur confère le bénéfice du grade. Cette solution aurait l'avantage de ne pas nécessiter le recours à l'ancienneté chaque fois que l'on concentre nos forces navales. Précisément, en cette année 1909, les deux escadres du Nord et de la Méditerranée se sont réunies. C'est naturellement le vice-amiral le plus ancien qui a pris la direction des manœuvres ; or, comme il commandait personnellement des petits croiseurs, les hasards de l'annuaire ont été cause que le chef suprême se trouvait à la tête de l'escadre légère. Voilà à quel paradoxe on en arrive lorsque, dans l'organisation des forces, on se laisse guider par des considérations étrangères aux nécessités militaires. A-t-on jamais vu, dans une armée, le commandement échoir au général commandant une division de cavalerie indépendante ?

On ne s'explique pas, d'ailleurs, la répugnance qu'éprouvent les démocraties à organiser le commandement de leurs forces militaires sur des bases rationnelles. Les États-Unis n'ont pas encore pu se décider à créer le grade de vice-amiral. L'Armada qui, en 1908, a fait le tour du monde ne comprenait pas moins de seize cuirassés, formant deux escadres à deux divisions. Cette force considérable était commandée par un contre-amiral qui avait trois autres contre-amiraux sous ses ordres. Et, par une singulière anomalie, les Américains, qui ne veulent pas de vice-amiraux, s'accommodent fort bien de généraux de division. Il est cependant peu probable que les destinées du pays soient plus menacées par les uns que par les autres.

*
* *

Dans les grades supérieurs, la marine ne possède pas celui de capitaine de corvette. Sa création est à l'ordre du jour depuis plus de quinze ans. Elle a été demandée par maints rapporteurs du budget ; mais elle a rencontré une vive opposition dans certains milieux maritimes, parce qu'on s'imagine, à tort croyons-nous, qu'elle léserait des intérêts. C'est donc ici le lieu de discuter la question.

Si le grade n'est pas nécessaire, il ne faut pas le créer ; les marins sont faits pour la marine, la marine n'est pas faite pour donner des situations aux marins. Si, au contraire, il est indispensable, aucune considération ne doit s'opposer à sa création. Or la nécessité du grade de capitaine de corvette nous est démontrée par le fait que l'on a été obligé de créer la fonction. Malheureusement, on n'a pas donné à cette fonction une extension suffisante et le service en souffre. Tous les lieutenants de vaisseau qui ont plus de quatorze ans de grade occupent des postes spéciaux et ne sont en réalité que des capitaines de corvette, avec cette particularité attristante qu'ils n'en ont ni la solde ni le titre, mais seulement les charges. Les lieutenants de vaisseau majors, qui n'ont eu qu'une existence éphémère, étaient également des capitaines de corvette honteux. Mais les uns et les autres n'ont dû leurs attributions qu'au triste privilège de l'âge; et l'âge n'a jamais été considéré comme la meilleure des garanties.

L'organisation des bâtiments actuels est calquée sur celle des anciens vaisseaux qui avaient un tonnage bien moindre et étaient moins compliqués. A mesure que les tonnages et l'armement augmentaient, on eût dû créer des organes nouveaux pour faire face à des nécessités nouvelles. Sur les cuirassés et croiseurs de plus de 9.000 tonnes, il eût fallu décentraliser en embarquant des capitaines de corvette en qualité d'auxiliaires du commandement. On ne l'a pas fait et maintenant l'officier en second n'est plus capable d'assumer la tâche qui lui est attribuée par les règlements; elle est devenue trop lourde. Ce malheureux officier a une situation dont nos modernes galériens ne voudraient pas (1).

Sur l'ordre du ministre, la question de l'organisation du

---

(1) Les capitaines de frégate, seconds, sont l'objet de brimades indignes de notre époque. La sollicitude des pouvoirs publics a été jusqu'à garantir aux sous-officiers et matelots un minimum de liberté; elle ne s'est pas étendue jusqu'aux capitaines de frégate, qui sont

service intérieur a été étudiée à fond, en 1908, par une commission de l'escadre de la Méditerranée, en vue d'adapter les moyens aux besoins actuels. Cette commission était arrivée à cette conclusion que, sur les cuirassés et les grands croiseurs, il fallait, pour seconder le capitaine de frégate, placer un officier supérieur (qui ne peut être qu'un capitaine de corvette) à la tête de chacun des services défensif et offensif.

Les capitaines de corvette seraient également mieux qualifiés que les lieutenants de vaisseau pour remplir les fonctions de second sur les bâtiments commandés par un capitaine de frégate et pour être officiers adjoints dans les défenses mobiles.

Les escadrilles attachées aux escadres sont composées actuellement de douze unités qui seront portées, espérons-le, à vingt-quatre ou trente unités aussitôt que les moyens le permettront. A la tête de ces escadrilles se trouve un capitaine de frégate qui n'a pas de commandant en sous-ordre. Cependant, à partir du jour où les escadrilles ont eu des effectifs supérieurs à trois contre-torpilleurs, le besoin s'est fait sentir de placer des capitaines de corvette à la tête de chacune des divisions.

Enfin, en attribuant à des capitaines de corvette certains commandements actuellement exercés, soit par des capitaines de frégate (*La Hire*), soit par des lieutenants de vaisseau (*Surprise*), nous aurions besoin de quatre-vingt-dix capitaines de corvette, en l'état actuel de nos armements. En tenant compte du développement des escadrilles et des besoins de la mobilisation, le cadre devrait être de cent soixante-dix officiers environ. Puisque les places

---

soumis au bon plaisir des commandants et ne voient guère la terre qu'à l'aide d'une longue-vue. Leur service est cependant si chargé qu'ils auraient besoin de se délasser l'esprit à la fin de journées exténuantes.

de capitaine de corvette sont occupées, sauf une dizaine, par des lieutenants de vaisseau, la création du grade ne léserait aucun intérêt.

C'est à l'absence de capitaines de corvette que nous devons l'organisation défectueuse du service de l'artillerie à bord de nos bâtiments. Comment! Voilà un cuirassé de 15.000 tonnes qui possède 4 pièces de 30^{cm} et 18 de 16^{cm}; et à la tête de cet armement formidable vous ne placez qu'un lieutenant de vaisseau canonnier!

Alors que l'artillerie de terre fait commander par un capitaine une batterie de 4 canons de campagne de 75^{mm}, vous estimez qu'un lieutenant de vaisseau est suffisant pour diriger plusieurs batteries, dont chacune est cent fois plus puissante qu'une batterie de campagne. Le fonctionnement de l'artillerie, à bord, emploie la presque totalité du personnel de pont; et cependant le nombre des officiers canonniers est le même que celui des officiers torpilleurs (deux), bien que le service « torpilles » ne compte que quelques hommes. Qu'un bâtiment ait 22 pièces d'artillerie (dont 4 de 30^{cm}), comme la *Patrie*, ou seulement 8 pièces de 16^{cm}, comme le *Kléber*, il aura toujours le même nombre d'officiers canonniers : un lieutenant de vaisseau et un enseigne. Sur les cuirassés et les grands croiseurs, le service de l'artillerie devrait comporter au moins cinq officiers brevetés, dont un capitaine de corvette. Le système actuel n'offre aucune garantie, tant au point de vue de l'entretien que du fonctionnement du matériel.

Les personnes étrangères à la marine n'apprendront pas sans étonnement que nous attachons plus d'importance au service médical (1) qu'à celui de l'artillerie; car le premier est dirigé par un officier supérieur, tandis qu'un seul

---

(1) A bord des bâtiments, il n'y a pas d'hôpital; on se contente d'une infirmerie, les malades sérieux étant évacués sur les hôpitaux à terre.

officier subalterne concentre, sous son autorité, la puissance offensive du bâtiment.

Nous nageons en pleine incohérence.

*
* *

Si le corps des officiers de vaisseau a deux grades en moins, il en a un en trop : celui d'aspirant de 2e classe. On ne trouve nulle part l'équivalent de ce grade, même dans les autres corps de la marine. On le maintient parce qu'il existe.

A l'époque où les élèves sortaient de l'École Navale à seize ou à dix-sept ans, il y a un siècle, on avait estimé qu'ils étaient encore bien jeunes pour devenir officiers, et pendant le temps qu'ils passaient à l'école d'application, on leur donnait une situation où ils étaient officiers, sans l'être, tout en l'étant. D'où le grade d'aspirant de 2e classe.

Actuellement, on sort de l'École Navale à vingt et un ans avec une instruction qui n'a rien de comparable à celle des « midshipmen » des temps préhistoriques. La raison d'être du grade a disparu; le grade est resté. Il survivra à la marine.

*
* *

Dans les corps combattants, le nombre des grades est en rapport avec le nombre et l'importance des groupements tactiques.

Dans les corps auxiliaires où les officiers n'exercent pas une action militaire directe, tels que les ingénieurs, les commissaires, les médecins, le grade n'a pas le même caractère; il consacre une hiérarchie, il ne représente pas le principe du commandement. L'ingénieur fait des plans et des devis; le commissaire fait de l'administration; le médecin fait de la médecine; aucun ne commande dans le sens militaire du mot. Tous sont officiers, mais ils ont des attributions civiles.

Ces corps auxiliaires sont militarisés; ils pourraient ne pas l'être. En Angleterre, les ingénieurs des constructions navales ne le sont pas; il en est de même des médecins en Russie. Les écrivains et les chirurgiens du temps de Colbert ne l'étaient pas.

Les fonctions étant peu variées dans les services auxiliaires, les grades devraient être peu nombreux. Trois suffiraient : un grade subalterne, un grade supérieur, un grade général. En fait, il y en a beaucoup plus : le Français a la passion du grade et du galon, notre démocratie est restée napoléonienne jusqu'aux moelles. On ne s'est pas contenté d'attribuer aux corps auxiliaires le même nombre de grades qu'aux combattants, bien qu'il n'y ait entre eux aucune assimilation possible; on leur en a même donné un de plus, et, naturellement, ce n'est pas un grade subalterne. Il y a ainsi des capitaines de corvette ingénieurs, des capitaines de corvette commissaires, des capitaines de corvette médecins; mais il n'y a pas de capitaines..... de corvette.

O Logique, comme tu dois souffrir !

Pour caser tous ces états-majors, il a fallu donner les mêmes fonctions à des officiers de grade différent, ou créer de nouveaux postes qui ne répondent à aucun besoin. Nous avons ainsi, sur les bâtiments-amiraux, des médecins en chef et des mécaniciens-inspecteurs, qui traînent leur oisiveté comme une croix.

Ces officiers portent d'ailleurs des titres trompeurs; car les uns ne s'occupent pas plus de médecine que les autres ne s'occupent de machines. La marine est devenue le dernier refuge des ordres contemplatifs.

Cet état de choses n'est pas particulier à la marine française : avant la révolution du 24 juillet 1908, on trouvait des situations analogues dans la marine turque.

VI

L'OFFICIER (suite)
LA QUESTION DE L'AVANCEMENT

Pour que les officiers s'acquittent avec conscience de leurs devoirs, il faut que leur carrière leur offre les satisfactions auxquelles ils ont droit. Pour que leur valeur soit en rapport avec leur bonne volonté, il ne faut pas qu'ils consument leur réserve d'énergie dans les grades subalternes. Des officiers découragés ou décrépits font baisser le niveau de l'état-major.

C'est sous cette forme que se pose la question de l'avancement.

Or, sous le rapport de l'avancement, on n'a réellement pas fait la part belle aux officiers de marine, encore qu'ils soient mieux partagés que leurs camarades de l'armée. Le découragement est déjà un fait acquis; la décrépitude suivra bientôt si on ne se décide pas à prendre des mesures radicales.

Les conditions d'avancement dépendent du rapport entre le cadre des officiers subalternes d'une part, et le cadre des officiers généraux et supérieurs de l'autre. Ce rapport détermine ce que l'on peut appeler «le coefficient d'avancement». La moyenne du déchet qui se produit annuellement par suite de décès, démissions ou retraites étant connue, il est ensuite facile de déterminer assez exactement la situation de chaque corps au point de vue de l'avancement.

Le coefficient d'avancement dans la marine est de :

0,27 pour les officiers de vaisseau,
0,15 pour les officiers-mécaniciens,
0,77 pour les ingénieurs du génie maritime,
1,43 pour les ingénieurs hydrographes,
0,46 pour les commissaires,
0,41 pour les médecins (1).

Ce petit tableau est suggestif.

Il nous révèle d'abord que la marine possède un corps organisé d'après les principes qui sont en honneur en Haïti, où il y a plus de généraux que de soldats. Les ingénieurs hydrographes ne sont que 17; mais la qualité remplace la quantité, car ils n'ont que 7 officiers subalternes. Il est évident que, pour eux, la question de l'avancement ne se pose même pas. Heureux corps !

Après les ingénieurs hydrographes, ce sont les ingénieurs des constructions navales qui sont le plus favorisés. Sur un cadre de 160 officiers, le génie maritime ne compte pas moins de 12 officiers généraux et 58 officiers supérieurs. Aussi y passe-t-on officier supérieur à trente-quatre ans, à l'âge où les officiers de vaisseau passent capitaines avec la perspective de rester quinze à dix-huit ans dans ce grade. Ce brillant résultat n'a pas été obtenu sans quelque effort. Il a fallu mettre un officier général à la tête d'établissements secondaires, tels qu'Indret et Guérigny; multiplier les postes à Paris; placer deux officiers généraux dans le même service. Nous nous plaindrons d'autant moins de cette situation que nous en prendrons prétexte pour récla-

---

(1) Dans l'établissement des coefficients, il n'a pas été tenu compte des élèves des écoles. Ceux-ci ne font pas partie des cadres puisqu'ils sont destinés à combler les lacunes qui s'y produisent.

mer un traitement aussi favorable, sans cependant l'obtenir par une proportion anormale entre les effectifs des différents grades. Nous verrons, lorsque nous étudierons le commandement, que c'est surtout dans les métiers d'action qu'il faut avoir des têtes jeunes; dans les professions où l'activité physique joue un moindre rôle, la question de l'âge n'a pas la même importance primordiale. Par conséquent, les combattants devraient être, sous le rapport de l'avancement, plus favorisés que tous les autres; il y va de leur rendement. Or, sans les mécaniciens (qui sont eux-mêmes des combattants), les officiers de vaisseau arriveraient bons derniers avec un coefficient de famine de 0,27.

Pour les mécaniciens, l'avancement sera un peu amélioré lorsque leur loi des cadres aura reçu sa pleine application; mais il ne faut pas se dissimuler qu'il sera difficile de donner une grande extension aux cadres supérieurs de ce corps. Par la nature de leurs fonctions, les mécaniciens ne peuvent avoir qu'un nombre très limité d'emplois, en dehors des bâtiments. Or, c'est seulement dans les services à terre que les officiers supérieurs pourraient trouver des débouchés suffisants. En effet, les mécaniciens dirigent, à bord, le service de la machine au même titre que les officiers de vaisseau dirigent les autres services; et, en cette qualité, ils ne peuvent être embarqués avec un grade qui porterait atteinte à l'unité de commandement. C'est la raison qui a fait décider que les mécaniciens-inspecteurs, faisant partie des états-majors généraux, ne seraient plus chargés de la conduite des machines; mais l'inutilité de ces mécaniciens de division n'est pas problématique, elle est certaine.

Il n'y a que deux façons d'améliorer la situation des officiers de ce corps : ou bien opérer leur fusion avec les officiers de vaisseau dans les conditions que nous avons indiquées; ou, si l'on tient à conserver l'état de choses actuel, compenser la lenteur de l'avancement dans les grades les plus élevés par une élévation de solde. Cette seconde solution vaut mieux que d'avoir des officiers supérieurs et généraux dont on ne trouve pas l'utilisation et auxquels on donne des emplois de pure forme.

*
* *

Nous arrivons maintenant au problème le plus difficile à résoudre : celui de l'avancement des officiers de vaisseau. Conserver le *statu quo*, c'est renoncer à avoir une marine ardente ; c'est perpétuer le découragement.

Si la question de l'avancement était une question d'argent, on se verrait obligé de l'abandonner ; car nous sommes dans la période des vaches maigres. Il faut donc avoir recours à d'autres procédés.

Quelle que soit la composition des cadres, il serait toujours possible de rajeunir le commandement par une sélection intensive. Toutefois, c'est un moyen qu'il serait dangereux d'employer en temps de paix. On créerait ainsi une petite minorité de privilégiés sans améliorer la situation de la majorité ; le mécontentement croîtrait encore. Enfin, la tête pourrait être jeune, mais le corps resterait vieux. Le choix doit exister pour récompenser le zèle ; mais il doit s'exercer avec modération. C'est donc bien le rajeunissement de tous les cadres qu'il faut obtenir.

Dans l'organisation du service, à bord des bâtiments, les aspirants de 1re classe ne remplissent pas de fonctions essentielles. Ils ne sont pas prévus comme faisant partie de l'état-major. Certains bâtiments en ont ; d'autres n'en ont pas. La marine les considère toujours comme des élèves parce que, il y a un siècle, ils n'avaient que dix-huit ans. Aujourd'hui qu'ils ont de vingt-deux à vingt-quatre ans, il serait grand temps de tirer parti de jeunes gens qui ont atteint l'âge où l'on peut rendre des services. A la condition de réserver aux enseignes de vaisseau les fonctions de chef de quart sur les petits bâtiments, les aspirants sont aptes à faire exactement le même service que ceux-ci, tout comme les sous-lieutenants sont employés au même titre que les lieutenants. Ainsi, sans rien changer aux conditions actuelles, l'utilisation des aspirants permettrait de diminuer le cadre des enseignes de vaisseau de tout l'effectif des aspirants, soit de 170 unités (1).

Il faudrait en même temps établir avec moins de légèreté le chiffre des admissions dans les écoles, de manière à éviter l'engorgement des cadres à la base. Par suite d'un défaut de prévisions, le cadre des enseignes qui est de 420 unités se trouve irrégulièrement porté à plus de 650.

Nous avons vu que le grade de capitaine de corvette s'imposait parce que la fonction existe déjà; or, comme ce sont précisément les lieutenants de vaisseau qui remplissent actuellement la grande majorité des emplois revenant à des capitaines de corvette, c'est le cadre des lieutenants de vaisseau qui devra contribuer à former le cadre presque entier des capitaines de corvette; il fournirait 140 unités sur 170. De ce fait, le cadre des lieutenants de vaisseau serait ramené de 774 (y compris les officiers en résidence fixe) à 630.

Mais la lecture du *Journal officiel* montre que la liste d'embarquement des lieutenants de vaisseau est constamment vide. On se dira alors qu'au lieu de diminuer le cadre, il vaudrait mieux songer à l'augmenter. Nous ferons d'abord remarquer que la diminution proposée n'est qu'apparente, puisque les capitaines de corvette occuperaient des postes qui sont actuellement occupés par des lieutenants de vais-

---

(1) Dès son arrivée au ministère, le ministre de la marine s'est préoccupé de modifier la situation des aspirants dans le sens indiqué ici. C'est actuellement chose faite; mais la marine a maintenant des enseignes de vaisseau en nombre surabondant.

seau; et puis, si les listes d'embarquement sont vides, c'est uniquement parce que nous utilisons mal nos officiers.

Voulez-vous savoir combien il y avait, au 1er janvier 1909, de lieutenants de vaisseau embarqués dans toutes les escadres et divisions navales (y compris les contre-torpilleurs)? Exactement 243; c'est-à-dire moins du tiers du cadre. 126 peuplaient les flottilles (torpilleurs et sous-marins); 136 étaient dans les écoles de toutes sortes (y compris les écoles de pilotage et de chauffe); il en restait 265 qui étaient bureaucrates ou en congé. Lorsqu'on aura ramené les flottilles à des proportions en rapport avec leur puissance effective, on rendra disponible un grand nombre d'officiers. On en gagnerait encore d'autres en réorganisant les écoles et en se servant des officiers brevetés d'une façon plus rationnelle. Actuellement, certains officiers passent leur temps à faire la navette d'une école à l'autre afin de se soustraire aux émotions de la navigation, tandis que d'autres ne parviennent pas à trouver un emploi de leur spécialité. Quand on aura supprimé le bataillon de fusiliers, qui rappelle ironiquement la mousqueterie des gaillards; quand on aura modifié les conditions d'obtention des brevets, il ne sera plus nécessaire d'entretenir 136 lieutenants de vaisseau dans les écoles (1). Enfin, il faut bien avouer que nos états-majors sont trop nombreux. Un croiseur comme le *Desaix* a un état-major aussi important qu'un cuirassé. L'état-major d'un transport-aviso qui comportait, il y a seize ans, un lieutenant de vaisseau commandant et 4 enseignes de vaisseau, se composait dernièrement de : 1 capitaine de frégate, 1 lieutenant de vaisseau, 5 enseignes de vaisseau et 4 aspirants; le tout

_____

(1) Pour que la marine puisse tirer parti des officiers de spécialités, on ne devrait être autorisé à entrer dans les écoles qu'au moment où l'on passe au grade supérieur. On serait alors distrait des listes d'embarquement jusqu'à l'ouverture des cours.

pour un équipage de 114 hommes. Les canonnières, qui avaient 3 enseignes de vaisseau pendant la campagne de Chine, sous l'amiral Courbet, en ont maintenant 5.

Il y a là un danger; cette inflation des états-majors engendre l'oisiveté. Si un complément d'officiers est jugé nécessaire pendant la guerre, il doit être fourni par le cadre des officiers de réserve.

Nous ne manquons pas d'officiers subalternes. Le jour où on voudra les employer sans autre préoccupation que les nécessités militaires, on les ramassera à la pelle sur les quais.

**

L'adoption des diverses mesures que nous avons énumérées ci-dessus permettrait de ramener les cadres subalternes aux proportions suivantes :

Lieutenants de vaisseau	630
Enseignes et aspirants de 1re classe. . .	420
Total	1.050 au lieu de 1.540.

Toutes proportions gardées, c'est encore plus que ne possède la marine anglaise.

**

On accuse la marine d'avoir trop d'amiraux. Le reproche est fondé. Comme le commandement n'est pas organisé, une partie des officiers généraux qui devraient être à la tête de nos forces navales se trouvent sans emploi, et on en conclut avec une apparence de raison qu'ils sont inutiles. Lorsque nous étudierons, dans la deuxième partie, la composition de nos forces, nous constaterons que nos amiraux ont leur place marquée et que leur nombre n'est pas excessif. Il n'y a pas moins de 9 vice-amiraux qui devraient être à la tête de nos forces navales; et comme il en faut également dans les préfectures maritimes et à Paris, leur chiffre de 15 n'a rien d'excessif.

Quant aux contre-amiraux, le jour où l'on aura supprimé les ports de Rochefort et de Lorient, la division d'Algérie, ainsi que quelques comités plus ou moins consultatifs, leur cadre pourra être diminué de quelques unités.

Depuis qu'on s'est décidé à liquider un certain nombre de vieux navires sans valeur, le cadre des capitaines de vaisseau se trouve un peu fort. Comme l'augmentation de tonnage des bâtiments aura pour conséquence une diminution du nombre des unités, malgré que les crédits affectés aux constructions neuves aient une tendance à croître, on peut diminuer de 15 le cadre des capitaines de vaisseau.

Mais c'est surtout le cadre des capitaines de frégate qui est attaqué. Il est actuellement de 235, y compris les officiers en résidence fixe. Depuis plus de dix ans l'engouement pour les croiseurs-cuirassés a arrêté complètement la construction des bâtiments légers; nos éclaireurs sont vieux et ils s'acheminent vers la tombe. De ce fait, le nombre des commandements affectés aux capitaines de frégate s'est trouvé diminué et une quarantaine d'officiers de ce grade errent à la recherche d'une position sociale. De toute nécessité, il faut consentir à une réduction du cadre, et le ramener de 235 à 200 [y compris le cadre de résidence fixe] (1). A ceux qui trouveraient cette imputation insuffisante, nous dirons que, bon gré mal gré, il faudra revenir à la construction des « scouts »; le Conseil Supérieur s'est déjà nettement prononcé en leur faveur. Or, les capitaines de frégate trouveront dans ces bâtiments une nouvelle source de commandements.

_____

(1) La voilà bien, dira-t-on, la conséquence de la création des capitaines de corvette. Nullement. Ce grade n'est pas créé et cependant on se plaint depuis longtemps de l'excès des capitaines de frégate.

Ces réductions, combinées avec la création du grade de capitaine de corvette, auraient pour conséquence d'établir les cadres des officiers généraux et supérieurs sur les bases suivantes :

Vice-amiraux	15 (sans changement).	
Contre-amiraux	30	—
Capitaines de vaisseau	110 au lieu de 125.	
Capitaines de frégate.	200 —	235.
Capitaines de corvette.	170 —	0.
Total	525 —	405.

Les officiers subalternes devant être, dans notre hypothèse, 1.050, le coefficient d'avancement se relèverait de 0,27 à 0,5.

Les diminutions de cadres procureraient une économie de 1.400.000 francs, contre une dépense de 1.100.000 francs pour l'établissement des capitaines de corvette. D'où un reliquat de 300.000 francs qu'il serait équitable d'employer au relèvement des soldes des officiers subalternes. En effet, malgré la lenteur de l'avancement, on a attribué aux officiers de vaisseau des soldes inférieures à celles des ingénieurs et des mécaniciens. Tant qu'on ne nous aura pas donné la raison de ce traitement de défaveur, nous sommes en droit de demander à être placés sur le même pied que les autres corps.

*
**

A moins de créer, dans les grades supérieurs, des sinécures qui, un jour ou l'autre, seraient reprochées à la marine et se retourneraient contre elle, il ne paraît pas possible d'élever au delà de 0,5 le coefficient d'avancement. D'un autre côté, plus l'avancement est rapide dans les grades inférieurs, plus l'encombrement se fait sentir au sommet, parce que tous ceux qui arrivent ont encore un long temps de service à faire. On tourne donc dans un cercle vicieux dont on ne peut sortir qu'en abaissant les limites d'âge; mais le ministère des finances s'opposera toujours à cette solution qui grèverait lourdement le chapitre des pensions. Le complément indispensable de notre système c'avancement doit donc être d'offrir à une partie des officiers des débouchés, de façon à dégorger constamment les cadres, et à les dégorger autant que possible par la tête.

Parmi ceux qui embrassent la carrière maritime, il y en a toujours un certain nombre qui s'aperçoivent trop tard qu'ils n'avaient qu'une apparence de vocation; s'ils ne quittent pas la marine, c'est que là où la chèvre est attachée il faut qu'elle broute. D'autres ont un goût prononcé pour les études scientifiques et aimeraient à se spécialiser dans certaines branches du métier. D'autres, enfin, pour des raisons d'intérêt personnel ou de fatigue physique, n'ont plus de penchant pour la navigation. Tous ceux-là se contenteraient de la perspective d'une carrière honorable à la condition de ne pas perdre leur qualité d'officier; et l'on ne conserverait dans les cadres actifs que ceux chez qui l'attrait de la mer aurait survécu aux épreuves du début.

M. Lockroy obéissait sans doute à des préoccupations de ce genre, lorsqu'il avait projeté de donner à des officiers de marine les fonctions d'administrateur de l'inscription maritime. M. Chautemps, sénateur, dans son rapport sur le budget pour l'exercice 1909, proposait, dans le même ordre d'idées, de prendre dans l'état-major de la flotte le personnel de l'administration centrale et de composer avec des officiers de vaisseau le corps des ingénieurs hydrographes. Ces propositions sont justes. Si la marine n'est pas faite pour les marins, du moins est-on en droit de penser que les marins sont mieux qualifiés que des licenciés ou des gens sans diplôme pour occuper, au ministère, des fonctions qui touchent de si près aux questions maritimes qu'elles font corps avec la marine. D'autre part, l'hydrographie est si étroitement liée à la navigation qu'on ne s'explique pas qu'on ait été chercher, en dehors de la marine, des ingénieurs hydrographes; il y a là une anomalie choquante, et même blessante pour les officiers de vaisseau. Dans tous les pays autres que la France, les hydrographes sont des marins, et je ne sache pas que ce soit par manque d'instruction que pèche la marine française.

Quelques officiers, attirés par le côté technique de l'artillerie — de préférence des officiers supérieurs — pourraient également trouver place dans le corps des ingénieurs-artilleurs, auquel ils fourniraient l'appoint d'un élément pratique qui lui a fait si complètement défaut jusqu'ici.

Mais le débouché le plus important doit être constitué par le cadre de résidence fixe, auquel on donnerait une extension suffisante pour englober la plus grande partie des postes sédentaires. Rien ne s'oppose à ce que tous les postes des dépôts, des directions de ports, des préfectures et des majorités soient dirigés par des officiers en résidence fixe, et à ce que le cadre comprenne des capitaines de vaisseau. On obtiendrait ainsi, dans ces différents services, une permanence qui n'existe pas actuellement, et on pourrait diminuer sans inconvénient le nombre des emplois.

C'est parce qu'on a limité l'avancement dans ce cadre au grade de capitaine de frégate qu'on en a éloigné beaucoup d'officiers; or, les officiers subalternes du cadre de résidence fixe devraient être principalement des adjudants principaux, et c'est pour les cadres supérieurs surtout qu'on a besoin des officiers de vaisseau.

*
* *

Tel est l'ensemble des mesures qui paraissent nécessaires pour nous sortir du marasme actuel. Elles seules permettraient d'avoir un corps navigant jeune et actif, familiarisé avec son élément parce qu'il ne perdrait pas, dans des séjours prolongés à terre, le bénéfice de l'expérience précédemment acquise. Enfin le système a, par le temps qui court, l'avantage inappréciable de ne pas exiger de dépenses nouvelles.

VII

L'OFFICIER (suite) — LA POLITIQUE

Il y a seulement quinze ans, on n'eût pas songé à introduire un chapitre relatif à la politique dans une étude sur les conditions de l'officier. La question se pose aujourd'hui.

Il est de principe que les officiers ne doivent pas faire de politique, et c'est afin de leur enlever tout prétexte à s'occuper de choses qui ne les regardent pas qu'on leur a retiré le droit de vote.

La neutralité qu'on impose aux officiers se justifie amplement; mais, dans la pratique, l'application de cette règle comporte des tempéraments. Si tout le monde se refuse à admettre que des officiers, qui sont détenteurs de la force publique, puissent faire une opposition ouverte ou cachée aux institutions du pays, on tolère beaucoup plus volontiers qu'ils proclament bruyamment leur loyalisme. Or, comme la politique donne le pouvoir et que le pouvoir est dépositaire de l'armoire aux faveurs, on est naturellement porté à se servir d'appuis politiques pour participer à la manne terrestre, et, non moins naturellement, on cherche à se créer des titres par l'ardeur de ses convictions. On ne se laisse pas arrêter par des scrupules de conscience, car on juge généralement avec plus d'indulgence ses propres mérites que ceux du voisin.

Il suffit qu'on ait pu constater sur quelques individus

les effets bienfaisants de cette ligne de conduite pour qu'elle se généralise rapidement; et c'est ainsi que la politique s'introduit là où elle n'a rien à voir.

Qu'on y prenne garde! Le jour où, dans nos armées de terre et de mer, tout le monde fera de la politique, il faudra compter avec les officiers, bien qu'ils n'aient pas le bulletin de vote; car le nombre est toujours une force. Si nous devions en arriver là, on regretterait le temps où on accusait les officiers d'avoir des opinions réactionnaires. Ceux-là, au moins, n'étaient pas gênants. Les fauteurs de coup d'État ne se recrutent pas dans l'opposition: ils se servent de la politique pour se faire bien voir des pouvoirs publics et se créer un parti; et ce n'est que quand ils sont assez forts de la force qu'on leur a donnée, qu'ils s'en servent pour renverser ceux qui les ont poussés.

On peut ajouter que la politique est un tremplin commode pour ceux qui ont eu des déboires de carrière. Les individus tarés, les génies méconnus, les *m'as-tu-vu* maritimes, se découvrent tout à coup des opinions qu'en d'autres temps ils ne songeaient guère à avouer. Ils se donnent comme les uniques représentants de l'orthodoxie politique et jouent les victimes. Le thermomètre de leurs convictions marque le degré de leur ambition. On se demande comment des hommes politiques intelligents ont pu, en ces dernières années, se laisser prendre à des artifices aussi grossiers.

En matière politique, traitez tous les officiers sur le même pied, c'est-à-dire en les ignorant. Accordez-leur la situation et la considération à laquelle ils ont droit et, à part quelques individualités isolées qui agiront par snobisme ou par tradition, ils accepteront volontiers les institutions du pays. Cependant, ils demandent qu'on ne les force pas à devenir antimilitaristes.

*
* *

L'influence de la politique se fait sentir d'une autre façon encore dans les corps militaires.

Les soldats et les marins ne disposant pas du bulletin de vote, la sollicitude des pouvoirs publics ne s'étend pas jusqu'à eux. C'est ainsi que les officiers ont actuellement des soldes qui sont inférieures, non seulement à celles des employés de ministère, mais même à celles des ouvriers de l'État.

Les renseignements suivants, puisés dans le journal le *Temps*, montrent la situation actuelle des officiers :

Voici la solde annuelle des officiers subalternes, *y compris l'indemnité de résidence à Paris,* et les traitements des rédacteurs du ministère de l'intérieur (décret du 24 février 1907) :

Sous-lieutenants. .	3.252ᶠ 50	Rédacteurs ordinaires {	2.500 ᶠ à 4.000	
Lieutenants avant { neuf ans de grade }	3.432 50 3.612 50	Rédacteur principal . {	4.000 à 6.000	
Lieutenants après neuf ans de grade	3.900 50	Sous-chef de bureau . {	6.000 à 8.000	
Capitaines	4.404 50			

La comparaison des soldes des officiers subalternes et des salaires des ouvriers des manufactures nationales n'est pas moins impressionnante. On s'aperçoit par exemple que le salaire moyen des ouvriers des tabacs d'Issy est de 7 fr. 15, alors que la solde des lieutenants avant neuf ans de grade varie de 7 francs à 7 fr. 50. A Aubervilliers, où les ouvriers allumettiers travaillent en association, le salaire moyen des hommes dans le premier semestre 1905 a varié entre 8 fr. 29 et 8 fr. 44. Un lieutenant après neuf ans de grade gagne 8 fr. 30. Ajoutons enfin que si nos capitaines à 9 fr. 70 par jour gagnent à peu près ce que gagnent à Pantin les hommes chargés de la mise en presse des *tisons* (9 fr. 14), du trempage des mêmes *tisons* (9 fr. 61); leur solde est sensiblement inférieure à celle des ouvriers auxquels incombent le soufrage (11 fr. 46), la confection des caisses (11 fr. 29), l'emballage (11 fr. 18), etc.

Les chiffres que nous citons pour les salaires sont empruntés
à un rapport rédigé en 1907. S'ils ont subi depuis lors des
modifications, ce n'est assurément que dans le sens de l'augmentation. Nous ne trouvons pas mauvais que les employés de
ministère, les ouvriers des manufactures nationales soient bien
payés. Cela prouve tout au moins que l'État fait largement les
choses, puisque ces rémunérations n'excluent ni les secours de
maladie, ni les majorations de retraites. Mais il est permis de
demander que ce traitement ne soit pas le privilège de certains
fonctionnaires, que l'État ne favorise pas continuellement les
bruyants au détriment des silencieux, que nos officiers, bien
qu'ils ne forment pas de syndicats, soient traités non avec
largesse, mais seulement avec équité. On évitera ainsi la
désaffectation qui se produit fatalement dans les cadres de
l'armée, pour un métier qui ne nourrit pas son homme.

Or, la solde des officiers de marine est inférieure à celle
des officiers de terre !

Défiez-vous, défiez-vous. C'est en manifestant une pareille indifférence qu'on indispose l'armée, qu'on la fait
sortir de son rôle et qu'on la jette dans la politique.

Nous n'avons pas besoin d'aller chercher bien loin dans
le passé les conséquences du mécontentement des troupes.
En 1908, l'armée ottomane, lasse de ne pas être payée, a
fait une révolution; en 1909, l'armée grecque renverse les
ministères et impose ses revendications.

Pareille chose est impossible en France, direz-vous. Certainement, mais il ne faut pas en prendre prétexte pour
sacrifier l'armée et la marine.

VIII

LE CHEF

Nous avons dit que la carrière d'un officier se divisait en deux périodes. Pendant la première, il obéit et il a surtout besoin d'instruction. Pendant la seconde, il commande et il a surtout besoin d'autorité.

Il y a donc là deux états différents dont chacun exige des qualités spéciales que tous les officiers ne possèdent pas en partie double.

Nous avons tous connu de ces officiers brillants et actifs qui paraissaient appelés aux plus hautes destinées; cependant, dès qu'ils avaient doublé le cap du commandement, ils se révélaient si médiocres qu'on se demandait comment on avait pu se tromper à tel point sur leur compte. Cette anomalie s'explique : les officiers de cette catégorie ont généralement une instruction très solide, qu'ils mettent au service d'un certain amour du métier; tant qu'ils se sentent soutenus et dirigés, tant qu'ils n'ont pas à faire preuve d'initiative, ils consacrent toutes leurs facultés à l'accomplissement de leurs devoirs militaires, et ils donnent l'illusion de capacités professionnelles remarquables. Mais, dès qu'ils sont livrés à leurs propres forces, qu'ils doivent prendre des décisions, supporter des responsabilités, organiser au lieu d'exécuter, leur faiblesse se révèle; ils succombent sous le poids du commandement et font preuve d'impuissance.

A l'inverse, on rencontre des officiers qui, dans les grades subalternes, paraissaient destinés à croupir dans les situations inférieures; peu appréciés de leurs chefs en raison de leur caractère peu maniable, ils faisaient sans enthousiasme un service trop souvent terre à terre. Puis, il a suffi tout à coup d'une circonstance imprévue qui les a mis en relief pour qu'ils s'imposent, et les voilà sortis du rang. Leurs aptitudes qui sommeillaient dans le train-train de la vie journalière se sont réveillées sous le coup de fouet de l'action, et ils font preuve alors de telles qualités de commandement que, envers et contre tout, ils sont poussés au sommet de la hiérarchie.

Dans la marine, on a beaucoup plus de facilités que dans l'armée pour diagnostiquer l'aptitude au commandement, parce que, comme nous l'avons vu, la mer est un terrain d'épreuves. La sélection offre cependant de sérieuses difficultés en raison de ce que, dans la marine, on juge beaucoup mieux de la personnalité des individus par en bas que par en haut. Le bâtiment qui possédera un état-major emballé (et il suffira quelquefois d'un ou de deux officiers pour communiquer aux autres le feu sacré) pourra donner l'impression d'être bien commandé, alors que ce seront les membres qui, en réalité, entraîneront la tête. La manœuvre de ce même bâtiment ne révélera pas toujours à l'amiral les petits drames intimes qui se déroulent sur la passerelle. Dans la marine, le haut commandement vit séparé de ses sous-ordres, et il ne peut avoir avec eux, d'un bâtiment à l'autre, les rapports quotidiens qui existent à terre.

Les inférieurs, eux, ne se trompent jamais sur la valeur de leurs chefs; une infinité de détails la leur révèle; elle se traduit chez eux d'une manière inconsciente par le degré de confiance qu'ils leur accordent.

*
* *

On a coutume de dire que, pour savoir commander, il faut savoir obéir. Ce proverbe est trop moral pour qu'il ne soit pas bon de le citer souvent, afin de refréner chez les natures ardentes les germes d'indépendance; mais on est en droit de se demander si, comme beaucoup d'autres proverbes, il n'est pas mensonger.

L'autorité ne se discute pas; elle s'impose. L'ascendant que certains hommes exercent sur d'autres est un fait d'expérience qu'il est malaisé d'analyser. Il est bien certain que ceux qui subissent cet ascendant ne songent pas à demander compte de ses antécédents à celui qui l'exerce, ni de la façon dont lui-même a obéi. Dès le collège, on peut se faire une idée du principe d'autorité; certains professeurs ne parviennent jamais à tenir leurs élèves, bien qu'ils épuisent sur eux toutes les sévérités classiques, tandis que d'autres maintiennent le bon ordre dans leur classe sans avoir jamais recours aux punitions. C'est von der Goltz, je crois, qui a fait la remarque que Frédéric II n'aurait jamais pu faire sa carrière dans le métier des armes s'il n'était pas né sur les marches du trône; son esprit d'indépendance — qui faillit d'ailleurs lui coûter la vie — l'aurait fait chasser de l'armée. Napoléon ne paraît pas avoir été particulièrement soumis dans les grades subalternes; cependant, lorsque, à vingt-sept ans, il prit le commandement de l'armée d'Italie, ses lieutenants, qui l'avaient accueilli fraîchement, ne furent pas longtemps sans subir la puissance de son prestige.

Le commandement est un don de la nature. Il ne s'acquiert pas, mais il se développe dans l'exercice de l'autorité. De ce fait incontesté, on a tiré une conclusion radicale qui se résume ainsi : s'il est nécessaire d'être un professionnel avisé pour faire un bon officier de spécialité; s'il faut avoir le sens de la navigation pour faire un bon commandant, on peut commander des escadres sans être marin; il suffit d'avoir le don du commandement. Comme preuve, on nous rappelle que nos forces navales ont été dirigées par des archevêques, comme Sourdis; par de grands seigneurs de cour, comme Brézé; par des officiers de cavalerie, comme d'Estrées; par des généraux d'infanterie, comme d'Estaing.

Que vaut cette théorie?

Tout d'abord, il serait dangereux de faire état de ces précédents, car on a dit avec raison qu'il ne faut jamais juger une époque avec les idées d'une autre. La présence de ces personnalité variées à la tête des escadres répondait uniquement à des préoccupations d'ordre social; il n'y avait dans ces choix aucune arrière-pensée militaire et nous avons dit ailleurs que d'Estaing et d'Estrées n'avaient guère fait honneur à la marine.

Les conceptions d'un chef reposent sur la connaissance approfondie qu'il a des moyens dont il dispose; il a donc besoin de posséder la pratique du métier. Si Napoléon était né dans l'arrière-boutique d'un épicier, il aurait vendu du sucre toute sa vie sans se douter qu'il avait le génie de la guerre. C'est la pratique des champs de bataille et l'étude de l'art militaire qui lui ont donné des aperçus lumineux. Ce que l'on appelle l'inspiration n'existe pas, le terme est impropre; mais lorsque l'on possède à fond son métier, on juge rapidement les situations et l'on trouve immédiatement la solution la meilleure pour les dénouer.

Un chef qui n'aurait qu'une connaissance superficielle de son métier exigerait trop ou pas assez, suivant son caractère. S'il a la présomption de la jeunesse, il voudra faire rendre aux bâtiments plus qu'ils ne peuvent donner, et ne tiendra aucun compte des circonstances de temps et de lieu. S'il a la timidité de l'âge mûr, il s'effraiera de dangers imaginaires et se tiendra sur une prudente réserve qui l'empêchera d'utiliser ses forces. Dans un cas comme dans l'autre, il faudra doubler ce chef d'un conseiller technique s'il est étranger aux choses de la mer. On reconnaîtra alors que ce conseiller serait mieux qualifié pour assumer lui-même le commandement.

La marine a subi une transformation si radicale dans son matériel naval depuis quelques dizaines d'années, que certains amiraux, trop âgés pour refaire leur instruction professionnelle, n'eurent jamais la notion exacte du parti qu'ils pouvaient tirer des moyens nouveaux mis à leur disposition ; ils marquaient une préférence pour d'anciennes formules — le combat par le choc, par exemple — qui répondaient à une situation différente. On eut à cette époque le sentiment d'un grave danger; il y avait malentendu entre le cerveau qui conçoit et les membres qui agissent. La marine était dans un état ataxique. Ce souvenir met en relief le danger de ne posséder que le don du commandement, sans rien à mettre autour.

Les hommes qui ont eu le génie de la guerre, Ruyter, Suffren, Nelson, étaient tous des marins éprouvés. Ils avaient commencé à naviguer dès leur jeune âge, Ruyter à onze ans comme mousse, Suffren à quatorze ans comme chevalier de Malte, Nelson à douze ans comme volontaire. Ils ont pu ainsi appliquer toutes les ressources de la navigation à leurs conceptions militaires.

*
* *

Une centralisation outrancière, jointe à une paperasserie qui a poussé depuis vingt ans comme de la mauvaise herbe, a faussé dans nos esprits l'idée du commandement.

Les chefs de nos forces navales sont assimilés à des employés de ministère; le travail de bureau absorbe leur temps et leur pensée et ne leur permet plus de commander dans le sens militaire du mot. Un chef n'a pas besoin de s'immiscer dans les détails du service, ni de régler des questions sans importance, ni surtout de donner des signatures de pure forme. On lui a donné un entourage précisément pour s'occuper des besognes accessoires. Il est là pour donner à ses forces l'impulsion et les tenir dans un état de préparation constant. Si tout son temps est occupé à des minuties, il ne peut le consacrer à des intérêts plus sérieux, car la tâche qui lui incombe exige surtout de la réflexion et de la méditation. Il ne manque pas cependant de gens qui s'imaginent que l'exercice du commandement consiste à vouloir tout voir et tout faire. Ceux-là, s'ils arrivent au sommet de la hiérarchie, n'y sont pas à leur place; car, à s'absorber dans l'accomplissement de besognes subalternes, on finit par ne voir des choses que leur petit côté, et l'on prend une mentalité de commis. Le cadre étroit qui borne l'horizon empêche d'avoir des vues d'ensemble.

Il n'est pas douteux que le type du chef studieux, courbé sur des dossiers sans fin, commandant ses forces sans jamais prendre un contact direct avec elles, ce type a été en honneur. C'est lui qui nous a valu une quantité de papiers et d'états qui n'ont aucun caractère d'utilité.

Le rôle d'un commandant en chef ne dépasse pas les facultés moyennes, lorsqu'on se borne à commander sans donner à ses forces une orientation qui correspond à des conceptions personnelles. Il n'est pas nécessaire d'être un oiseau rare pour diriger, pendant la paix, les mouvements d'une escadre. Pendant la guerre, c'est une autre affaire. La responsabilité du chef devient immense, car c'est à lui seul qu'on demandera compte des équipages et des bâtiments qui lui ont été confiés. Il ne pourra supporter cette responsabilité, tout en conservant la liberté et la tranquillité d'esprit nécessaires pour conduire les opérations avec lucidité, qu'à la condition d'être doué d'une trempe exceptionnelle. C'est pourquoi le nombre de ceux qui sont aptes à exercer le commandement suprême est, en définitive, excessivement faible.

Si l'on veut se faire une idée du fardeau que peut avoir à porter un chef, il faut se rappeler la situation dans laquelle s'est trouvé l'amiral Rojestvinskii. C'est à lui qu'étaient confiées les destinées du pays. Pour changer le cours des événements, on lui avait donné le commandement d'une escadre dont l'armement était incomplet et dont les bâtiments étaient montés par des équipages improvisés. Avec cette force navale plus qu'imparfaite, il eut d'abord à faire une traversée de 20.000 milles, entravée à chaque pas par des difficultés inouïes. Puis, lorsqu'il eut réalisé ce tour de force d'amener son escadre au complet de la Baltique en Extrême-Orient, il n'avait encore accompli que la partie la plus facile de sa tâche. Il lui restait, pour atteindre Vladivostok, à se frayer un passage à travers une flotte ennemie, fanatisée par des succès antérieurs. Et cet amiral a dû, pendant sept mois, lutter contre des obstacles journaliers avec la conviction intime qu'il faisait un effort impuissant et qu'il courait au-devant d'un désastre certain. Croit-on vraiment que n'importe quel homme, n'importe quel amiral aurait pu résister sans faiblir à de pareilles épreuves? Seule, une nature de fer pouvait arriver jusqu'au pied du calvaire sans tomber en route. Aussi, pour qu'un chef soit à sa place à la tête d'une force navale, il ne suffit pas qu'il sache faire virevolter ses bâtiments avec dextérité ni que, toute sa vie, il ait été un fort en thème; il a besoin d'une énergie indomptable.

Aussi, ces hommes, auxquels vous imposez une tâche surhumaine, ne peuvent pas être comme tout le monde et il ne faut pas leur demander les qualités et les vertus qui font la joie du foyer domestique. La bonté ne sera pas souvent leur fort. A la guerre, les résultats s'obtiennent en faisant plus que ne peut faire l'ennemi; il faut donc exiger des efforts constants, briser sans pitié les résistances, sacrifier

sans remords des existences aux moments critiques. Il faut
une certaine sécheresse de cœur pour ne jamais se laisser
détourner du but par des sentiments humanitaires. Le sentimentalisme n'est que de la faiblesse qui se masque derrière
des considérations altruistes ; il conduit à ménager ses forces
et à se faire battre. Or, la guerre n'a qu'un seul objectif
véritable : vaincre. Si vous entendez dire d'un chef que
c'est un bien brave homme, vous aurez le droit de penser :
tant pis.

Les grands capitaines n'ont jamais brillé par la ten-
dresse. Il est manifeste qu'ils ont tous eu un certain
mépris pour l'homme. Peut-être la raison en est-elle qu'ils
spéculent constamment sur la faiblesse humaine, l'exploitant chez l'ennemi, la combattant dans leurs propres
troupes.

Il n'est pas préjudiciable qu'un chef ait un tempérament
de joueur — ce qui ne veut pas dire qu'il doit être joueur.
Quand on prétend ne rien risquer, on se condamne à l'impuissance. Personne n'aurait jamais accompli de grandes
actions s'il fallait toujours tenir compte de toutes les éventualités qui peuvent se produire. L'habileté ne consiste pas
à se mettre en garde contre toutes les surprises ; mais à
donner à l'ennemi l'impression qu'on a prévu tous ses
moyens de défense.

L'imagination sera un précieux auxiliaire du commandement. Elle augmente les ressources parce qu'elle permet de
trouver des solutions neuves. Il importe de ne pas toujours
employer les mêmes procédés, car l'ennemi finit par les
connaître. L'imagination seule permet de sortir des sentiers
battus. Les hommes qui ont de l'imagination ne désespèrent
jamais, parce qu'ils ont confiance dans leur ingéniosité pour
se tirer des positions difficiles.

Enfin, le chef devra être un manieur d'hommes. Il devra
posséder ce pouvoir magique qui permet de tout demander

et de tout obtenir de bonne volonté, par la seule force de l'ascendant moral.

*
* *

La question de l'âge se pose pour le haut commandement au même titre que pour les officiers.

Dans quel sens la résoudre?

Le peintre, le sculpteur, le littérateur, l'orateur, ne cessent jamais de se perfectionner tant que leur intelligence conserve la même lucidité. C'est souvent dans l'âge mûr qu'ont été produites les œuvres les plus parfaites.

Le cerveau qui n'a cessé de travailler méthodiquement, sans surmenage, conserve longtemps sa vigueur; il agit à la façon des muscles, lesquels restent vigoureux tant qu'ils subissent un entraînement rationnel. Le paysan qui, toute sa vie, a travaillé la terre, perdra ses facultés intellectuelles bien avant sa vigueur physique. Ce sera l'inverse pour le citadin que ses occupations auront empêché de prendre de l'exercice, mais qui aura vécu d'une vie intellectuelle.

Ainsi donc, l'âge donne la maturité d'esprit; il affine le sens artistique de l'artiste; il aiguise le style du littérateur; il arrondit la période de l'orateur; enfin il donne l'expérience.

L'expérience, c'est-à-dire les exemples accumulés, augmente la valeur de l'homme en le guidant dans une voie sûre; elle a toujours été considérée comme le meilleur conseiller. C'est pourquoi, dans les administrations, et en général dans toutes les branches où l'activité physique ne joue pas un rôle prépondérant, il est dangereux de trop rajeunir la tête; car, au lieu de faire profiter le service de l'expérience acquise, on acquiert de l'expérience au détriment du service en faisant des écoles.

En résumé, l'âge, dont on médit si souvent, ne mérite pas

sa mauvaise réputation; il appartient à cette catégorie de choses dont on dit du mal tout en étant bien aise de s'en servir, parce qu'on n'a rien de mieux à mettre à la place.

Voilà une constatation qui ne peut qu'être agréable aux officiers qui, comme nous autres, ont atteint l'âge mûr avant même d'être sortis de l'ornière des grades subalternes. Nous nous disons que l'on aurait bien tort de nous mettre au rancart, comme de vieux chevaux de retour, et nous n'avons que du dédain pour la jeunesse — qui nous le rend bien, d'ailleurs.

Eh bien! C'est nous qui sommes dans l'erreur. Une nation qui entretient une armée et une marine dans le but de s'en servir, cette nation doit placer des chefs jeunes à la tête de ses forces agissantes.

En effet, la vie militaire n'a rien de commun avec l'existence qu'on mène dans une administration. La guerre exige une dépense physique considérable. L'intelligence et l'instruction sont les auxiliaires de l'action, tout autant que de la pensée. Or, la vigueur physique ne résiste pas à l'âge. Le corps supporte plus difficilement les fatigues qui sont la monnaie courante de la guerre : fatigues de route pour le général, veilles continues pour l'amiral. Des conceptions vigoureuses prennent rarement naissance dans un organisme appauvri et le chef ramènera toujours ses aspirations au niveau de ses forces.

Dans les professions sédentaires, le corps ne se dépense pas; l'esprit seul travaille, et le plus souvent sans fatigue. Dans les métiers militaires, le corps et l'esprit sont mis simultanément en action; ils agissent alors l'un sur l'autre. On constate aussi bien l'influence de l'esprit sur le corps (qui a créé la catégorie des neurasthéniques) que l'influence du corps sur l'esprit. Lorsque le corps est épuisé, l'esprit n'est plus lucide, et la fatigue engendre la désespérance. Un général de soixante-cinq ans ne fera jamais la campagne

qu'a faite Bonaparte en Italie à vingt-sept ans ; l'idée ne lui
en viendra même pas, parce qu'il n'envisagera que ce que
ses moyens lui permettront.

Cette influence du corps sur l'esprit est si peu niable que
la circonspection est une caractéristique de l'âge ; elle vient
de ce que l'on perd confiance en soi à mesure que la vigueur
disparaît. L'affaiblissement du corps diminue les facultés
agressives ; et précisément parce que l'intelligence est peut-
être plus aiguisée, on voit avec un tel relief l'aléa que comporte toute opération que l'on s'en effraie. Certaines natures, douées d'une volonté de fer, arrivent à force d'énergie
à dompter leurs impressions, mais elles ne sont que de rares
exceptions.

On objectera qu'un chef très jeune manquera d'expérience et se lancera dans des aventures. Là encore il faut
s'entendre : il y a expérience et expérience. Celui qui fait
toujours le même travail a l'expérience de son métier ; mais
si vous modifiez ses occupations pour l'employer sur le tard
à des fonctions plus relevées, l'âge ne lui apportera aucune
expérience de ses nouvelles obligations. L'officier qui sera
resté vingt ans dans des situations subalternes aura une
grande expérience du fonctionnement des divers organes
du navire ; il n'aura pas plus l'expérience du commandement que celui qui aura vingt ans de moins. L'expérience
n'est donc pas exclusivement une question d'âge ; elle est
plutôt, dans les métiers d'action, fonction de la maturité
d'esprit que les circonstances ont mis à même d'acquérir.
Quand on est mêlé très jeune à des événements violents qui
laissent une forte empreinte, on acquiert très vite une
expérience que n'auront jamais ceux qui coulent une existence tranquille à l'abri des vicissitudes de la vie. A vingt-
cinq ans, les hommes qui ont vécu les émotions de la
Révolution étaient mieux formés que ne le sont de nos
jours les hommes de quarante ans. Les généraux de l'Empire

avaient, à trente ans, plus d'expérience de la guerre que nos généraux actuels.

L'expérience est donc une chose relative, et celle du chef ne commence qu'à partir du jour où il exerce sa fonction et sent le poids des responsabilités. Ce n'est pas à la veille de la retraite qu'on doit commencer à en acquérir.

Enfin, la question de l'âge est intimement liée à l'initiative. Celle-ci n'est même pas une qualité, c'est une condition nécessaire de l'exercice du commandement. Quand on n'a plus personne au-dessus de soi, il faut bien prendre des décisions; mais on les prendra avec plus ou moins de rapidité suivant le degré d'initiative dont on fera preuve. Or, l'habitude du commandement développe l'initiative au même titre que les exercices physiques développent les biceps; mais il ne faut pas commencer son apprentissage trop tard. La répétition d'une même besogne journalière ne fait travailler qu'une partie de nos facultés et atrophie les autres, et l'on finit par prendre une empreinte intellectuelle; de même que la répétition du même travail manuel donne au corps une forme particulière. Les sous-officiers manquent généralement d'initiative parce qu'ils sont habitués à toujours être dirigés; dès qu'on les abandonne à eux-mêmes, ils se croient perdus et ne parviennent pas à s'orienter.

Cette absence d'initiative est également marquée chez les officiers. Il n'est pas douteux que la marine française traverse une crise de commandement. L'amiral Courbet, dans un rapport daté de la Chine, en pleine période d'hostilités par conséquent, formulait l'appréciation suivante sur son personnel : officiers subalternes, excellents; officiers supérieurs, médiocres. Cette situation n'est imputable qu'à l'âge. Les officiers supérieurs sont ce qu'on les fait. Quand vous avez laissé croupir un officier dans les grades inférieurs jusqu'à quarante-huit ans, il est dépaysé le jour où on lui

confie un commandement important. Au lieu de commander, il cherche à s'abriter derrière son amiral, comme un
enfant dans les jupes de sa bonne; il a perdu toute personnalité. Quant à lui demander une opinion, il n'y faut pas
songer et rien ne lui sera plus désagréable que d'en exprimer
une. Lorsqu'il faut recruter ensuite le haut commandement
dans des éléments aussi mal préparés à l'exercer, on se
trouve quelquefois bien embarrassé.

Ainsi, en étudiant la question de l'âge sous ses différents
aspects, on en arrive à cette conclusion qu'il faut des chefs
jeunes. Sans doute, en temps de paix, il sera toujours difficile de distinguer dans le rang celui dont la carrière devra
être particulièrement favorisée; et nous ne sommes pas plus
partisan pour les officiers généraux que pour les officiers
supérieurs des avancements exagérés, lorsqu'on ne pourra
les justifier que par les services qu'on suppose pouvoir
rendre et non par ceux qui ont été rendus. C'est une raison
de plus de favoriser le dégagement des cadres par la
tête.

On cite volontiers l'exemple de ces hommes qui, à un âge
très avancé, ont rendu d'immenses services à leur pays; et
l'on en tire un argument en faveur de l'âge. Ces exemples
n'ont pas une grande portée, car ils ne s'appliquent qu'à de
très rares exceptions. Or, les institutions sont faites pour
s'appliquer à la généralité; on arriverait à des résultats
incohérents si l'on vivait d'après des règles qui ne seraient
bonnes que pour de rares personnalités. Et puis, si Blucher,
à soixante-treize ans, a fait la guerre avec l'ardeur de la
jeunesse, il est logique de penser qu'il eût été supérieur à
lui-même s'il avait eu de grands commandements trente ans
plus tôt. Il sera toujours temps, lorsqu'on rencontrera une
de ces natures exceptionnelles qui défient les ans, de faire
une exception en sa faveur; mais il serait dangereux de
handicaper la marine d'une tête trop sénile sous prétexte

qu'il se rencontrera peut-être un jour un homme qui sera
cité comme un phénomène.

La marine a eu à la tête de ses forces des hommes de
haute valeur qui n'étaient plus jeunes. Il est inutile de les
nommer; leur nom est sur toutes les lèvres. On nous objectera que, d'après notre théorie, on eût dû se priver de leurs
services. Nullement, on aurait dû seulement les utiliser
plus tôt. C'est à eux que nous nous adresserons, et nous
leur dirons : si vous aviez eu quinze ans de moins,
n'auriez-vous pas mieux fait?

Des raisons d'ordre financier ne permettront jamais
d'abaisser les limites d'âge dans une mesure appréciable;
il faut donc borner nos désirs à donner l'accès des hauts
grades à des hommes dans toute la force de l'âge. Cela
fait, on devra les utiliser immédiatement pour le service
à la mer.

Après avoir commandé à la mer, leur concours sera précieux dans les conseils et les postes à terre où leur expérience des hommes et des choses trouvera à s'exercer.

On a coutume de dire que, lorsqu'on est malade, il faut
s'adresser, suivant le cas, à un vieux médecin ou à un jeune
chirurgien.

La guerre est une opération chirurgicale; c'est à un jeune
chirurgien qu'il faut s'adresser.

IX

LES ÉQUIPAGES — LE LIEN MILITAIRE

La caractéristique des armées actuelles est d'être constituées par la nation elle-même. Au dix-huitième siècle, les peuples ne faisaient pas la guerre; ils en subissaient seulement le contre-coup et en supportaient les charges. Les guerres étaient querelles de rois; l'armée était une armée de métier recrutée par engagements. La conscription — c'est-à-dire le lien militaire — est la rançon de l'émancipation politique des peuple·. En acquérant le droit de présider à leurs destinées, les nations ont endossé la responsabilité du patrimoine commun, et, pour le sauvegarder, elles demandent à chacun de leurs enfants de contribuer à la défense du pays pendant une période déterminée.

Dans la marine, le principe de la conscription est bien plus ancien : il date de Colbert. Pour constituer des équipages aux vaisseaux de la marine naissante, Colbert avait imaginé de diviser en classes les populations qui se livraient à la navigation. Certaines de ces classes étaient appelées sur les vaisseaux du roi, et lorsqu'on n'avait plus besoin de leurs services, il leur était accordé une indemnité — dite demi-solde — à la condition qu'elles se tinssent à la disposition de la marine. Les autres classes étaient libres de naviguer sur les bâtiments de commerce. C'est ce système qui a donné naissance à la légende que l'inscription maritime date de Colbert.

Il n'en est rien, mais Colbert a appliqué à la marine la conscription qu'on n'eût pas osé alors imposer à tout le pays.

L'inscription maritime repose de nos jours sur des bases différentes. Les populations qui s'adonnent à la navigation doivent à la marine de l'État cinq années de service actif et deux années de disponibilité; leur assujettissement dure jusqu'à l'âge de cinquante ans. En compensation des charges que comporte ce régime, les inscrits maritimes ont droit, « après vingt-cinq années d'embarquement au commerce ou de service à l'État et à cinquante ans d'âge » à une retraite qui a conservé le nom de demi-solde. Celle-ci a donc un caractère différent de l'ancienne demi-solde, qui n'était qu'une indemnité provisoire que la marine accordait aux classes qu'elle empêchait de naviguer au long cours, afin de les avoir à sa disposition.

En pratique, la période de service actif n'est pas exactement de cinq ans; elle est fixée par le ministre d'après les besoins du service. Elle est actuellement de quarante-six mois, c'est-à-dire de moins de quatre années.

Mais la marine ne recrute pas uniquement ses équipages dans les populations maritimes; elle a également recours au recrutement, soit par la voie du tirage au sort, soit par celle de l'engagement volontaire. Or il se trouve précisément que c'est en dehors des inscrits qu'elle puise la majorité des marins des spécialités, parce que l'inscription maritime ne lui fournit pas des éléments assez instruits.

Voici la proportion d'inscrits qui entrait, en 1907, dans la composition des principales spécialités :

Manœuvre : 90 % ;
Canonnage : 52 % ;
Mécaniciens : 10 % ;
Timonerie : 17 % ;
Torpilles : 40 % (1).

---

(1) Ces chiffres ont été puisés dans le travail de M. Girard, rédacteur au ministère de la marine : *Etude sur le rendement de l'inscription maritime* (*Revue maritime et coloniale*, septembre 1908).

« Cependant, malgré leur éloquence, ces chiffres sont encore au-dessous de la réalité, puisque, comprenant les quartiers-maîtres et les marins de chaque spécialité, tous les anciens engagés volontaires réadmis, quoique d'origine non maritime, figurent parmi les inscrits maritimes (1) (en raison de leur rengagement). »

L'ensemble des sous-officiers mariniers ne contient que 28 % d'inscrits.

La part du recrutement est donc très importante, et, comme qualité, elle est supérieure à celle des inscrits.

Mais la marine ne peut pas s'accommoder d'un service de courte durée, surtout pour les hommes des spécialités dont il faut faire l'instruction professionnelle. Elle exige donc des hommes provenant du recrutement des engagements qui varient de trois à sept ans.

Or, depuis que le service militaire obligatoire a été abaissé à deux années, le nombre des engagements dans la marine a sensiblement diminué. Beaucoup de jeunes gens consentent bien à faire leur service sur des bâtiments qui leur permettront de visiter des pays exotiques, mais leur enthousiasme ne va pas jusqu'à faire trois années de service lorsqu'ils peuvent n'en faire que deux dans l'armée de terre.

La loi militaire de deux ans a donc eu un contre-coup dans la marine ; et c'est depuis sa mise en vigueur que nous sommes devenus impuissants à compléter les équipages : dans nos escadres, il manque en permanence un septième ou un huitième de l'effectif de chaque bâtiment.

La marine se trouve actuellement dans une situation bizarre. Au point de vue du personnel, ses disponibilités sont supérieures à ses besoins, puisqu'elle congédie les inscrits quatorze mois avant la fin de la période de service

---

(1) GIRARD.

actif; en même temps, il lui manque plusieurs milliers de marins, parce que l'inscription maritime lui fournit des produits d'une qualité inférieure dont elle ne peut utiliser qu'une partie. C'est la condamnation d'un régime qui ne répond plus aux nécessités de la marine actuelle.

Quoi qu'il en soit, il faut sortir de la situation présente. La vie d'expédients que nous menons est indigne de la France. Les bâtiments en réserve ne sont plus entretenus, faute de personnel; les bâtiments armés le sont mal. On embarque le personnel d'un navire pour compléter celui d'un autre; on creuse un trou pour en boucher un autre. Nos marins sont devenus des vagabonds qui traînent leur sac de bateau en bateau, pour faire figuration, et, moins heureux que dans le défilé de la *Juive*, on ne change même pas leur costume. Le mal dure depuis si longtemps qu'il faut craindre qu'il ne devienne chronique; on s'y habituera et il arrivera un jour où l'on ne s'apercevra plus de l'affaiblissement qu'il cause à l'organisme maritime.

Depuis trois ans, une loi sur le recrutement de l'armée de mer a été préparée par le département de la marine. On nous promet qu'elle apportera un remède à l'état de choses dont nous souffrons. Souhaitons que le ministère des finances, qui la garde jalousement dans une oubliette, la soumette bientôt au Parlement.

***

Le lien militaire est un impôt qui pèse lourdement sur le pays. Les âmes généreuses, émues des dépenses qu'il occasionne et des dangers de guerre qui résultent des armements exagérés, ont pensé qu'on pourrait arriver à diminuer les charges militaires en invitant les nations à avoir recours à l'arbitrage.

La guerre est un fléau. Il serait donc criminel de ne pas

accueillir tout moyen qui est de nature à diminuer les chances de conflit; mais, tout en acceptant le principe de l'arbitrage, il serait dangereux de se faire illusion sur son efficacité absolue.

Une sentence arbitrale est un arrêt de justice; l'arbitrage rendra donc des services du même ordre que ceux qu'on demande à la justice. Rien de plus.

Tant que, dans un pays, la justice n'est pas organisée, les contestations doivent se régler par la force; mais ce procédé brutal n'est souvent pas en rapport avec l'objet du litige. Dans bien des circonstances, l'amour-propre des partis est en jeu bien plus que leur intérêt. On tombe alors d'accord pour soumettre la cause à un tiers dont on accepte d'avance la sentence. Grâce à cette solution, l'honneur est sauf sans qu'on ait été obligé d'avoir recours à des moyens extrêmes. Telle fut l'origine des tribunaux chez les peuples libres où tous les citoyens étaient égaux et ne supportaient pas le joug d'un pouvoir central assez puissant pour imposer sa volonté.

Dans les nations civilisées où les mœurs sont plus douces, le recours à la justice a force de loi. Mais les tribunaux ne s'occupent pas exclusivement de régler des questions d'intérêt; ils jugent également les crimes et les délits. En dehors des tribunaux commerciaux, il y a la cour d'assises et la « correctionnelle ». Ces juridictions n'ont pas à arbitrer; elles ne peuvent que sévir. Elles exercent une certaine action préventive; mais elles sont impuissantes à supprimer les crimes et, en particulier, les crimes passionnels.

Il en sera de même des tribunaux arbitraux.

Chaque fois qu'un différend surgira entre nations, qui ne menacera pas leurs intérêts vitaux, ces tribunaux fourniront un moyen élégant d'aplanir les difficultés en sauvegardant l'amour-propre des intéressés; mais on refusera de s'adresser à eux, on les récusera, lorsque, en dehors de toute question de droit, on voudra un résultat positif, ou qu'on aura subi une injure qui portera atteinte à la souveraineté du pays. On aura alors recours aux armes; la guerre rentrera dans la catégorie des crimes passionnels que l'on commet, quelles qu'en doivent être les conséquences.

Les tribunaux arbitraux sont indiqués pour les incidents de frontière, les contestations de territoires et autres conflits du même genre; mais ils ne sauraient empêcher un peuple trop à l'étroit de déborder en dehors de ses limites, ni apaiser l'animosité qui résulte de concurrences économiques. Les peuples sont alors poussés les uns contre les autres avec une force irrésistible, sans qu'il soit possible de les empêcher de se déchirer.

Aucun tribunal arbitral n'aurait pu éviter la guerre hispano-américaine, ni la guerre russo-japonaise. La justice est impuissante à arrêter l'expansion des peuples.

Il faut donc se résigner à la guerre; et le lien militaire est encore le moyen le plus efficace de se prémunir contre l'hostilité irréductible des voisins. Mais, du fait que chaque citoyen doit défendre son pays, c'est à la nation entière qu'il faut inculquer la vocation militaire. La France, jusqu'ici, a été privilégiée; par ses traditions, le Français a l'esprit guerrier. Dans nul autre pays, le lien militaire n'a été aussi facile à établir et n'a été supporté avec autant de bonne humeur. Il en serait encore ainsi si l'on avait étouffé dans l'œuf ces théories malsaines qui tendent à rabaisser le rôle du soldat.

*
* *

Le lien militaire fournit la matière à l'état brut. Sous cette forme, cette matière n'est pas immédiatement propre à faire la guerre. Il faut donc la façonner. Nous allons voir comment on y est parvenu.

X

LES ÉQUIPAGES (suite) — LE COURAGE

L'homme est lâche.

Le sentiment de la conservation se développe chez lui de très bonne heure; il ne redoute rien tant que de perdre la vie. La nature humaine est ainsi faite que, si misérable que soit l'existence, on s'y cramponne avec désespoir. Mis en présence d'un danger ou d'un péril, la préoccupation dominante de l'homme sera toujours d'y échapper; mais il peut obtenir ce résultat de deux façons. Si vous découvrez tout à coup, dans votre maison, un foyer d'incendie, vous pouvez vous efforcer de l'éteindre ou simplement prendre la fuite. Eh bien, l'homme qui n'obéira qu'à son instinct adoptera toujours la deuxième solution, parce que la première exigera un effort et comportera des risques.

Chaque fois que l'homme n'obéira pas à des sentiments qui étoufferont chez lui l'instinct, il se sauvera toujours devant un inconnu menaçant. Ce besoin se manifeste particulièrement dans les paniques où l'on voit des foules entières prendre la fuite, affolées, sans savoir pourquoi, par esprit d'imitation. Ce n'est même pas à un danger réel qu'elles cherchent à se soustraire, car, généralement, elles ignorent la cause de leur effroi; elles obéissent seulement à leur nature qui les incite à s'éloigner de tout endroit où elles croient leur existence menacée.

Mais, si lâche que soit l'homme, et par une singulière contradiction de la nature, il lui faut lutter pour vivre. Non pas que cette lutte soit toujours une nécessité absolue; mais elle est la conséquence de ses passions : l'amour du gain, du bien-être, du luxe, de la gloire, et aussi l'amour..... de la femme. Et ainsi l'homme se trouve perpétuellement ballotté entre ses désirs et ses craintes.

Dans les temps primitifs, la guerre qui existait à l'état permanent était surtout une question d'alimentation; la façon dont on se battait révélait les appréhensions des combattants, car la guerre consistait en embûches et en surprises. C'est-à-dire qu'on s'efforçait de faire à l'ennemi le plus de mal possible, mais on ne consentait pas à s'exposer soi-même.

Chez les peuplades sauvages, la guerre a conservé ce même caractère et, en cherchant bien, on le retrouve dans toutes les armées improvisées qui n'ont ni organisation ni traditions. Ces armées-là n'ont aucune force de résistance; telles sont par exemple les bandes d'insurgés qui recherchent toujours les guets-apens. Si on laisse de côté le récit terrible des batailles que se livrent les partis dans les républiques de l'Amérique du Sud, pour ne voir que les résultats, on constate que le nombre des morts et des blessés est insignifiant dans les rencontres face à face. Manifestement, ces combats ne sont guère que des manifestations. Celui de qui la contenance indique, ou plutôt paraît indiquer, à son adversaire qu'il est sûr de lui-même, celui-là reste maître du terrain.

Tant que chez l'homme la peur n'est pas combattue par des sentiments plus puissants, il se sauve toujours.

Oui, l'homme est lâche.

Il est lâche parce qu'il tient à la vie, et le prestige du métier militaire vient précisément de ce qu'il exige le plus grand sacrifice qu'on puisse demander : celui de l'existence.

Si l'homme n'était pas lâche, les peuples seraient ingouvernables, parce que la crainte salutaire du gendarme ne dominerait plus les passions.

Si le courage était inné chez l'homme, il y aurait encore des guerres; mais il n'y aurait plus d'art militaire. Tout le secret de la guerre consiste en effet à tirer parti de la faiblesse humaine et à rechercher les situations qui ramènent la nature de l'homme à son état primitif.

L'homme est cruel.

Lorsqu'il tient son ennemi à sa merci, il semble qu'il veuille se venger sur lui de la peur qu'il lui a inspirée et il commet alors d'inutiles atrocités. La cruauté est le corollaire de la faiblesse. Les vainqueurs généreux ne sont pas ceux qui ont éprouvé le moins de difficultés à vaincre. Le soldat qui rencontre un adversaire opiniâtre prend de l'admiration pour lui. La résistance qu'il rencontre le grandit à ses propres yeux, et la satisfaction qu'il en éprouve l'incite à la modération dans la victoire. Au contraire, celui qui se dérobe toujours est impitoyable le jour où son ennemi tombe par surprise entre ses mains. Ce n'est qu'à partir d'un certain degré de civilisation qu'on a commencé à faire des prisonniers qui sont rendus au moment de la paix. Dans les guerres coloniales, il n'y a de prisonniers que d'un seul côté. De l'autre côté, tout ce qui est pris est sacrifié. La cruauté va de pair avec la lâcheté.

**

Le courage, c'est-à-dire la force de vaincre la peur, n'est pas un sentiment naturel. Il se développe sous diverses influences. Certains puisent dans la violence de leurs passions le mépris du danger. Ils voient tout le parti qu'ils peuvent tirer de la veulerie des autres pour donner satisfaction à leurs appétits. Puisque l'homme a toujours peur, il s'agit de lui tenir tête pour le forcer à se soumettre. Et c'est ainsi que se crée la domination d'un seul sur ses semblables. Celui qui arrive, à force de volonté, à ne plus rien craindre, a une telle puissance qu'on a vu un seul homme tenir en respect une multitude par son attitude décidée. Son unique force réside dans la faiblesse des autres; car il suffirait qu'il se trouvât un seul individu résolu pour lui enlever tout son prestige. Les bandits dont le nom seul terrorise une région entière ne peuvent se livrer à leurs exploits que parce qu'il ne se trouve personne pour oser s'attaquer à eux.

Ainsi, dans le cas actuel, le courage dérive de deux sentiments différents : l'un violent qui, par sa violence même, domine et annihile la peur; l'autre qui exploite la peur des autres.

La colère donne du courage. On voit des gens timorés sortir tout à coup de leur caractère sous l'influence de la colère. Ils ne craignent plus rien, parce que la préoccupation de faire du mal l'emporte alors sur leur timidité naturelle; mais ce courage-là est aveugle et il s'éteint rapidement.

Le courage se puise enfin à des sources plus relevées. Quand on *veut* fortement, on finit par acquérir l'énergie nécessaire pour *pouvoir*. Ce n'est pas en cachant les difficultés d'une entreprise qu'on arrive à les surmonter; c'est, au contraire, en se pénétrant du danger qu'elles font courir. On est alors mieux armé pour résister à la tentation de s'abandonner. A mesure qu'on progresse, on s'enhardit peu à peu; on s'aperçoit qu'on est plus fort qu'on ne le pensait, et l'on puise de nouvelles forces dans cette constatation. On en arrive ainsi à ne plus penser aux obstacles et à ne plus voir que le but à atteindre. C'est pourquoi, lorsque les jeunes soldats ont subi avec succès la première épreuve du feu, ils sont transformés.

La solidarité vient ensuite affermir le courage. Un homme isolé n'est jamais bien brave ; il a besoin du voisinage et de l'exemple des camarades pour soutenir son moral. Dans les troupes qui participent à une même opération, il y a peu de défaillances individuelles. Tant que l'esprit de solidarité domine, tout le monde va de l'avant ; dès qu'il disparaît, tout le monde tourne casaque. Le courage est donc encore à l'état d'équilibre instable. Pour arriver à le fixer définitivement, il faut la confiance : confiance en soi, confiance dans le commandement. L'assurance qu'on ne risque pas sa peau pour rien est le meilleur des stimulants. On prend ainsi l'habitude du danger ; le courage se développe à mesure qu'on en constate les effets, jusqu'au moment où il atteint son point culminant : le point d'honneur.

Le point d'honneur est une exaltation de l'amour-propre ; il fait les troupes d'élite, celles sur qui on peut compter dans les circonstances critiques, celles qui se croiraient déshonorées si elles faiblissaient ; il engendre les actions d'éclat individuelles.

Voilà comment on arrive à modifier la nature de l'homme et à lui faire consentir le sacrifice de sa vie.

La guerre ne se fait plus, — et depuis longtemps — sous la forme primitive que nous avons évoquée. La ruse et les embûches ne donnaient et ne pouvaient donner que des résultats imparfaits. De bonne heure, le besoin du courage s'est fait sentir. Lorsqu'il s'est agi d'opposer des masses armées à d'autres masses, et que la guerre eut pour but de déposséder complètement l'adversaire, il fallut se battre face à face et exiger des combattants une abnégation complète. L'histoire des conquêtes n'est qu'un récit héroïque qui exalte à chaque page le courage des guerriers, nous les montre luttant contre des forces supérieures, résistant à des privations, insensibles à la démoralisation. A force de courage, certaines armées deviennent invincibles; et nous voyons alors les Français promener le drapeau tricolore dans toutes les capitales de l'Europe (1).

Cependant, ces soldats ont gardé la faiblesse humaine. En eux, l'instinct de la conservation n'est pas mort; il sommeille seulement. Lorsque, épuisés par l'excès même de leurs victoires, ils connaîtront à leur tour les revers, alors ils perdront cette superbe confiance qui les soutenait et à leur tour ils connaîtront les défaillances qu'ils étaient habitués à escompter chez l'ennemi. Le courage seul n'est donc pas suffisant. Il faut d'autres choses encore.

---

(1) Il ne faut pas confondre le courage avec le fanatisme. Le fanatisme n'est qu'une saoulerie, un état passager, obtenu par des moyens artificiels qui ne font pas appel à la raison; il ne résiste pas à la moindre épreuve.

XI

LES ÉQUIPAGES (suite) — LA DISCIPLINE

Les Gaulois, nos ancêtres, étaient très braves.

En face de leurs ennemis, ils enlevaient leurs vêtements pour combattre, et montraient ainsi leur mépris des blessures. Ils se liaient les uns aux autres, afin de s'enlever la possibilité de fuir. Et cependant, ces géants gaulois, si braves, étaient invariablement battus par les petits Romains. Ils s'attachaient pour ne pas fuir; mais ils fuyaient tout de même. Et pourquoi poussaient-ils des cris sauvages en abordant l'ennemi? N'était-ce pas, sous prétexte d'effrayer les Romains, pour raffermir leur courage qu'ils sentaient fragile? Les Romains, eux, ne poussaient pas de clameurs féroces; ils n'éprouvaient pas le besoin de se dévêtir, ni de s'embarrasser de liens. Ils prenaient contact avec l'ennemi sans aucune mise en scène; ils se contentaient de se battre froidement, et ils étaient vainqueurs.

C'est qu'ils possédaient un secret que les Gaulois ne pouvaient pas pénétrer, parce que leur état de civilisation n'était pas assez avancé. Les Romains avaient pour eux la *discipline*.

Lorsqu'on est familiarisé avec les questions militaires, la signification de ce mot est aisée à comprendre; il est plus difficile à définir parce que ses manifestations extérieures ne donnent pas une idée exacte de ce qu'est la chose.

Sans doute, la discipline se manifeste par la subordination des inférieurs aux supérieurs; mais cette définition est incomplète et insuffisante.

En fait, la discipline est une sorte de ciment moral qui, d'une cohue, fait un bloc. Lorsque, dans un groupement d'individus concourant à un but commun, il n'y a pas unité d'action ni coordination dans les mouvements, les efforts individuels se contrarient et s'annulent; en sorte que l'ensemble ne représente pas une force effective. La discipline a pour but d'obtenir la concentration des énergies; et la cohésion qui en résulte permet d'obtenir le maximum de puissance.

Pour saisir sur le vif la différence qui existe entre deux troupes, dont l'une est disciplinée et dont l'autre ne l'est pas, il faut se reporter à nos guerres coloniales, et en particulier aux luttes que la France eut à soutenir pendant si longtemps pour assurer sa domination en Afrique, entre le Sénégal et le Niger. Dans le Soudan, existait une race guerrière par excellence, ne vivant que de la guerre et n'entrevoyant pas d'autre métier que celui des armes. C'est parmi ces noirs que la France recrutait ses tirailleurs, concurremment avec les chefs indigènes qu'elle combattait; et il arrivait constamment que des tirailleurs, qui avaient terminé leur engagement dans nos rangs, allaient s'enrôler parmi les sofas de Samory. De chaque côté, la matière première était la même; et cependant des milliers de sofas n'ont jamais pu tenir devant quelques centaines de tirailleurs, parce que ces derniers étaient soumis à la discipline.

Suivant les époques, la discipline revêt des formes différentes. Elle doit s'adapter à l'état social des nations ainsi qu'à la composition des armées. Elle ne se présente pas sous la même forme dans l'armée et dans la marine, dans les armées nationales et dans les armées mercenaires. A l'origine, elle se manifestait d'une façon cruelle et presque bar-

bare. Pour étouffer toute velléité d'insubordination, Rome soumettait ses légions à des châtiments infamants; les manquements graves étaient punis de mort. Rome plaçait ses légionnaires entre deux dangers dont l'ennemi était le moins redoutable.

Dans les armées composées de mercenaires, la cohésion n'existait guère; le sentiment du devoir n'existait pas du tout. Pour maintenir sous le feu ces hommes qui avaient été parfois incorporés dans les rangs du vainqueur au lendemain d'une défaite, on ne pouvait guère avoir recours à des arguments de sentiment. La discipline était brutale; les dispositions de combat étaient prises pour maintenir chacun à son poste; les sous-officiers, placés en serre-file, étaient prêts à donner aux soldats, par derrière, le coup auquel ils essaieraient de se soustraire par devant.

Sur les galères, la discipline se manifestait à coups de garcette.

Peu à peu, la discipline a pris une forme moins matérielle. Aujourd'hui, elle fait appel à la raison; elle a un caractère plus moral. Depuis que l'on fait la guerre pour défendre le bien commun, la nécessité du sacrifice a mieux pénétré dans les masses. Et puis, les armées ne sont plus composées d'éléments douteux; au lieu d'y attirer, comme autrefois, les mauvais sujets, parce qu'on n'en avait pas d'autres, on cherche au contraire à s'en débarrasser, ou à les isoler. Dans ce dernier cas, la discipline a conservé son caractère répressif; mais, pour l'ensemble de nos armées de terre et de mer, les anciennes rigueurs seraient inutilement odieuses. Sans doute, les punitions existent encore et on sera obligé de les conserver tant que l'homme n'aura pas assez de raison pour se plier aux nécessités de la vie militaire; cependant, ce n'est pas sur les châtiments corporels que nous comptons pour affronter le choc de l'ennemi et faire endurer les fatigues de la guerre. Il faut maintenant des moyens moins précaires, car la crainte qu'inspire une répression ne produit d'effet qu'autant qu'on n'est pas soumis à l'influence d'une crainte plus grande. Aujourd'hui, la discipline doit consister à former la mentalité des combattants. Les procédés de l'ancien temps ne constituaient qu'un pis aller; les résultats qu'ils donnaient n'étaient pas parfaits, car nos armées actuelles se battent mieux que les armées de mercenaires.

Les transformations que doit subir la discipline pour suivre l'évolution sociale des peuples ne se font jamais sans provoquer de petites crises. Ceux qui sont chargés de la maintenir ont une tendance à attacher une importance religieuse aux formes consacrées par l'usage; ils croient volontiers que ces formes ont une efficacité qui leur est propre et ils ne se rendent pas compte qu'elles correspondaient souvent à un état de choses qui peut avoir disparu depuis longtemps. De là à s'imaginer qu'on leur enlève toute action sur leurs hommes dès qu'on touche à l'arche sainte, il n'y a qu'un pas. D'un autre côté, ceux qui supportent la contrainte des règlements tombent dans l'excès inverse; ils considèrent que tout adoucissement en matière disciplinaire comporte un blâme à l'adresse de leurs supérieurs qui ne faisaient cependant que se conformer aux règlements en vigueur; et cette impression sera plus vive si l'initiative des modifications ne vient pas de l'autorité militaire elle-même. Il faut donc procéder avec beaucoup de méthode; la discipline doit évoluer pour s'adapter aux mœurs; elle ne doit jamais se transformer radicalement.

Pour faciliter l'action disciplinaire, on a cherché à relever le prestige du commandement, et c'est dans ce but qu'a été introduit, dans nos règlements, le chapitre des honneurs. C'est un moyen qui pourra paraître bien superficiel à des intellectuels; mais il faut dire qu'il n'a pas été fait pour eux. Ses bons effets ne sauraient cependant être contestés, puisque, dans notre France démocratique, les fonctionnaires civils ne désirent rien tant que recevoir des honneurs militaires; c'est donc qu'ils y voient un avantage au point de vue de leur autorité. Ajoutons que les honneurs ne sont qu'un expédient, en ce sens que, même dans les milieux militaires, ils seraient inutiles — ce qui simplifierait beaucoup les conditions de la vie militaire — si le commandement, à tous les degrés de la hiérarchie, était toujours exercé par des hommes dont la supériorité s'imposerait et serait de ce fait acceptée comme une chose naturelle; mais le genre humain est trop pauvre pour nous fournir des éléments de cette trempe en nombre suffisant. Il faut nous contenter « d'à-peu-près » dont l'autorité a besoin d'être renforcée par les institutions.

*
**

La sévérité de notre code de justice militaire ne pouvait manquer d'attirer l'attention à une époque où le sentimentalisme est à l'ordre du jour. Des natures sensibles ont pensé que, pendant la paix, les corps militaires ne devaient pas être soumis à un régime d'exception qui n'a de raison d'être que pendant la guerre. Il y aurait ainsi deux disciplines : une discipline du temps de paix et une discipline du temps de guerre. Le malheur est que la discipline ne se crée pas du jour au lendemain. Or l'inculque aux hommes en temps de paix et on en récolte le bénéfice pendant la guerre. Elle se manifeste par un état d'esprit particulier dont on s'imprègne peu à peu pendant la durée du service militaire, et elle est faite beaucoup plus de traditions que de textes imprimés. L'influence qu'exerce sur elle le Code provient moins de l'application des peines qu'il édicte que du fait que la rigueur des sanctions sert à déterminer la gravité des fautes.

L'importance que nous attribuons à certaines infractions à la discipline ne s'impose pas à l'esprit du jeune conscrit, qui n'est pas à même d'en apprécier les conséquences graves; c'est la sanction qui l'avertit de se tenir en garde contre elles. L'idée qu'il ne doit jamais se permettre certains manquements pénètre ainsi dans son esprit et il en arrive à obéir instinctivement, dans les circonstances les plus critiques, à la suggestion qu'exerce sur lui le Code. Mais ce n'est pas du jour au lendemain que le militaire ou le marin acquiert cette mentalité.

On s'illusionne grandement en s'imaginant que le fait seul de passer de l'état de paix à l'état de guerre permettra de substituer sans inconvénient un code sévère à un règlement bénin. De pareilles utopies ne sont pas pardonnables de la part de gens intelligents qui, ayant accompli leur service militaire, ont été à même de comprendre l'âme de l'armée.

**

La discipline fait la force des armées. On a entendu si souvent répéter cet aphorisme qu'on finit par ne plus lui attribuer d'importance. Dans la marine, on semble l'avoir perdu de vue, car la discipline y est singulièrement compromise.

Elle est sapée à la base même. La conscription signifie que le pays est confié à la garde de tous les citoyens. Il en résulte que le service militaire obligatoire constitue le plus élevé des devoirs. La désertion devrait être considérée comme une trahison et être punie de peines infamantes. Or, actuellement, elle est traitée d'une façon si bénigne qu'on semble ne plus y attacher la moindre importance, aussi bien du côté de l'État, qui fait preuve d'une indulgence excessive, que des déserteurs qui savent qu'il en coûte peu. Beaucoup de déserteurs bénéficient de la loi de sursis; les autres sont assurés de profiter périodiquement d'une amnistie. Tous reviennent prendre place au milieu de leurs camarades comme si rien ne s'était passé. Cette mansuétude est interprétée dans le sens que le lien militaire tend à se relâcher, et elle contribue à diminuer l'esprit militaire dans la nation. Aussi les cas de désertion se multiplient-ils, et, ce qui est plus inquiétant que le fait lui-même, c'est la futilité des motifs qui les provoquent.

L'indulgence devait, par une conséquence naturelle, s'étendre aux fautes de moindre importance. Il y a quelques années, on mit en vigueur un tarif de punitions que l'on pourrait taxer d'antimilitariste, car il désarmait l'autorité en se refusant à punir les récidives et en traitant comme des peccadilles des délits qui relèvent du code de justice maritime, parce qu'ils mettent en jeu le matériel même de l'État.

Cet état de choses devait fatalement amener dans la marine un relâchement général. Il se manifeste aujourd'hui par l'attitude des marins sur lesquels les gradés n'ont plus la même action qu'autrefois, par leur tenue débraillée qui indique qu'ils n'ont plus le respect de leur uniforme, par les discussions sans fin que provoque la moindre observation d'un supérieur, par les articles de journaux où l'on se plaint de surmenage au moindre effort (1). Ce qui est plus triste encore, c'est que le plus souvent ces jérémiades émanent trop manifestement de sous-officiers.

Le relâchement a même atteint les officiers, en ce sens que, s'ils restent attachés à la discipline, ils ne la maintiennent plus au même degré. Ils subissent l'influence des tendances actuelles; au lieu de réagir, ils préfèrent laisser faire, parce qu'il faudrait montrer de l'énergie. Sous prétexte de

---

(1) La campagne du Maroc a provoqué toute une série de ces articles où les auteurs se qualifiaient eux-mêmes de serviteurs d'élite.

sollicitude, on voit sur certains bâtiments une recherche de popularité malsaine qui n'est en réalité que l'abdication de toute autorité.

On doit également considérer comme un symptôme inquiétant que les équipages, aussi bien que les états-majors, s'accommodent plus difficilement de la vie de bord. Il faut y voir une conséquence des séjours prolongés dans les ports où chacun prend des habitudes sédentaires et se détache peu à peu de son bâtiment. C'est un lieu commun de dire que moins l'on fait, moins l'on veut faire; et il arrive un moment où le moindre effort devient insupportable. La vie active est indispensable pour conserver aux équipages leur valeur morale et physique. A partir du jour où le marin ne considère plus son bâtiment que comme une caserne, il est susceptible de toutes les défaillances. La marine possède encore des réserves d'énergie, mais il est manifeste qu'elles s'épuisent peu à peu.

Ce qui est beaucoup plus grave que tout le reste, c'est qu'on a eu à enregistrer des actes d'un caractère spécial que, il y a à peine quelques années, on se serait refusé à envisager. Quelques-uns de ces actes ont fait du bruit dans la presse; d'autres n'ont pas transpiré. Jusqu'ici leurs conséquences n'ont pas été sérieuses, mais ils révèlent un état d'esprit plutôt dangereux et ils sont une indication sur les surprises qui nous attendent en temps de guerre. Ils proviennent tous d'une même catégorie d'individus qui étaient totalement inconnus autrefois et qu'on appelle des « apaches ». Ces personnages entretiennent à bord un foyer permanent de désordre et d'insubordination d'un exemple déplorable. Ils forment des bandes et deviennent un danger, non seulement pour les navires, mais aussi pour les populations du littoral qui ont à souffrir de leurs exploits; le navire n'est pour eux qu'un repaire où ils préparent leurs mauvais coups. Cette triste engeance se refuse à faire aucun service et passe en bordée le temps qu'elle ne passe pas en prison.

Le nombre de ces individus va sans cesse en augmentant par suite des amnisties répétées et de la réintégration de ceux qui ont terminé leur peine. L'autorité militaire est désarmée vis-à-vis de ces bandes insoumises, parce qu'on ne met pas à sa disposition des moyens de répression efficaces. La quasi-impunité dont elles se savent assurées ne fait qu'augmenter leur audace. L'indulgence que leur garantissent les règlements s'exerce au détriment de l'élément sain qui souffre de cette promiscuité; et il serait vraiment à désirer que la sollicitude des pouvoirs publics allât aux bons de préférence aux mauvais. C'est un leurre de s'obstiner à conserver à bord des gens qui contribuent à affaiblir notre organisme militaire, et il faut que la marine se décide à faire comme l'armée qui isole les éléments véreux pour préserver la masse de la contagion et la garantir contre leurs méfaits. Sur la plupart des bâtiments, on préfère avoir un effectif incomplet plutôt que de le compléter avec des hommes qui ne font autre chose que semer le désordre.

Toute cette gangrène appartient à la catégorie des marins sans spécialité qui a subi depuis quelques années de profondes transformations. Elle était composée antérieurement d'inscrits maritimes que le défaut d'instruction rendait inaptes à servir dans les spécialités. Ces hommes étaient quelquefois bornés, mais toujours très disciplinés. Le nombre des illettrés a beaucoup diminué et ceux qui restent deviennent de préférence chauffeurs. Ils rendent d'ailleurs en cette qualité d'excellents services. La catégorie des matelots de pont est ainsi devenue le réceptacle de tous les marins rejetés de leur spécialité pour inconduite. Composée déjà d'éléments mauvais, elle est de plus empoisonnée par tous les hommes qui ont subi des condamnations.

Il faut rejeter toute cette vermine; car la marine n'a pas

intérêt à s'affaiblir soi-même. Comme mesure transitoire, on arriverait à mieux tenir en mains ces éléments perturbateurs si l'on constituait, pour les encadrer, des cadres qui les dirigeraient au même titre que les cadres des spécialités dirigent les marins brevetés. C'est, en effet, une des anomalies de notre service intérieur que ces hommes, qui ont besoin d'être surveillés plus étroitement que les autres, ne relèvent à bord d'aucune autorité particulière. S'ils sont soumis à l'autorité des gradés de la mousqueterie, au point de vue de la discipline, au même titre que le reste de l'équipage, ils ne forment pas un groupement spécial analogue à ceux des autres spécialités qui sont constamment encadrés par leurs gradés. Cette situation privilégiée leur permet de se soustraire à une surveillance étroite et ils en profitent largement. Il y aurait lieu de combler cette lacune; car, en matière de discipline, la marine n'a plus rien à perdre. Ceux qui l'ont connue, il y a vingt ans, peuvent mesurer le chemin parcouru, et ils ont le droit, à juste titre, d'envisager l'avenir avec une certaine inquiétude.

XII

LES ÉQUIPAGES (suite) — LE PATRIOTISME

Le patriotisme est le sentiment qui étend à la nation entière l'affection qu'on porte à ses proches, à son clocher, à sa région.

Or, lorsqu'on est atteint dans ses affections les plus chères, on puise dans l'excès même de sa douleur la force nécessaire pour se défendre.

Voilà pourquoi le patriotisme est un élément de succès à la guerre; c'est même l'élément le plus sûr, parce que, dans les épreuves, il soutient les courages, entretient l'espoir et prolonge ainsi la résistance. Les guerres les plus farouches ont été celles où le sentiment patriotique était exaspéré. Sous le Premier Empire, c'est lui seul qui a sauvé de la ruine l'Espagne et la Prusse; malheureusement, il s'exerçait alors contre nous.

Dans la guerre russo-japonaise, les Russes, qui se battaient sur un théâtre excentrique pour vider une querelle suscitée par la bureaucratie, n'apportaient pas la même ardeur que les Japonais. Pour ces derniers, la guerre était nationale; ils luttaient pour refouler le peuple qui prétendait fixer une limite aux destinées du Daï Nippon.

Cet exemple du Japon est à retenir; il montre comment le patriotisme enfante des héros. Pour que la nation entière, depuis le dernier des kurumas jusqu'au descendant des anciens daïmios, ait senti si profondément le péril que faisait courir au pays l'expansion russe, il fallait que la fibre patriotique eût été amenée à un degré de sensibilité extrême; et ce sera l'éternel honneur du Japon d'avoir développé le sentiment national à un tel point que chaque soldat ait fait abstraction de sa personnalité pour ne songer qu'à la gloire et à la grandeur de la patrie.

Cette solidarité, elle ne provenait pas de traditions historiques; il a fallu la créer. Avant la restauration de 1867, le Japon vivait dans un isolement complet, le péril extérieur n'existait donc pas. Les sentiments chevaleresques et les vertus militaires étaient le monopole d'une classe spéciale dont la patrie était le clan. En supprimant les clans et en donnant à tous les citoyens le droit de porter les armes, le Japon a élevé les deux classes inférieures des agriculteurs et des commerçants au même niveau que la classe privilégiée des samouraïs; il leur inculqua les mêmes principes d'honneur et d'abnégation. Chacun reporta alors sur le pays entier l'amour qu'il portait auparavant à son clan; et le résultat fut tel que, dans cette guerre, le souffle du patriotisme domine tous les événements.

Nous avons cité le Japon, parce qu'il est l'exemple le plus caractéristique de l'influence du patriotisme sur les destinées d'une nation. Cependant, l'idéal qu'il représente est aujourd'hui combattu. Certains esprits voudraient le remplacer par un idéal supérieur qui, englobant tous les peuples dans un même sentiment de fraternité, supprimerait la guerre. Naturellement, nous ne parlons pas ici des vulgaires antimilitaristes qui craignent seulement pour leur peau, mais de ceux qui abritent leurs théories derrière des idées pseudo-humanitaires.

Nous n'avons pas besoin d'aller chercher des leçons dans l'histoire pour savoir l'accueil que feraient les peuples au principe des nationalités élargies; nous n'avons qu'à contempler le spectacle que nous offre l'Europe. L'idée de la patrie y survit chez tous les peuples qui ont été conquis, et le temps, au lieu de l'atténuer, ne fait que la renforcer. D'un point de vue purement spéculatif, un petit peuple devrait trouver avantage à être incorporé dans un autre plus grand qui lui garantit la sécurité : il n'en est rien. L'Irlandais ne veut pas faire partie du royaume britannique. Le Tchèque veut se séparer de l'Autriche et reconstituer l'ancien royaume de Bohême. La Belgique n'a eu de cesse qu'elle n'ait été séparée de la Hollande. Faut-il citer aussi la Pologne qui, bien que dépecée, est toujours vivante, et la péninsule des Balkans où l'enchevêtrement d'éléments dissemblables entretient une agitation perpétuelle que le nouveau régime de l'empire ottoman est impuissant à calmer ?

Chaque race a un caractère particulier et une mentalité spéciale, d'où découle le besoin de vivre d'une vie personnelle. Or, lorsqu'une nation en a soumis une autre, elle colonise chez elle ; elle l'inonde de fonctionnaires ; elle prétend lui imposer sa langue, ses mœurs, ses produits. Cette infiltration du vainqueur chez le vaincu empêche toute assimilation parce que le dernier tend toujours à rejeter l'immigrant qui joue, dans son organisme, le rôle d'un corps étranger. Les pays où les races sont mélangées portent une plaie inguérissable, car il n'y a pas d'institutions, si libérales soient-elles, qui puissent remplacer les aspirations nationales. Le seul cas où la fusion puisse se faire est celui où le vaincu absorbe le vainqueur, comme le fait s'est produit en Angleterre après la conquête normande.

Le fédéralisme — autre conception qui a aussi ses partisans — ne paraît pas être appelé à un meilleur succès que l'assimilation. L'idée fédéraliste qui a réussi dans des pays de même langue, de même race, formant une unité géographique, tels que les États-Unis, l'Australie, le Brésil ; cette idée est au contraire en décroissance là où le lien fédéral unit deux peuples qui n'ont pas les mêmes aspirations. Il faut croire que ce lien devient insupportable, puisque la Norvège s'est séparée de la Suède, et que la Hongrie réclame son indépendance. Ces mouvements nationalistes ne sont-ils pas er contradiction avec les théories qui tendent à supprimer la patrie en lui donnant de l'extension?

*
* *

Le patriotisme n'est pas une de ces vieilles idées qui ont fait leur temps et qui ne répondent plus à notre degré de civilisation. Bien au contraire, c'est une idée toute neuve; elle existait à peine, il y a un siècle, chez la plupart des nations de l'Europe; elle s'éveille maintenant chez quelques peuples, comme la Chine. Bien loin d'être usée, elle n'a pas encore fait toute sa force, et elle ménage de cruelles épreuves aux nations coloniales, parce qu'elle résume les espérances des races opprimées. Et c'est cette idée si féconde qu'on nous propose d'abandonner, en froissant nos convictions les plus intimes, en rejetant tout ce qu'elle représente de grand et de noble; tout cela, uniquement pour éviter la guerre! Sans doute la guerre est un fléau, mais ce n'est pas le plus grand des maux; dans la vie des peuples, elle n'est qu'un incident qui a souvent des effets régénérateurs. Le joug de l'étranger au contraire est un mal permanent dont on ne s'accommode jamais; et c'est précisément pour s'en affranchir qu'on fait la guerre. Il y a en Europe plus de dix nationalités dont les cris de détresse arrivent jusqu'à nous et l'on nous parle de fraternité universelle! Le jour où la France, sous prétexte de consacrer la communion des peuples, donnerait l'exemple du désarmement, elle est trop belle pour ne pas tenter les convoitises. Aussi bien, celles-ci ne sont même pas cachées.

Comment le pays, qui, en 1793, a donné au monde le plus bel exemple de patriotisme, a-t-il pu enfanter l'anti-

militarisme? Si ce chancre arrivait à s'étendre, c'en serait
fait de la France; car l'amour de la gloire peut suffire pour
entreprendre des guerres de conquête, mais les guerres de
défense, celles qu'on subit par nécessité pour venger son
honneur ou conserver le patrimoine commun, celles-là ne
peuvent être heureuses qu'à la condition d'être animées du
souffle patriotique, car elles exigent plus de sacrifice.

Nos hommes arrivent au service à un âge ou leur intelligence a déjà subi une première empreinte. Nous, officiers,
nous pouvons alors leur apprendre la discipline si on nous
en fournit les moyens; mais il est déjà trop tard pour leur
inculquer l'idée de patrie. Cette tâche incombe à l'institu-
teur. C'est la collaboration du maître d'école et de l'officier qui a fait la grandeur de l'Allemagne et du Japon. En
France, cette collaboration est très compromise, et on ne
semble pas se rendre compte de la répercussion qu'aura sur
notre organisme militaire la tolérance qu'on accorde à ces
singuliers éducateurs qui font profession de mépriser la
patrie.

XIII

LES ÉQUIPAGES (suite)
L'INSTRUCTION PROFESSIONNELLE

L'importance de l'instruction professionnelle n'a pas besoin d'être démontrée; les hommes ne sont appelés sous les drapeaux que pour y apprendre le métier militaire. Mais encore faut-il que leur instruction soit adaptée aux besoins du service et qu'elle ne s'écarte jamais de son but qui est d'obtenir des armes le rendement maximum. Lorsque ce résultat est atteint, le personnel puise la confiance dans le sentiment de sa force; il est mieux préparé à se mesurer avec l'ennemi.

La question de l'instruction professionnelle est beaucoup plus compliquée dans la marine que dans l'armée; la spécialisation y est plus développée. Sans doute, l'armée possède également des spécialités qu'elle appelle des armes : l'infanterie, l'artillerie, la cavalerie, le génie. Mais, tout en concourant sur le champ de bataille à un but commun, ces différentes armes ont chacune leur champ d'action distinct; elles voisinent, mais ne se pénètrent pas. Tandis que, dans la marine, il y a moins d'armes, mais il y a plus de spécialités, parce que, parmi celles-ci, plusieurs ne répondent pas à un objectif militaire immédiat; elles se rattachent plus particulièrement à la manœuvre et à la propulsion du bâtiment, ainsi qu'au fonctionnement de ses divers organes;

elles interviennent dans le combat, mais en qualité d'auxiliaires. En sorte que les vaisseaux de guerre qui ne possèdent,
en fait, que deux armes [le canon et la torpille], renferment
une quantité considérable de spécialités. On y trouve des
gabiers, des canonniers, des torpilleurs, des fusiliers, des
timoniers, des mécaniciens, des mécaniciens-torpilleurs, des
chauffeurs, sans compter les fourriers, les charpentiers, les
voiliers, les distributeurs, les boulangers-coqs, les infirmiers,
les tailleurs; il y a enfin les marins sans spécialité.

Cette spécialisation à outrance est la conséquence forcée
de la variété des services. C'est un mal nécessaire; mais
c'est un mal. La division du travail est un principe d'ordre
industriel plutôt que militaire. A bord il est avantageux,
au contraire, de pouvoir remplacer un homme par un autre;
au point de vue du combat, on bénéficie d'une élasticité
plus grande. Même dans le service courant, la spécialisation
présente des inconvénients. Tous ces marins, qui ont une
éducation professionnelle différente, ont besoin d'acquérir
une instruction militaire commune; car ils vont se mélanger
pour participer aux exercices d'ensemble. Ils ont également
le devoir de contribuer au service général qui serait trop
lourd s'il reposait sur une seule catégorie de matelots. A
l'inverse du soldat qui est toujours encadré par les mêmes
gradés et commandé par les mêmes officiers, le marin est
placé sous une autorité différente suivant qu'il prend part
au branle-bas de combat, à la veille contre les torpilleurs,
à un coup de main à terre, etc.; et, dans chaque cas, il aura
un poste et des fonctions différentes.

Amalgamer ces éléments divers n'était pas un problème
facile à résoudre. La marine s'en était cependant tirée
d'une façon aussi satisfaisante que possible par la création
d'écoles de spécialités, dans lesquelles on greffait une instruction générale sur une instruction technique. Cette organisation était bien supérieure à celle de l'ancien régime,

qui avait introduit à bord des bâtiments un mélange de marins et de soldats. Ces derniers étaient même de deux catégories différentes, car ils comprenaient des artilleurs et des soldats d'infanterie de marine.

Pendant longtemps le personnel de la marine a eu une valeur exceptionnelle, parce que, dans chaque spécialité, les fonctions s'adaptaient parfaitement aux organes; mais, depuis lors, le matériel n'a cessé de se transformer. L'instruction du personnel aurait donc dû subir le contre-coup de cette évolution. En effet, lorsque l'on compare la marine actuelle à celle qui a fait les campagnes de Chine et de Madagascar, on trouve une grande différence dans les moyens. On conçoit dès lors que l'une et l'autre puissent être organisées d'après des principes communs; mais on admettra plus difficilement que l'application de ces principes puisse prendre une même forme. C'est cependant ce qui a eu lieu. Les spécialités sont restées les mêmes; les méthodes d'instruction n'ont pas été sensiblement modifiées. Il semble qu'on ait attribué les qualités professionnelles de nos hommes uniquement à l'ancienne organisation, et non pas à l'harmonie qui existait à l'origine entre leurs connaissances et l'application qu'ils devaient en faire. Et pourtant, que de changements depuis un quart de siècle !

Ce fut d'abord la suppression de la navigation à voiles, qui constituait l'apanage du personnel de la manœuvre. Du même coup, la spécialité la plus importante perdit sa raison d'être; car les besognes accessoires, auxquelles elle continue à se livrer, ne sont pas au-dessus des facultés du personnel d'autres spécialités. La suppression de la voilure ne modifia rien à l'ancien état de choses. Les mâtures militaires avaient depuis longtemps remplacé les phares carrés qu'on continuait à voir naviguer la *Melpomène*, école des gabiers. Sur ce navire, on consacrait son temps à faire des exercices de manœuvre et des virements de bord, sans qu'il

fût possible de déterminer à quelle nécessité répondait ce
genre d'instruction, puisque nos bâtiments actuels n'ont
plus un torchon de toile. On a fini par supprimer la *Melpomène*, mais on n'a pas supprimé l'école des gabiers.
Celle-ci est simplement devenue sédentaire, ce qui est infiniment regrettable pour une école destinée à former des
marins; on lui a attribué une annexe à voiles qui continue
à multiplier les virements de bord, afin que la tradition ne
s'en perde pas. Et les gabiers passent ainsi huit mois à
perpétuer la mémoire d'une marine défunte. L'auteur n'est
pas le seul à penser que le moment serait venu de rompre
avec des pratiques surannées: nos marins ont mieux à faire
qu'à apprendre à serrer des voiles, à prendre des ris et à
caler les mâts de hune. Il est temps de supprimer l'école
des gabiers et de reporter à d'autres spécialités les quelques
attributions que conserve encore cette spécialité (1). Une
proposition assez sensée consistait à fondre en un seul les
brevets de timonier et de gabier, de façon à former le service
moteur. On peut entrevoir également d'autres solutions.

En supprimant l'école des gabiers, on supprimerait le
brevet qu'elle confère, et c'est à pratiquer cette opération
chirurgicale qu'on n'arrive pas à se résoudre. La spécialité
de la manœuvre est intimement liée aux fastes de la marine; on craindrait de renverser l'arche sainte en portant
une main profane sur cette institution. Le gabier n'est plus
l'homme agile qui grimpait dans la mâture pour faire parer
une manœuvre; il est devenu un symbole.

En Chine, il y a à peine quinze ans, les jeunes gens qui
désiraient entrer dans les écoles militaires devaient subir
un examen pratique. Comme l'histoire du Céleste Empire

---

(1) Lorsqu'on se décidera enfin à alléger les dromes de nos vaisseaux
par la substitution de canots automobiles aux canots à rames, que
restera-t-il aux gabiers? Rien.

mentionne que les armées étaient autrefois armées d'arcs
et de flèches, on exigeait une épreuve de tir à l'arc.

La marine a l'esprit conservateur des Chinois.

*
* *

Peu après que les manœuvriers eurent à déplorer la suppression de la voilure, il arriva une mésaventure du même
genre aux fusiliers. Ils virent avec douleur le fusil perdre
peu à peu de sa valeur, puis disparaître complètement
dans les prévisions du combat naval. En l'absence de gaillards, la mousqueterie des gaillards ne pouvait plus vivre;
et, bien qu'il y ait encore des hunes, la mousqueterie des
hunes ne peut prétendre à atteindre un ennemi abrité sous
cuirasse et hors de portée. Aussi bien, ce n'est pas au moment où, dans le combat de jour, l'utilisation de l'artillerie
légère reste problématique, en raison des distances de
combat actuellement usitées, qu'on peut songer à mettre en
ligne des fusils. Le fusilier ne semblait donc plus devoir être
utilisé qu'en dehors du bord, pour des opérations de police
qui ne paraissent pas nécessiter l'obtention d'un brevet
spécial, lorsqu'il fut sauvé par l'apparition de l'artillerie
légère. Celle-ci fut immédiatement attribuée à la mousqueterie, à laquelle elle donna un regain de jeunesse.

C'était une solution. Malheureusement, elle était et elle
est restée mauvaise. Je le prouve.

Le brevet de fusilier s'acquiert à terre, au bataillon
d'apprentis fusiliers de Lorient. On y fait beaucoup de
fusil et fort peu de canon. Or, le tir d'un canon de marine
ne peut s'apprendre qu'à bord d'un bâtiment, dans les
conditions de son emploi. L'artillerie légère fut donc sacrifiée au fusil, et c'est la raison pour laquelle son rendement a toujours été si faible.

Mais l'artillerie légère n'a pas cessé d'augmenter de calibre. Elle engloba bientôt le 65^{mm} dont on déposséda les canonniers au profit des fusiliers.

Ce n'est pas fini. Sur les cuirassés du type *Danton*, l'artillerie légère sera du calibre de 75^{mm}; et comme il est dès maintenant reconnu que ce calibre est encore insuffisant, il sera remplacé, sur le type de cuirassé actuellement en projet, par du 100^{mm} ou peut-être même par du 14^{cm}. Alors que fera-t-on? Va-t-on donner aux fusiliers l'armement des pièces de 75^{mm}, de 100^{mm} et de 14^{cm}? Alors que les canonniers qui arment actuellement ces deux derniers calibres sont soumis à un entraînement intensif sur le vaisseau canonnier, mettra-t-on à la culasse de ces pièces des fusiliers qui auront appris à tirer du canon en tirant à la cible avec un fusil? Non, sans doute; ce serait par trop paradoxal. Mais alors il faudra supprimer la spécialité de fusilier.

On aurait dû déjà opérer cette suppression, car depuis longtemps le bataillon de Lorient est un anachronisme. C'est aussi une source de dépenses inutiles.

La spécialité de la mousqueterie ne s'occupe pas seulement de fusils et d'artillerie légère. De tout temps, elle a été chargée de la police du bord; mais le service de l'artillerie ayant doublé ses attributions, la surveillance en a souffert, alors qu'elle aurait dû être plus active que jamais. La suppression des fusiliers ne doit pas se faire au détriment de la discipline; il est donc nécessaire de conserver un corps de police, uniquement composé de gradés qui se recruteraient dans toutes les spécialités. C'est ce cadre qui aurait la charge des matelots de pont dont nous avons signalé plus haut la situation particulière.

Et les compagnies de débarquement? Seraient-elles dissoutes? Non, mais on limiterait l'ampleur de leurs opérations, de manière à ne pas leur demander plus qu'elles ne peuvent faire. Le marin n'est pas soldat; il se trouve à terre dans un élément qui ne lui est pas familier et il ne saura jamais tirer parti du terrain au même degré que le soldat. Des marins incorporés dans la troupe, ou — ce qui revient au même — mis à terre pour la durée d'une campagne, pourront faire d'excellents soldats; mais tant qu'ils auront le caractère particulier qu'imprime la vie du bord, ils feront de médiocres soldats. Leur rôle purement militaire doit se borner à opérer des coups de main rapides à terre pour lesquelles l'institution du bataillon de Lorient n'est pas indispensable. Il suffit que les cadres des compagnies de débarquement aient fait un stage dans les régiments d'infanterie en garnison dans les ports; et naturellement ce serait le corps de police qui fournirait ces cadres. Il n'y a pas si longtemps que la marine envoyait des gradés à l'école de Joinville pour former des instructeurs de gymnastique; elle peut bien revenir au même procédé pour former des instructeurs d'infanterie.

**

Le service des torpilles se trouve dans une situation très particulière; il exige le concours de deux spécialités différentes.

Les marins-torpilleurs, comme leur nom l'indique, ont été créés pour s'occuper des torpilles. Il semble donc qu'on aurait pu leur donner une instruction suffisante pour leur permettre de satisfaire aux exigences de leur service sans faire appel à une seconde catégorie de torpilleurs. Mais, comme il est de jurisprudence maritime que tout ce qui tourne ne doit être regardé que par un mécanicien, et que la torpille automobile contient une machine qui tourne, on a imaginé de créer deux espèces de torpilleurs. A la première, on a attribué l'avant de la torpille qui contient

la charge explosible; l'arrière, qui renferme les mécanismes
de fonctionnement, a été dévolu à une nouvelle spécialité,
celle des mécaniciens-torpilleurs. La malheureuse torpille
se trouve ballottée entre deux spécialités qui sont attelées
à chacune de ses extrémités, et l'on pense bien qu'elle ne
s'en porte pas mieux.

La fusion de ces deux spécialités antagonistes s'impose.

Ainsi, la marine a poussé si loin la spécialisation qu'elle
possède beaucoup plus de spécialités qu'il ne lui en faut;
et, par une singulière contradiction, elle a négligé d'avoir
des électriciens, alors que l'électricité envahit tous les
organes du navire.

L'électricité s'est introduite modestement à bord par
l'usage des projecteurs. Elle tenait alors une si petite place
qu'on ne pouvait songer à créer pour elle une spécialité.
On la donna aux torpilleurs. On aurait tout aussi bien pu
l'attribuer aux fusiliers, puisque les projecteurs secondent
l'artillerie légère dans la défense contre les torpilleurs. Toutefois, cette solution en valait une autre comme mesure
transitoire. Mais, peu à peu, l'électricité prit de l'extension.
Elle alimenta bientôt tout l'éclairage intérieur, puis le service des signaux. Après, on vit apparaître les moteurs élec-
triques. Sous cette forme, l'électricité assura la ventilation,
la manœuvre des canons, des monte-charges, de la barre,
des embarcations, etc. Actuellement, elle est utilisée par
tous les services, machines, canonnage, artillerie légère, manœuvre, timonnerie. Tous les services, sauf un seul : le service des torpilles ! Et c'est précisément celui qui a charge de
l'électricité. On comprendra que l'énorme développement
qu'a pris à bord cette source d'énergie nécessite un personnel spécial, qui ait en électricité des connaissances plus
complètes que celles que peuvent acquérir ceux qui ne font
de son étude qu'un accessoire de leur instruction professionnelle.

Mais, en demandant la création d'un corps d'électriciens, nous n'entendons nullement que ceux-ci devront prendre en mains tout le matériel électrique du bâtiment. Chaque spécialité doit assurer le fonctionnement et l'entretien des organes qui font partie intégrante de son service; les électriciens n'auraient à leur charge immédiate que les appareils qui ne dépendent pas des autres détails du bord, par exemple la télégraphie sans fil. Mais ils interviendraient en matière d'électricité chaque fois que le besoin de connaissances spéciales se ferait sentir, et toujours pour la régulation et la réparation des appareils. C'est la seule solution rationnelle; c'est celle à laquelle on a recours à terre où il n'est pas nécessaire d'être électricien pour tourner un commutateur. Nous aurons montré toute notre pensée en disant que les électriciens devraient avoir une situation analogue à celle qu'ont les armuriers en ce qui concerne les différentes armes; comme ces derniers, ils seraient peu nombreux, et ils seraient toujours dirigés par un officier sortant de l'école supérieure d'électricité. Il suffira pour le reste que, dans chaque spécialité, les brevetés aient, en électricité, les notions élémentaires qui leur sont indispensables. Et ceci nous conduit, après avoir envisagé les modifications qu'il conviendrait d'apporter à la composition des spécialités, à étudier les changements que comporte l'outillage de nos vaisseaux dans les méthodes d'instruction.

*
* *

Le fonctionnement des divers organes du bâtiment a maintenant un caractère industriel qui tend chaque jour à s'accentuer. Or, nous constatons que l'instruction, dans nos différentes écoles, n'a pas suivi les transformations du matériel; on a surtout négligé de donner une éducation industrielle à des hommes qui sont appelés à manier et à entretenir un matériel où tout, même l'artillerie, ne se compose guère que de machines.

Si, au moment de l'apparition de la vapeur, on avait prétendu faire fonctionner l'appareil moteur avec le personnel de la manœuvre qui était affecté auparavant au maniement du moteur à voiles, on aurait eu, sans doute, à déplorer des mécomptes. C'est cependant ce problème que nous cherchons à résoudre en proscrivant de nos écoles l'instruction industrielle. Comme tempérament, on en est arrivé à ce résultat absurde qui consiste à entretenir, à bord des bâtiments, deux catégories distinctes de personnel : l'une qui utilise le matériel (et qui est composée des spécialités militaires), l'autre qui l'entretient (et qui est composée d'ouvriers). La division du travail est ainsi comprise dans son sens le plus étroit ; elle aboutit à faire appel à un mécanicien chaque fois qu'il faut manier une clef anglaise ; à avoir recours à un charpentier lorsque l'intervention d'un marteau est nécessaire ; à requérir un torpilleur pour dévisser une lampe électrique. L'industrie privée ne résisterait pas à l'application de pareils principes ; elle succomberait sous le poids des charges qui en résulteraient. Aussi, le rendement de notre personnel est-il très faible et il est loin d'être en rapport avec les sacrifices élevés que nécessite l'entretien de nos écoles. La division du travail doit être comprise de telle façon que chaque spécialité soit à même d'utiliser et d'entretenir le matériel qui dépend de son service. Les écoles ne doivent donc pas se borner à donner une instruction exclusivement militaire ; il faut y introduire les travaux manuels, ainsi que les études théoriques et pratiques qui permettront à chaque spécialité de vivre dans son domaine propre.

Dans une de nos escadres, on s'est efforcé de remédier aux lacunes de notre système en prescrivant de donner aux marins des notions industrielles; mais cette solution est insuffisante, et elle ne saurait être admise qu'à titre transitoire; car les escadres ne sont pas et ne peuvent pas être des écoles. Elles n'instruisent pas les marins; elles utilisent leur instruction.

*
* *

Depuis quelques années, le manque de personnel et son défaut de stabilité ont porté atteinte à la force de nos équipages. L'escadre des cuirassés de 15.000 tonnes et l'escadre des croiseurs-cuirassés du Nord sont portées au budget comme étant armées à effectifs complets; elles devraient donc être prêtes à partir au premier ordre. Dans la pratique, nous avons vu plus haut qu'il leur manque un septième ou un huitième de leur effectif; en sorte qu'il faudra, en cas de complications, mobiliser ces escadres, dites de première ligne, au même titre que les forces de réserve. Ce n'est pas d'ailleurs l'arrivée de réservistes qui leur fournira les chefs de sections et les pointeurs exercés qui leur manquent.

Les conséquences de cet état de choses se font sentir d'une manière encore plus cuisante sur les bâtiments dont les effectifs sont déjà réduits au strict indispensable. Il n'est pas nécessaire de mettre en relief que, ce minimum de personnel n'étant pas atteint, l'entretien du matériel n'est plus assuré dans des conditions satisfaisantes et que la préparation militaire se trouve compromise. On est obligé de diminuer l'ampleur des exercices faute de moyens pour les exécuter (1). Malgré cela, bien des avaries eussent été

---

(1) N'est-il pas fâcheux que des bâtiments ne puissent pas faire des signaux de brume au clairon, faute de matelots-clairons? Deux cuirassés se trouvaient dans ce cas, il n'y a pas bien longtemps.

évitées, qui étaient dues à un défaut de surveillance résultant d'une insuffisance de personnel; et on ne saura jamais ce que cette situation a déjà occasionné de détériorations. L'économie qui résulte d'une diminution des effectifs se trouve ainsi compensée avec usure par des dépenses au matériel.

La marine en est réduite aux expédients, tout comme sous l'ancien régime; l'entretien des vaisseaux n'est pas ce qu'il devrait être, et, en cas de difficultés, la situation ne serait pas brillante.

Le manque de personnel présente un inconvénient d'un autre ordre qui a aussi son importance. Des hommes, qui ont terminé leur période d'embarquement, sont maintenus à bord parce que les dépôts sont impuissants à les remplacer. Or, parmi ces hommes, les uns sont mariés et n'ont pas été depuis longtemps dans leurs foyers; les autres sont fatigués, usés [particulièrement les quartiers-maîtres chauffeurs], et ils ont besoin d'une période de repos.

Comme on l'a dit dans un précédent chapitre, la pénurie de personnel dont souffre la marine paraît provenir principalement (sauf en ce qui concerne les chauffeurs) du contre-coup qu'à eu le service de deux ans sur les engagements dans la marine. Il ne serait donc pas imputable à un manque de prévisions (sous réserve des chauffeurs, bien entendu); mais la question qui se pose est de savoir l'utilisation que l'on doit faire de nos ressources actuelles tant que nous ne serons pas parvenus à sortir de la situation présente. Quand on ne dispose pas d'un personnel suffisant pour satisfaire aux besoins du service, il faut bien consentir à des sacrifices, bon gré mal gré. La solution adoptée a consisté à faire supporter tout le poids du déficit aux deux escadres du Nord et de la Méditerranée, qui, seules, ont une réelle valeur militaire. Il eût été peut-être préférable de ne pas porter atteinte à leur puissance et de ne pas hésiter à désarmer des bâtiments qui ont une valeur militaire infiniment moindre.

Grâce à l'intervention du rapporteur du budget de la marine, on a fini par désarmer le *Redoutable*, la *Fusée* et la *Mitraille*. Notre défense maritime n'aurait guère été compromise si les garde-côtes de Cherbourg, l'*Achéron*, le *Styx*, le *Phlégeton*, la *Flèche*, et d'autres encore, avaient été compris dans l'holocauste. Ces bâtiments n'ont pas des effectifs considérables, mais ils ont une nombreuse maistrance qui servirait à combler des vides. Enfin, il serait courageux de reconnaître que les défenses mobiles absorbent une quantité de personnel qui n'est nullement en rapport avec leur efficacité réelle; et cet aveu permettrait de ramener à des proportions plus modestes le nombre des torpilleurs armés. Quant aux stations lointaines, elles ont sans doute leur utilité; mais, composées de bâtiments déjà démodés, il vaut mieux les réduire momentanément plutôt que de leur donner le pas sur nos escadres : entre deux maux, il faut choisir le moindre.

En résumé, il importe que nos escadres, qui sont nos premiers instruments de guerre, ne soient pas désorganisées; or, sur un contingent de plus de 50.000 marins, elles n'absorbent que 16.000 hommes. Ne peut-on les servir d'abord? En leur donnant 1.500 hommes de plus, nous aurions deux escadres de cuirassés, deux escadres de croiseurs cuirassés, vingt et un contre-torpilleurs constamment prêts. En l'état actuel des choses, nous n'avons que l'apparence de la force, et aucune de nos escadres n'est réellement disponible. Il suffit pour avoir une force réelle de prélever 17.000 à 18.000 hommes sur un contingent de 51.000 marins (1).

*
* *

---

(1) Ces considérations ont été écrites avant les modifications qui

L'instabilité du personnel est non moins préjudiciable au fonctionnement normal du service que le déficit dans les effectifs. Sur les bâtiments actuels où ne règne aucune uniformité, le personnel a besoin de se familiariser avec le matériel avant d'être à même de l'utiliser. S'il ne fait que passer à bord, l'action des officiers ne se fera pas sentir ; les équipages n'auront pas cette cohésion qui est indispensable pour maintenir la discipline en face de l'ennemi. Or, à bord des bâtiments qui stationnent habituellement sur les côtes de France, et en particulier dans les escadres, la fréquence des mutations est réellement inquiétante. Le tour de départ colonial, l'embarquement au choix dans les écoles ou dans les stations de sous-marins, les désignations pour l'atelier-flotte, les envois en disponibilité, etc., sont prétextes à mouvements incessants. Il n'est pas un gradé qui, dès qu'il éprouve une contrariété à bord, ne pose sa candidature à l'un des différents postes qui sont donnés au choix, et l'on pourrait citer tel cuirassé qui, en moins de cinq mois, a vu passer cinq chefs de timonerie. Nos escadres ne sont plus qu'un vaste dépôt où chacun vient s'alimenter.

Il ne serait pas difficile de revenir à une organisation plus saine ; car la situation actuelle n'a pas toujours existé et ce n'est que depuis quelques années qu'on a multiplié comme à plaisir toutes les occasions de mutations. La marine est atteinte d'une maladie dangereuse qui se manifeste par le besoin d'une réglementation compliquée. La règle est étouffée sous une accumulation d'exceptions. Dans tout cela, on n'a oublié qu'une chose : c'est le point de vue militaire, qui, lui, pâtit de cet état de choses. Et la cause en vient de ce que les règlements sont élaborés à

---

ont été apportées dans la composition de nos forces navales et qui ont remédié en partie à l'état de choses signalé ici ; mais les bâtiments n'ont toujours pas leur effectif au complet.

Paris, dans les bureaux, par des employés civils qui ne se rendent pas un compte exact des nécessités de la vie maritime et n'ont aucune responsabilité sur l'utilisation de nos forces navales. Les maux dont nous souffrons ne les atteignent pas.

Si les qualités d'entrain et d'endurance que possèdent encore les équipages sont une garantie de succès, nous devons placer notre personnel dans des conditions lui permettant d'utiliser ces précieux facteurs.

Ses qualités finiront par se perdre, faute de ne jamais être employées d'une façon rationnelle.

XIV

LES ÉQUIPAGES (suite) — L'AVANCEMENT

La valeur des équipages est fonction de celle des cadres; car c'est par l'intermédiaire de ces derniers que s'exerce l'action du commandement. La question des sous-officiers a donc une importance presque égale à celle des officiers; et c'est à ce titre que, dans une étude sur l'organisation des forces, on est conduit à se préoccuper des conditions d'avancement.

Celles-ci doivent être envisagées de deux points de vue différents : la proportion des avancements et la façon dont s'opère la sélection.

Lorsque l'avancement est trop lent, les cadres s'engorgent et sont uniquement composés de sujets âgés. On retrouve ainsi, bien qu'à un moindre degré, tous les inconvénients que nous avons signalés pour les officiers. D'un autre côté, ce sont les perspectives d'avenir qui retiennent au service les sujets les plus brillants. Ceux-là ne manquent généralement pas d'initiative, et ils n'hésitent pas à aller chercher ailleurs des moyens d'existence lorsque la marine ne leur offre pas les satisfactions auxquelles ils ont droit. Il ne nous reste alors que les natures passives qui n'entrevoient pas la possibilité de faire leur chemin ailleurs que dans la marine militaire.

On doit donc se préoccuper d'éviter avec soin l'engorgement des cadres. Il y a plusieurs moyens d'y parvenir.

L'armée a été amenée à donner à ses sous-officiers des retraites proportionnelles; il n'y a aucune raison pour que les officiers mariniers ne bénéficient pas des mêmes avantages. En toute équité, ce principe aurait dû être appliqué depuis longtemps dans la marine; car le métier de la mer use vite, et la retraite proportionnelle permet à ceux dont la santé a été éprouvée par les climats et la navigation, de se procurer des positions sédentaires.

Mais le moyen le plus efficace d'améliorer l'avancement est d'établir, dans chaque spécialité, une équitable proportion entre le nombre des gradés et celui des matelots. Or, il ne semble pas que dans la marine on y ait jamais songé; il n'y a à ce sujet aucune règle fixe et, d'une spécialité à l'autre, la proportion des gradés est très variable; en sorte qu'il y a des spécialités où l'avancement n'existe pour ainsi dire pas. On peut citer, en particulier, celle du canonnage qui est tellement sacrifiée que l'on ne parvient plus à composer le contingent des canonniers avec des hommes de bonne volonté. L'avancement est trop lent. J'entends bien qu'on m'objectera que les cadres sont établis en vue de satisfaire aux besoins du service, mais cette assertion est discutable. D'abord, on entend constamment se plaindre de la pénurie de gradés; et puis, dans la marine, l'encadrement est plus élastique que dans l'armée, parce que le personnel est surtout employé à faire fonctionner des organes. Rien ne justifie la différence de traitement qui existe, par exemple, entre les canonniers et les mécaniciens. Sur un croiseur cuirassé, les premiers ont un premier maître, 10 seconds maîtres et 28 quartiers-maîtres contre 90 canonniers brevetés et auxiliaires; tandis que les seconds ont 1 premier maître, 9 sergents-majors, 24 seconds maîtres et 36 quartiers-maîtres pour 37 matelots. Si, dans le second cas, la proportion est exagérée, dans le premier elle est trop faible.

Enfin, nous vivons sur cette idée préconçue que, quel que

soit à bord le nombre des marins d'une même spécialité, quelle que soit l'importance du matériel, il ne doit jamais y avoir qu'un seul premier maître par spécialité. Il serait au contraire plus rationnel de proportionner le nombre des premiers maîtres à l'importance de l'effectif et du matériel. En fait, lorsqu'on a attribué l'artillerie légère à la mousqueterie, on a créé un deuxième maître canonnier; et les deux services vivent côte à côte sans inconvénient. Sur les grosses unités, il pourrait y avoir trois maîtres canonniers, au lieu d'un seul qui a une charge beaucoup trop lourde; ce serait une décentralisation qui, par contre-coup, améliorerait l'avancement.

*
* *

La marine possède une spécialité dont la situation n'a certainement d'équivalent nulle part : c'est celle des chauffeurs. Elle ne possède pas de cadres; elle est décapitée. Naturellement, cette anomalie ne choque pas les bureaux; comme ils l'ont toujours vue, elle leur paraît toute simple.

Les chauffeurs ne peuvent prétendre qu'au grade de quartier-maître. Le grade de second maître chauffeur existe bien; mais son accès est entouré de barrières si élevées que bien peu peuvent les franchir. Si bien que, sur les plus gros navires de la flotte, il n'est jamais prévu plus de deux seconds maîtres de la spécialité.

Si nous prenons pour exemple un croiseur cuirassé, nous constatons que le personnel de la machine est réparti de la façon suivante :

TABLEAU

	PREMIERS MAITRES	SERGENTS-MAJORS	SECONDS MAITRES	QUARTIERS-MAITRES	MATELOTS
Machines. . . .	I	9	24	36	37
Chaufferies . . .	0	0	2	17	95 (1)

Il faut cependant bien que la chauffe soit surveillée et dirigée. Elle l'est, en effet, et lorsqu'on pénètre dans les rues de chauffe de nos bâtiments, on y trouve des sergents-majors et des seconds maîtres; mais tous ces sous-officiers appartiennent à la spécialité des mécaniciens. Ainsi les chauffeurs nous apparaissent comme les ilotes des mécaniciens. C'est peut-être le seul corps militaire qui ne recrute pas ses gradés dans son propre sein; c'est certainement le seul qui n'ait pas de hiérarchie complète. Cette situation est évidemment avantageuse pour les mécaniciens qui peuvent ainsi avoir deux fois plus de gradés que de matelots; elle ruine à un tel point le recrutement des chauffeurs que, sur le croiseur cuirassé deux fois cité, on n'a pu embarquer que *vingt* brevetés au lieu de *soixante-douze*.

Depuis vingt-huit ans que l'auteur est dans la marine, il n'a jamais entendu donner une raison plausible de l'ostracisme dont sont victimes les chauffeurs.

L'instruction? Sans aucun doute nos chauffeurs ne sont pas des puits de science; mais ils ont la même instruction qu'avait le personnel de la manœuvre au temps de la marine à voiles (2); et nos premiers maîtres de manœuvre n'étaient certes pas inférieurs à leur tâche. Le métier de chauffeur est exclusivement pratique; il n'est donc pas nécessaire de posséder un brevet élémentaire pour diriger et surveiller la

(1) Dont 23 auxiliaires.
(2) Ils se recrutent d'ailleurs dans le même milieu.

conduite des feux. Aussi bien, le jour où notre personnel chauffeur verra s'élargir son horizon, il ne se recrutera plus exclusivement parmi les illettrés; il se donnera la peine d'acquérir l'instruction nécessaire. Pour l'instant, il n'éprouve pas le besoin de s'instruire, puisqu'il est condamné à végéter.

La capacité professionnelle? Les capacités professionnelles de nos chauffeurs n'ont jamais, que je sache, été mises en suspicion; et il serait téméraire de prétendre que, parmi les hommes qui passent leur temps devant les feux, on ne peut trouver les éléments nécessaires pour fournir des cadres. Des seconds maîtres chauffeurs qui ont une longue pratique seront toujours mieux qualifiés pour diriger les feux que de jeunes mécaniciens de vingt-trois ans qui n'ont encore que des connaissances théoriques et n'ont jamais tenu la pelle et le ringard.

Nos chauffeurs ne paient pas de mine, c'est incontestable; mais ils sont d'un dévouement à toute épreuve, et ils ont un amour-propre qu'on ne trouvait au même degré que parmi les gabiers de l'ancienne marine à voiles qui, comme eux, provenaient de l'inscription maritime. Ce sont eux qui, sur nos bâtiments, ont l'existence la plus pénible. Enfin, à mesure que la vitesse des navires augmente, leur rôle grandit.

Il est inconcevable que la marine ne fasse pas, à une spécialité aussi importante, la place à laquelle elle a droit. L'augmentation du nombre des seconds maîtres chauffeurs, la création des grades de sergent-major et de premier maître, sont des mesures qui s'imposent pour ce personnel, au même titre que pour toutes les autres spécialités.

On reproche avec raison à nos chauffeurs d'être usés de bonne heure. Comment en serait-il autrement lorsque l'on condamne des hommes à se livrer à un métier manuel débilitant à un âge où ils devraient se borner à diriger et à surveiller?

Des chefs éminents ont attiré l'attention sur la situation lamentable créée aux chauffeurs; mais a-t-on jamais vu, dans la marine, l'opinion des commandants de nos forces navales prévaloir sur celle des bureaux?

*
* *

Pour avoir de bons cadres, il faut s'efforcer de retenir au service les meilleurs sujets en leur accordant des avantages. Or, la marine ne fait rien pour ses sous-officiers. Ils ont des retraites bien inférieures à celles de la maistrance des arsenaux dont l'existence est cependant infiniment plus douce; et on leur marchande les distinctions honorifiques auxquelles les Français attachent tant de prix. C'est ainsi que la répartition des médailles militaires entre l'armée et la marine constitue une injustice flagrante au détriment de cette dernière. Ce n'est pas sans un sentiment pénible que l'on constate qu'il faut à nos officiers mariniers une moyenne de vingt-cinq années de service pour obtenir la médaille militaire, alors qu'il suffit de seize ans de service à un sous-officier de l'armée. Le marin mène cependant une vie plus pénible que le soldat; il s'use plus vite; il ne jouit pas des mêmes commodités ni du même bien-être. La vie de bord, avec ses veilles, n'est pas comparable à la vie de garnison.

La différence de traitement provient de ce que l'armée *a voulu* avoir de bons sous-officiers; la marine n'a jamais montré aucune sollicitude pour son personnel navigant, parce que Paris n'est pas un port de mer.

Tant que l'homme sera guidé par des mobiles intéressés — et il en sera encore longtemps ainsi, sinon toujours — on ne pourra constituer un organisme militaire sur des bases solides qu'en donnant à ceux qui se consacrent au métier des armes les satisfactions nécessaires. L'armée l'a compris et elle a fait de grands sacrifices pour ses sous-officiers; la

marine se désintéresse de la question et elle en supporte les
conséquences. En effet, la situation lamentable qui est faite
à nos sous-officiers est cause que les sujets les plus intelligents quittent la marine, soit pour chercher une position
dans la vie civile, soit pour continuer leur service dans l'armée, qui leur offre plus d'avantages (1). Cet exode n'est
pas de nature à relever le niveau de notre maistrance.

L'établissement d'une proportion rationnelle entre le
nombre des gradés et celui des matelots permet d'éviter
l'engorgement des cadres et d'assurer ainsi un avancement
régulier; mais la qualité n'est pas garantie. Il est donc
non moins important d'avoir un système d'avancement
qui fonctionne au profit des plus capables.

L'avancement n'est pas fait pour récompenser des services : c'est affaire aux soldes progressives et aux récompenses honorifiques. L'avancement a pour but de n'attribuer des grades qu'à ceux qui sont capables d'en exercer la
fonction. Un homme pourra être très méritant sans posséder les qualités nécessaires pour passer au grade supérieur.
S'il n'a pas l'autorité suffisante pour savoir commander et
se faire obéir, si son bagage professionnel est trop léger, il
ne constituera qu'un organe de faiblesse.

La marine possédait un système d'avancement qui lui
avait donné une maistrance incomparable dont elle était
fière à juste titre. Et si l'on juge de la valeur d'une institution par ses résultats, celle-là était à coup sûr excellente.
Le système était basé uniquement sur la sélection, ce qui
est la logique même. Sur chaque bâtiment, le conseil d'avancement, composé du commandant, du second et des chefs
de service, donnait à la majorité des voix les propositions
d'avancement, en se conformant, au point de vue du nombre

_____

(1) C'est par paquets que, dans l'escadre, on reçoit les demandes
de changement de corps.

des propositions à accorder à chaque spécialité, aux indications fournies par le ministre pour les besoins du moment. Comme le nombre des candidats était toujours supérieur au nombre des propositions, l'accord ne pouvait se faire que sur les plus méritants. Il arrivait que le conseil regrettait de ne pouvoir accorder une proposition à un sujet qui en était digne; il ne pouvait arriver que le choix s'égarât, parce que la composition du conseil était une garantie contre le favoritisme.

Le fonctionnement des commissions de classement eût pu sans doute être amélioré; comme toute chose en ce monde, il était perfectible. Il eût été préférable, par exemple, que la proportion des avancements ne fût pas fixée par une formule qui s'appliquait indifféremment à des cuirassés ou à de petits bâtiments, et que le ministère fixât simplement le nombre des propositions revenant à chaque catégorie de navires en prenant des dispositions spéciales pour ne pas avantager les petites unités, où il est difficile d'établir une proportion déterminée dans certaines spécialités qui ne comprennent qu'un ou deux sujets. Mais le principe même du système, reposant sur la sélection, était juste.

On doit ajouter que, par leur composition et leur mode de votation, les conseils d'avancement avaient un caractère nettement démocratique; car ils réunissaient des officiers de grades très différents dont les voix avaient une valeur égale. Il fallait qu'il y eût partage égal de voix pour que celle du commandant devînt prépondérante.

Lorsqu'une institution donne des résultats aussi remarquables que celle qui nous avait valu notre ancienne maistrance, dont tout le monde reconnaissait la supériorité, il semble qu'on doive hésiter à l'abandonner. Cependant la marine n'hésita pas, à une époque troublée, à lui substituer un système diamétralement opposé. Le voici :

Il n'y a plus sélection. Sur dix candidats, on ne choisira

pas le plus qualifié; on notera les dix sujets d'après leur valeur propre. Les notes données semestriellement, d'une part par le commandant, d'autre part par le chef de service, et auxquelles pourront encore s'ajouter des notes exceptionnelles (1), se transformeront en points à l'aide de coefficients qui tiendront compte d'éléments variés. Tous ces points, s'ajoutant semestriellement, formeront une somme qui servira à différencier entre eux les hommes de même grade et de même spécialité. L'avancement se fera ainsi automatiquement par la tête. C'est ce qui a fait donner au système le nom de « taximètre à avancement ».

Au point de vue du principe, on a donc cherché, ainsi que le fait remarquer l'exposé des motifs du décret de 1904, à chiffrer la valeur professionnelle au moyen d'une formule qui aura « toute la rigueur des mathématiques ».

Ce principe est-il juste? C'est peut-être la question qu'on aurait dû se poser tout d'abord. Les qualités professionnelles de deux hommes peuvent être appréciées par un même chiffre et être cependant très différentes; d'un autre côté, le temps de navigation, l'endroit où l'on navigue et l'âge n'ont aucun rapport direct avec l'aptitude à passer au grade supérieur. Enfin, la valeur des notes chiffrées n'est que relative, les appréciations variant sensiblement d'une personne à l'autre.

Le mode de notation actuel tient compte des services rendus; il ne donne aucune idée de l'aptitude. Il récompense

_____

(1) Il y a trois sortes de notes exceptionnelles : 1° les notes semestrielles exceptionnelles; 2° les notes exceptionnelles accordées par le ministre sur la proposition des chefs pour récompenser des faits particuliers; 3° les notes exceptionnelles accordées directement par le ministre.

Les premières font double emploi avec les notes ordinaires, car c'est la note la plus élevée qui doit récompenser les sujets d'élite. Les dernières ont un caractère exclusivement politique; les secondes seules sont à retenir.

le passé; il ne réserve pas l'avenir. Et comme, parmi les sous-officiers, les mérites sont souvent sensiblement égaux alors que, au contraire, les aptitudes sont très variables, il en résulte que presque tous les gradés ont des notes excellentes, et c'est surtout l'ancienneté qui augmente le nombre des points et détermine l'avancement. Voilà pour le principe.

Quand on passa à l'application, le résultat se fit immédiatement sentir. Une grande quantité d'hommes qui avaient été systématiquement écartés par les commissions de classement parce qu'ils étaient inaptes à remplir les fonctions du grade supérieur (en particulier les poivrots), furent immédiatement promus; et ceux-là trouvèrent que le système avait du bon. La physionomie de la maistrance se modifia; les cadres ont sensiblement vieilli et ils sont encombrés de gens dont la plupart sont très recommandables, très bons serviteurs, mais qui sont inférieurs à leur nouvelle tâche. Telle fut la conséquence de la rigueur des mathématiques.

En même temps, la notation par points créait entre les bâtiments une surenchère qui frise presque le ridicule. Par le fait qu'elle ne comporte aucun frein, puisqu'elle supprime la sélection, les commandants et les officiers, soucieux de garantir les intérêts dont ils ont la charge, en sont arrivés à forcer les notes dans la crainte de placer leur personnel en état d'infériorité par rapport aux autres bâtiments. Engagée dans cette voie, la surenchère ne devait s'arrêter qu'après avoir atteint le maximum. C'est aujourd'hui chose faite : la valeur primitive attribuée aux notes n'existe même plus à l'état de souvenir, et l'échelle en est graduée en fait de dix-sept à vingt pour les huit dixièmes du personnel. On devait fatalement en arriver là. Il faudrait une grande force de caractère pour noter chacun selon son mérite exact, parce qu'on serait forcé, la plupart du temps, de donner aux hommes des notes inférieures à celles qu'ils ont eues précédemment, ce qui impliquerait qu'ils ont démérité. On constate d'ailleurs que c'est sur les bâtiments le mieux commandés que les notes sont le moins élevées. On ne peut pourtant pas en conclure que ces navires sont plus mal partagés que les autres, au point de vue du personnel; mais il reste que le fait d'être noté avec impartialité porte un préjudice. Cela seul suffirait à condamner un système qui aboutit à un résultat aussi paradoxal; *summum jus, summa injuria*.

On objectera que ces défauts n'existeraient pas si le principe était appliqué avec rigueur. Il serait trop facile de répondre que, tant que les institutions seront appliquées par des hommes, elles devront tenir compte des faiblesses de la nature humaine. Cherchons à nous perfectionner, mais nous ne pouvons pas tabler sur une perfection que nous sommes loin d'avoir atteinte, sans tomber dans l'idéalisme. Aussi bien, n'est-ce pas faire fausse route que de substituer une formule chiffrée au simple jugement; et encore que le jugement se trouve parfois en défaut, il ne s'ensuit pas qu'un chiffre puisse donner l'appréciation exacte de la valeur d'un homme.

L'application d'un principe, même juste, vient souvent buter contre des difficultés d'exécution. En la circonstance, la notation par chiffres prétendait tenir compte de tout ce qu'il est possible de faire intervenir dans l'évaluation des services. Il s'agissait de trouver le moyen de représenter, par un nombre, des éléments très variés que le rapport au Président de la République, du 22 novembre 1904, énumère ainsi : l'âge, le temps de grade, les services à terre et à la mer, la conduite, les propositions des chefs, les campagnes de guerre, les actes de dévouement et de courage, les faits particuliers, actions d'éclat, etc.

Or, seuls, les services à terre et à la mer correspondent à vingt-deux situations différentes, ayant chacune leur coefficient spécial. Mais, dans un même semestre, un homme peut avoir changé de situation; il faut en tenir compte à l'aide de quatre nouveaux coefficients. Mais,.... (oh ! ma tête ! ma tête !), mais il y a une infinité d'autres cas particuliers qui peuvent se présenter à propos d'examens, de brevets, de bonne gestion, de punitions, et chacun d'eux a sa formule particulière (1).

Tout cela ne va pas, naturellement, sans un grand déploiement de signatures. Il en coûte semestriellement 1.500 d'un seul coup à l'officier en second d'un cuirassé; et, par une singulière anomalie, cet officier, chargé de la discipline, est le seul qui ne donne pas de notes.

Bref, pour satisfaire à tant d'obligations, il a fallu établir une réglementation qui est certainement le monument le plus compliqué qui ait jamais été inventé par notre génie administratif.

Le malheur est que, lorsqu'on voulut faire fonctionner la machine, elle refusa de se mettre en marche. Il fallut d'urgence la modifier et, depuis cinq ans, on n'a jamais cessé de la retoucher. Telle qu'elle est, elle peut passer à juste titre pour le triomphe de la paperasserie. Il a fallu constituer au ministère des dizaines de milliers de dossiers; il faut, tous les semestres, à bord de tous les bâtiments, rechercher les multiples conditions auxquelles chaque homme a à satisfaire et, à l'aide de ces éléments, on se livre à une série illimitée de calculs et l'on établit un nombre d'états imposant. Après quoi, dans les ports, les escadres, les divisions navales, on constitue des commissions de classement qui s'efforcent de tirer au clair tout ce fatras. Au milieu de ces multiples opérations, les erreurs se multiplient; les unes

---

(1) La plus élégante de ces formules est celle qui sert au calcul du nombre de points supplémentaires à accorder à l'occasion de brevets et de certificats. La voici : $P = c + \frac{d-c}{b-a}(M-a)$.

passent par mailles, d'autres sont relevées par les majorités, les commissions, les bureaux du ministère, et elles donnent lieu à un échange permanent de papiers qui rend la situation inextricable. La complication engendre la complication. Quand on est bien anémié par l'exécution de ce travail ingrat, on a la consolation de penser que, pour juger et apprécier un homme qu'on voit tous les jours à l'œuvre, point n'est besoin de transformer notre personnel en machine à calculer. Si l'armée, avec ses effectifs, avait adopté un système analogue au nôtre pour nommer ses caporaux, l'esprit militaire aurait depuis longtemps fait place à l'esprit bureaucratique qui a envahi la marine et paralyse tous ses membres.

On s'était évidemment flatté, en mettant l'avancement en équation, de ne pas donner prise à la faveur ; mais le fait d'introduire dans une formule une note élevée, au lieu d'une note médiocre, constitue un acte de favoritisme qui a « toute la rigueur des mathématiques ».

Il faut savoir être juste. Notre système d'avancement, en concentrant au bureau des équipages, à Paris, les notes de tout le personnel, est un admirable instrument de centralisation. Et, par ailleurs, avec la formidable complication d'écritures qu'il entraîne, avec ses formules et ses dossiers, il satisfait trop bien à notre idéal administratif pour qu'il ne soit pas considéré comme une panacée. C'est pourquoi il dure, bien qu'il donne des résultats déplorables, bien que certaines de ses dispositions constituent un défi au sens commun, bien que, en 1905, le Conseil Supérieur en entier ait montré, par des faits, à quel degré d'injustice il aboutit, bien que les rapports des amiraux et des commandants le condamnent.

Une fois de plus, la bureaucratie a eu le dernier mot.

DEUXIÈME PARTIE

LE MATÉRIEL

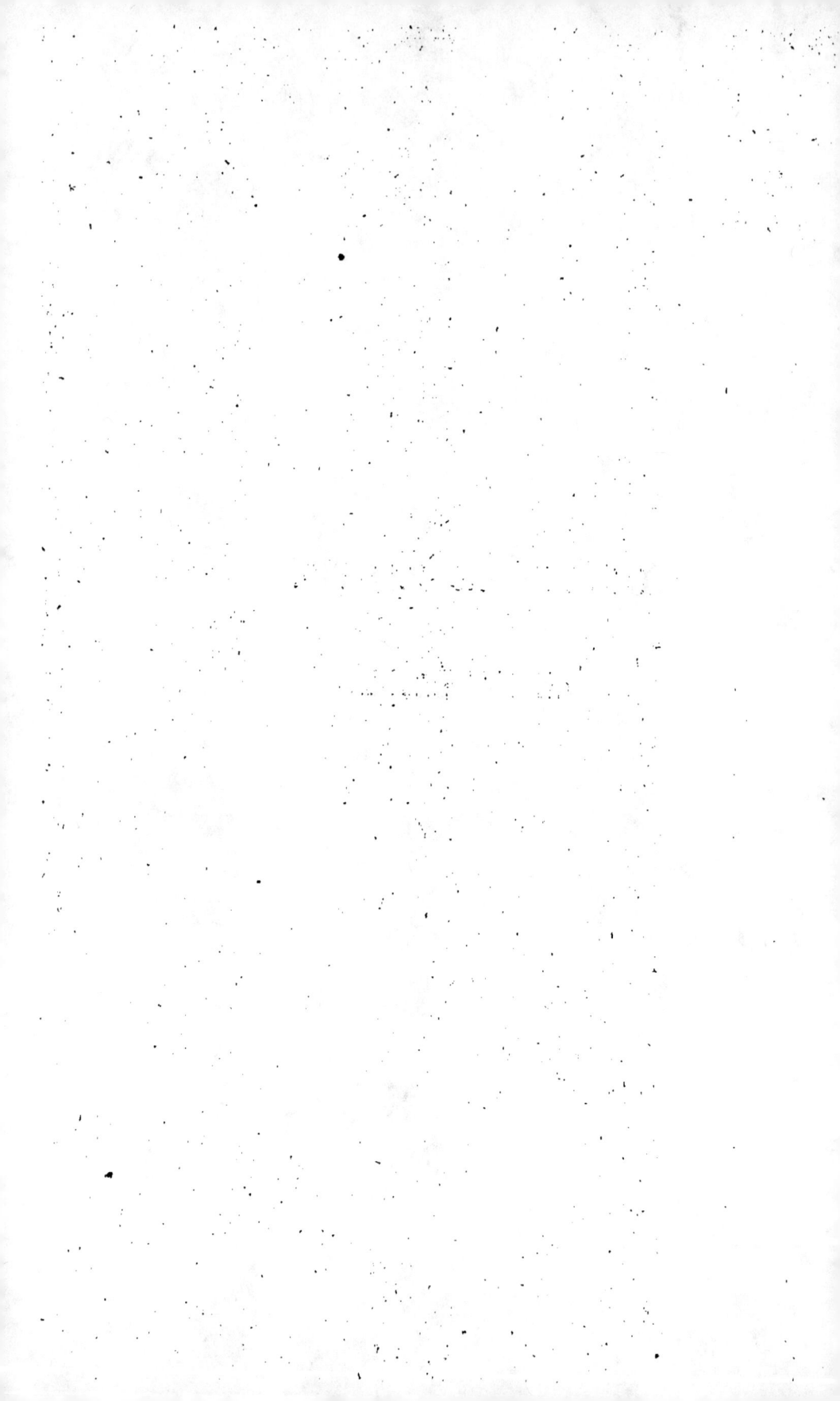

1

LES TROIS FLOTTES

———

Dans le premier volume de cette étude, nous avons essayé de préciser la nature de la guerre navale. Mais il ne suffit pas de dégager les principes; il faut posséder les moyens matériels nécessaires pour les appliquer, ce qui conduit à déterminer les types de bâtiments.

Nous allons voir d'abord quel était le matériel dont nous disposions hier; nous rechercherons ensuite quel est celui qu'il nous faudrait pour satisfaire aux besoins de la guerre, tels qu'ils nous sont apparus. Enfin, nous nous efforcerons d'utiliser pour le mieux le matériel que nous possédons actuellement.

***

Voici la nomenclature des divers types de bâtiments de la marine française, relevée, il y a quelques années à peine, dans un document officiel :

Cuirassés d'escadre,
Cuirassés de croisière,
Cuirassés garde-côtes,
Garde-côtes cuirassés,
Canonnières cuirassées de 1re classe,
Canonnières cuirassées de 2e classe,

Croiseurs-cuirassés,
Croiseurs rapides,
Croiseurs de 1re classe,
Croiseurs de 2e classe,
Croiseurs de 3e classe,

Contre-torpilleurs,
Avisos-torpilleurs,
Torpilleurs de haute mer,
Torpilleurs de 1re classe,
Torpilleurs de 2e classe,
Torpilleurs de 3e classe,
Torpilleurs-vedettes,

Sous-marins,
Submersibles,

Avisos de 1re classe,
Avisos de 2e classe.

Sans compter les transports de matériel, d'escadre, de torpilleurs; sans compter les transports-avisos, les chaloupes-canonnières à hélice, à roues; les avisos à roues, etc.

Pour nécessiter des moyens aussi disparates, la guerre navale nous apparaît sous une forme singulièrement compliquée. Il semble que, comme dans le jeu d'échecs, on ait multiplié à plaisir la forme et la marche des pièces, afin de rendre la partie plus intéressante.

Nous n'avons pas besoin de chercher à deviner la conception à laquelle répondait cette variété dans le matériel. Nous avons vécu un nombre d'années suffisant au milieu de cette mosaïque maritime pour être à même de savoir l'usage qu'on croyait pouvoir en faire. Nous allons résumer les idées qui avaient cours hier et qui ont encore de nombreux partisans.

***

On pensait hier — on pense encore aujourd'hui — qu'il faut des escadres pour faire la guerre; et, dans la nomenclature ci-dessus, il n'y a pas moins de neuf types de navires qui entraient dans leur composition.

C'étaient d'abord les cuirassés d'escadre, héritiers de l'ancien vaisseau de ligne; ils formaient le corps de bataille. Leur nécessité n'est pas discutée; ils existeront sans doute aussi longtemps que la guerre navale, sous une forme ou sous une autre.

Après les cuirassés, venaient les croiseurs-cuirassés, qui, en dépit de leurs dimensions actuelles, font partie intégrante des bâtiments légers; ils sont chargés de déterminer la position de l'ennemi, le nombre et la nature de ses forces. Cette mission délicate peut les mettre dans la nécessité de soutenir un combat; et nous avons vu que c'est pour cette raison qu'ils ont été dotés d'une protection et d'un armement sérieux.

L'utilisation des trois classes de croiseurs n'a jamais été nettement précisée. Les uns étaient et sont encore employés comme répétiteurs; les autres semblent avoir été destinés, à l'origine, à relier le corps de bataille aux lignes d'éclairage.

A ces cinq types de navires s'ajoutaient les torpilleurs de haute mer dont le nom caractérise la fonction. Ils avaient comme antidote les contre-torpilleurs dont le tonnage variait primitivement de 900 à 1.300 tonnes.

Les avisos-torpilleurs, qui accompagnaient également les escadres, tenaient à la fois du torpilleur et du contre-torpilleur.

Greffés sur le tout, les croiseurs rapides étaient destinés à donner la chasse au commerce ennemi.

Voilà pour les escadres.

Mais la puissance maritime d'une nation ne réside pas uniquement dans ses escadres. Après avoir créé l'instrument nécessaire pour aller à la recherche de l'ennemi, il faut assurer la protection des côtes : problème complexe qui, par sa complexité même, exige l'emploi de bâtiments assez différents les uns des autres.

Les garde-côtes cuirassés et les cuirassés garde-côtes (1) sont appelés à jouer, dans le voisinage immédiat des côtes, le rôle qui est dévolu en haute mer aux cuirassés d'escadre.

Quant aux canonnières-cuirassées, nul n'ignore qu'elles ont été construites en vue de participer plus particulièrement à la défense des embouchures de rivière.

Mais l'organe essentiel de la protection du littoral est le torpilleur. C'est à cet objectif que répondent les torpilleurs de 1re, 2e et 3e classe. Les premiers pousseront des pointes audacieuses au large, iront même jusqu'aux côtes ennemies lorsque celles-ci ne seront pas trop éloignées de leur base. Les deux autres classes feront sentir leur action dans un périmètre plus étroit. Les torpilleurs-vedettes, avant qu'on songeât à les embarquer sur un bâtiment spécial, devaient assurer la protection des rades.

Les sous-marins et les submersibles ont un rôle analogue à celui des torpilleurs. Ils comblent une lacune laissée par ces derniers qui ne peuvent opérer que la nuit.

Voilà pour la défense des côtes.

Mais la France est une puissance coloniale; elle a des intérêts mondiaux. Pour la garde de ses possessions lointaines, aussi bien que pour protéger ses nationaux dans les pays exotiques, elle a dû constituer des divisions navales. Leur composition, qui varie actuellement suivant les régions qui leur sont assignées, avait d'abord été uniforme; elle comprenait :

1 cuirassé de croisière, qui portait le pavillon d'un contre-amiral;

---

(1) Ces derniers étaient des cuirassés démodés.

1 croiseur;

1 aviso;

1 ou 2 canonnières.

Autour de ces divisions gravitaient quelques bâtiments plus particulièrement affectés à la police des fleuves.

Et voilà justifiés, réhabilités, tous les types de navires.

La marine française se trouvait ainsi constituée par trois flottes distinctes : une flotte de haute mer, une flotte de défense des côtes, une flotte des mers lointaines. Chacune avait son caractère propre, son rôle spécial, son théâtre d'opérations distinct, sa tranche d'action.

Après avoir craint que la guerre ne fût trop compliquée, nous en arrivons maintenant à trouver qu'elle est par trop simple.

La marine avait poussé le principe de la division du travail jusqu'à sa limite extrême. La multiplicité des types n'était qu'une conséquence de l'application de ce principe fécond, et la variété des moyens arrivait à se fondre dans un tout harmonieux.

On avait fait une part à l'offensive, une part à la défensive, une part à la protection des colonies.

Ainsi tout était prévu, tout..... sauf une seule chose : la maîtrise de la mer.

**
* *

Les trois flottes existent encore actuellement : on peut les voir et les toucher.

Quelle est l'efficacité de chacune d'elles? Quelle est leur valeur globale? Quelle est leur puissance comparée?

La flotte de haute mer tient presque tout entière dans la réunion de nos deux escadres du Nord et du Midi. C'est à peine si, après la mobilisation, on pourrait encore leur ajouter quelques cuirassés à cheveux blancs, un lot de croiseurs-cuirassés en carton-pâte (1) et quelques bâtiments légers.

C'est peu pour une marine qui a un budget de plus de 300 millions.

La composition de cette flotte est ce qu'on devait attendre de l'absence de toute doctrine. C'est-à-dire qu'elle forme un melange de conceptions individuelles ne répondant à aucun but précis.

Sa force est à peu près équivalente à celle de la marine japonaise qui est plus jeune que la nôtre et n'a jamais eu à sa disposition les mêmes ressources pécuniaires. En effet, le *Brennus*, le plus ancien de nos cuirassés utilisables, date de 1892; or, à cette époque, le Japon n'avait qu'un embryon de marine et il n'avait pas un seul cuirassé.

Cette faiblesse vient de ce que notre flotte de haute mer a été sacrifiée à la seconde flotte.

La flotte de défense des côtes, c'est d'abord la série des garde-côtes : le *Henri IV*, les *Bouvines*, les *Jemmapes*, les *Requin*, les *Furieux*, les *Achéron*, les *Mitraille*, auxquels s'ajoutaient hier encore les *Tonnerre*; c'est ensuite la théorie de tous les torpilleurs de défense mobile et les sous-marins.

Les flottilles de défense mobile méritent une mention spéciale. Au 1er janvier 1909, les éléments qui, en temps de guerre, seraient entrés dans leur composition, se répartissaient ainsi :

    7 avisos-torpilleurs,
  28 contre-torpilleurs,
  36 torpilleurs de haute mer,
222 torpilleurs de 1re classe,
  13 torpilleurs de 2e classe,
  11 torpilleurs-vedettes,
  41 sous-marins.

---

(1) Ceux qui perdent alternativement leur arrière et leurs hélices.

Soit un total de 358 unités, montées en temps de guerre par un personnel de 650 officiers et 8.500 marins. L'imagination reste confondue en face de pareils chiffres.

Il faut vraiment qu'on attribue à ces défenses mobiles une bien grande efficacité pour qu'on leur ait sacrifié la protection de nos escadres contre les torpilleurs. A la date déjà citée, on leur avait affecté 29 contre-torpilleurs, alors que nos escadres, à elles deux, n'en réunissaient que la quantité ridicule de 18 (1).

Tous les ans, sans se lasser, les rapporteurs du budget de la marine additionnent les cuirassés anglais, allemands, américains, français, japonais; ils constatent avec tristesse que le nombre des cuirassés étrangers ne cesse d'augmenter, tandis que le nombre des nôtres ne cesse de diminuer. Ils ont beau recommencer leurs additions, toujours ils arrivent au même total. Parbleu! Les défenses mobiles ont pris une partie de l'argent des cuirassés (nous verrons plus tard où a passé l'autre partie); c'est là qu'il faut aller chercher la marine des millions flottants.

On sait sur quelles bases ont été constituées les défenses mobiles :

Vous prenez une carte et vous suivez le contour du littoral depuis Dunkerque jusqu'à la Bidassoa; depuis Port-Vendres jusqu'à Villefranche; depuis la frontière du Maroc jusqu'à la frontière de la Tripolitaine. Partout où vous rencontrez un centre de quelque importance — pan! — vous piquez une défense mobile. On en a mis ainsi, rien que pour l'Algérie et la Tunisie, à Oran, à Alger, à Bône, à Philippeville, à Bizerte, peut-être à la Goulette. Pendant la paix, les éléments qui doivent constituer les centres de défense de certaines villes commerciales sont

(1) Pendant longtemps, elles n'en ont eu que douze, six chacune.

désarmés dans les ports militaires et ne se rendraient à leur poste qu'au moment de la mobilisation.

Ce système de défense n'a même pas le mérite de l'originalité; on le trouve en Chine, dès 472 avant Jésus-Christ, à l'époque où fut construite la grande muraille. Un ministre de la marine le caractérisa, à la tribune, d'un mot heureux en le traitant de « cordon sanitaire ». Cet éparpillement de toutes les forces le long d'une étendue de côtes de plusieurs centaines de milles ne présente pas une efficacité évidente. La faiblesse de ce dispositif est si saillante que, pour le renforcer, on est amené à augmenter constamment les effectifs de chaque centre de défense; et c'est sous l'emprise de cet engrenage qu'on a abouti progressivement à avoir les 358 unités de défense mobile. Arrivé à ce point culminant, on s'arrêta et l'on regarda autour de soi. Voici le spectacle qui s'offrit aux yeux : tout le long des côtes, se développaient les sinuosités du cordon; mais, malgré tous les sacrifices consentis, celui-ci restait si fragile qu'il était manifeste qu'il se romprait sous le moindre effort; du côté de la haute mer se profilaient quelques silhouettes de cuirassés, l'argent ayant été dépensé pour donner de la nourriture au cordon ombilical. Alors on eut un remords et l'on décida de réduire les défenses mobiles à des proportions plus modestes; les gazettes ont annoncé que celles de Rochefort et d'Alger étaient condamnées à mort.

Dois-je le dire? L'ancienne disposition me paraît plus logique.

Eh! oui. Vous avez la prétention de tout défendre à la fois? Alors pourquoi sacrifiez-vous Rochefort et Alger, plutôt que Lorient et Oran? Une muraille ne forme un obstacle qu'autant qu'elle ne contient pas de brèches.

Au fond, les deux systèmes se valent : ils ne valent pas mieux l'un que l'autre; leur principe est faux. En voici la preuve :

Supposons que, en temps de guerre, 150 torpilleurs soient répartis en Méditerranée entre une dizaine de centres, ce qui porte à 15 unités la moyenne de l'effectif de chaque défense mobile. L'ennemi, en se faisant accompagner de 12 ou 15 contre-torpilleurs, est capable de paralyser successivement chacune de nos défenses mobiles. On ne peut cependant pas le supposer assez innocent pour éparpiller ses forces et attaquer nos côtes partout à la fois. Il opposera toujours la totalité de ses moyens à une faible fraction des nôtres. Et comme, par définition, nos torpilleurs de défense mobile ont un faible rayon d'action, parce qu'ils sont affectés à la protection d'un seul centre, ils ne pourront se soutenir entre eux. Le pourraient-ils qu'il leur faudrait d'abord se concentrer pour combiner leur action, et alors le cordon est rompu, la muraille s'écroule. Voilà le vice originel du système. Et c'est pour en arriver à ce résultat décevant que, depuis dix ans, nos officiers ont dépensé une somme de travail inouïe à perfectionner l'organisation de nos défenses mobiles; qu'on a jeté successivement dans la gueule de ces monstres affamés nos torpilleurs de haute mer et la plus grande partie de nos destroyers, sans arriver à les rassasier!

Faisons une seconde supposition.

A la place de ces 150 torpilleurs, nous avons construit 50 grands torpilleurs, du modèle de nos destroyers actuels, capables de lutter contre les destroyers ennemis et de les refouler, et formons avec cette flottille une seule masse. De tels navires pourront parcourir la Méditerranée en tous sens. Quel que soit l'endroit où vous les placiez (vous chercherez, naturellement, à laisser planer l'incertitude sur leur position exacte) ils feront peser une telle menace sur l'ennemi qu'il n'osera jamais s'attaquer aux côtes avant de s'être débarrassé d'eux; car, s'il n'est pas rejoint et attaqué pendant la durée des opérations contre la terre, il le sera après. Mais, pour réduire à l'impuissance une pareille masse, il lui faudra faire un effort qui pourra ne pas être dans la limite de ses moyens; car nos grands torpilleurs ne se borneront pas, comme les torpilleurs de défense mobile, à fuir dès qu'ils rencontreront des destroyers ennemis; ils leur passeront sur le corps.

La deuxième solution est donc plus militaire que la première. Ce n'est cependant pas encore la meilleure. Elle est subordonnée au principe d'une flotte défensive; or, nous verrons tout à l'heure si la nécessité de cette flotte s'impose.

Tout cela a déjà été dit ailleurs sous une autre forme; mais comment résister à la tentation de combattre pour la bonne cause?

La troisième flotte, celle des mers lointaines, c'était, y a vingt ans, les *Naïade*, les *Dubourdieu*, les *Triomphante*, les *Bayard*, avec un essaim de croiseurs et d'avisos en bois; c'est aujourd'hui le *d'Entrecasteaux*, le *Jurien-de-la-Gravière*, les *Desaix*, les *Pascal*, les *d'Estrées*, le *Kersaint*, bâtiments dont la caractéristique est une faible puissance; plus un stock de bâtiments sans valeur militaire qui sont uniquement des instruments de police.

Le principe de cette flotte pouvait se justifier à l'époque où la France procédait à la constitution de son empire colonial. Cette flotte n'avait aucune prétention à pouvoir assurer la protection de nos colonies contre l'Angleterre qui était alors, avec la France, la seule puissance maritime digne de ce nom. Dès lors, elle suffisait pour mener à bonne fin des expéditions maritimes de faible envergure, pour faire des démonstrations contre des peuples plus turbulents que civilisés, et pour assurer la protection de nos colonies contre des voisins qui n'avaient qu'un embryon de marine. Aujourd'hui, il n'y a plus de villages nègres à brûler, car la colonisation a passé de la période de la conquête à celle

de l'utilisation. Quant aux démonstrations, nos divisions
navales ne seraient plus capables de les faire sans recevoir
du renfort. En effet, il n'y a plus seulement deux marines;
il y en a dix ou douze, et dans le nombre, quatre sont plus
fortes que celle de la France. Bien mieux, des nations de
second ordre comme le Chili, la République Argentine, le
Brésil font construire des unités aussi puissantes que les
nôtres; demain d'autres nations entreront en lice. En sorte
que, sur toute la surface du globe, quel que soit l'adversaire
que nous rencontrerons sur mer, il disposera des mêmes
moyens que nous, sinon comme nombre, du moins comme
qualité; et nous devrons le combattre avec les bâtiments
que nous avons fait construire dans l'éventualité d'une
guerre européenne. Nous ne pouvons donc plus nous flatter
de liquider nos contestations coloniales sans toucher à nos
escadres métropolitaines, comme nous l'avons fait avec la
Chine et le Siam. Le moindre conflit nous forcera à puiser
dans ces escadres; dès lors, à quelle nécessité répond notre
flotte des mers lointaines avec ses *d'Entrecasteaux*, ses
Pascal et son *Kersaint*, tous bâtiments qui devront s'effacer
le jour où l'on aura précisément besoin d'eux?

Cette situation ne date pas de trois ou quatre ans; il y
a longtemps qu'on la voyait se dessiner. Cependant, les
yeux obstinément fixés sur le passé, nous ne l'avons pas
vue et on a continué à construire des bâtiments bons tout
au plus à recueillir les présidents en fuite de la république
de Haïti.

On peut admettre l'opportunité d'avoir des divisions
lointaines pour la sauvegarde de nos intérêts pendant la
paix; mais les bâtiments qui les composeront ne doivent
pas différer des autres. Le jour où nous aurons besoin d'entreprendre des opérations maritimes, que ce soit en Méditerranée, dans l'Atlantique ou en Extrême-Orient, ils viendront tout naturellement s'incorporer dans nos forces.

Dans les conditions actuelles, la flotte spéciale des mers lointaines affaiblit la marine de toute la valeur de ses unités; et, en cas de guerre, elle offrira une proie facile à l'ennemi.

**

Voyons maintenant la conclusion à tirer de cet exposé.

Les enseignements historiques qui ont servi de base à l'étude de la stratégie montrent la répercussion qu'exerce, sur la protection du littoral, l'attaque directe des forces ennemies. Des quatre cents pages que nous avons consacrées à la stratégie, il ne se dégage peut-être pas une conclusion plus nette, plus ferme que celle-là; et la guerre russo-japonaise lui a donné une éclatante consécration. Serions-nous sourds et aveugles?

Il s'est passé pendant cette guerre deux faits extraordinaires. Le Japon, imitant les nations européennes, avait construit une flotte de défense et une flotte d'attaque. Or, pendant toute la guerre, il fit de l'offensive avec sa flotte défensive, ce qu'il n'eût pu faire si le théâtre des opérations n'avait pas été aussi rapproché de ses côtes. Quant à la Russie, sa flotte de défense était d'abord restée tout entière dans la Baltique, assistant, impuissante, à l'écrasement de la flotte offensive. Dès les premiers revers, il fallut songer à envoyer des renforts en Extrême-Orient; mais, parmi tous les éléments défensifs, on ne put trouver que trois mauvais garde-côtes qui fussent capables de passer de la Baltique dans les mers de Chine.

N'est-ce pas la faillite des flottes défensives?

Pendant la guerre hispano-américaine, ce fut bien pis. L'Espagne, puissance coloniale, avait les trois flottes réglementaires. Sa flotte coloniale était sans doute destinée à assurer la défense de ses colonies; mais elle se manifesta bonne tout au plus à se faire couler (Cavite). La flotte défensive resta en Espagne où l'ennemi n'eut garde de se montrer, car il n'avait rien à y faire. Tout le poids de la guerre retomba sur la flotte de haute mer qui, amaigrie par les sacrifices consentis en faveur de ses deux sœurs, ne pouvait lutter, à elle seule, contre la marine des États-Unis.

Les Américains, qui n'avaient pas encore versé à cette époque dans l'impérialisme, étaient partis de ce principe qu'ils n'auraient jamais à soutenir de guerre offensive. Dans la composition de leur flotte, ils avaient donc fait une large part à l'élément défensif. Et alors, malgré la proximité de Cuba, ils ne purent amener un seul torpilleur sur le théâtre des opérations; et il leur fallut faire ce que fit plus tard la Russie : adjoindre leurs meilleurs garde-côtes aux cuirassés et laisser les autres dans l'inaction.

Ces exemples ne sont-ils pas concluants? Ils démontrent que les flottes de défense et des mers lointaines n'ont jamais pu satisfaire à leur objectif, et que, si on a pu utiliser avec la flotte de haute mer et dans certains cas quelques-uns de leurs éléments, ceux-ci ne répondaient nullement au rôle occasionnel qu'on leur assignait.

La constitution d'une flotte défensive, qu'on utilise en la répartissant par fractions, répond à une conception particulière de la guerre navale. On suppose qu'on se battra partout à la fois, et alors on a posé ce principe dogmatique : tandis que les escadres agiront en haute mer, il est nécessaire d'assurer la tranquillité des côtes. Est-ce que réellement la menace de l'ennemi se fait sentir partout? Consultons les faits.

Pendant la guerre sino-japonaise, la guerre ne sort pas d'abord de la mer Jaune. Elle se localise à l'embouchure du Yalu, puis autour de Weï-haï-Weï et de Port-Arthur. Lorsqu'elle pénètre dans la mer de Chine, c'est pour se concentrer autour des Pescadores. Ainsi son champ d'action n'atteint pas les mers qui baignent le Japon, ni les côtes de Chine sur une étendue qui embrasse 20° de latitude.

La guerre hispano-américaine ne détermine que deux centres d'action : l'un aux Philippines autour de Manille, l'autre aux Antilles autour de Cuba. Toute l'Espagne et toutes les côtes des États-Unis restent en dehors des hostilités.

La guerre russo-japonaise s'est déroulée pendant dix-huit mois entre la mer Jaune et le détroit de Corée. Partout ailleurs régnait la tranquillité.

La guerre n'occupe donc qu'un ou deux points du théâtre stratégique, et c'est là que se concentre tout l'intérêt. C'est donc là qu'il faut pouvoir amener toutes ses forces; et, pour cela, les forces doivent être mobiles et appartenir, par conséquent, à la flotte de haute mer.

Que si on nous objecte qu'il faut se prémunir contre l'apparition momentanée d'un navire qui, exploitant cette situation, viendra se présenter devant les côtes, nous répondrons que, si c'est dans ce but que nous avons affecté des garde-côtes, des canonnières cuirassées et 358 petites unités à la protection du littoral, il vaut mieux liquider la marine; car nous n'avons pas la mentalité qui convient pour faire la guerre avec succès.

La défense des côtes, la protection des colonies, l'arrêt du commerce, sont la conséquence de la suprématie maritime. Prétendre au contraire obtenir cette suprématie en poursuivant à la fois la défense des côtes, la protection des colonies, la destruction du commerce et l'attaque des escadres ennemies, c'est attaquer le problème de la guerre à rebrousse-poil ; c'est mettre la charrue avant les bœufs. Partout on fait un effort impuissant, parce que partout on manque des moyens suffisants.

Nous avons fabriqué trois instruments pour poursuivre un résultat que nous pouvions obtenir avec un seul; comme nos ressources sont limitées, chacun de ces instruments n'a qu'une efficacité en rapport avec la part qui lui a été attribuée; et le seul qui nous soit absolument nécessaire n'est pas assez robuste.

La co existence de trois flottes distinctes constitue une erreur historique que nous ne sommes pas seuls à avoir commise, car toutes les nations maritimes l'ont plus ou moins partagée; mais nous serons bientôt seuls à la perpétuer.

Il ne faut qu'une seule flotte qui sera construite en vue de poursuivre la suprématie maritime. De nos trois flottes, seule la flotte de haute mer satisfait aux conditions voulues. C'est la seule que nous conserverons.

Dans la seconde, celle de défense, nous désarmerons toute la poussière navale qui nous prend notre argent sans rien nous donner en échange (1); et tous les éléments offensifs qu'elle contient seront versés dans la flotte de haute mer.

Enfin, dans la troisième, nous nous efforcerons d'utiliser pour le mieux, comme navires auxiliaires, ses meilleures unités.

Voilà ce que nous pouvons faire aujourd'hui; mais, dans l'avenir, nous ne poursuivrons que la construction d'une flotte unique.

De quels éléments elle se composera, nous le savons par les conclusions qui se dégagent de la stratégie, et auxquelles il faut maintenant donner une sanction.

En première ligne, se trouvent d'abord les bâtiments de combat, ceux qui portent tout le poids de la guerre. Ils sont de deux espèces différentes : le bâtiment de combat proprement dit et le torpilleur. Nous verrons par la suite que ces deux sortes de navires sont liées l'une à l'autre.

---

(1) A l'exception des sous-marins dont nous nous réservons de justifier le maintien.

Le premier est *un*, et il ne peut pas en être autrement s'il réalise toutes les conditions voulues. Toute la stratégie d'ailleurs démontre que les tentatives faites pour approprier diverses sortes de navires à des cas particuliers n'ont fait que diminuer le rendement de notre flotte, sans que ces types aient réellement satisfait au but qu'on se proposait d'atteindre (1). Le navire de combat ne sera pas forcément un cuirassé de fort tonnage ni un garde-côtes; il ne sera ni offensif ni défensif. Ce sera simplement un navire répondant aux besoins de la guerre; il sera aussi bon pour l'attaque que pour la défense.

Le second tend au même but; mais son faible tonnage, qui est une des conditions de son utilisation, le rend moins souple. Nous dirons donc que le torpilleur de combat est celui de tous les torpilleurs qui a le rendement maximum.

Avec les unités de combat, on constitue des masses. Pour mettre ces masses en valeur, il faut les entourer d'auxiliaires qui se chargent des besognes accessoires; ils éclairent la route, vont aux renseignements, établissent un système de communications entre la terre et les escadres, et entre les escadres elles-mêmes. Ces bâtiments s'appellent des éclaireurs.

Et puis c'est tout.

Nous pouvons ajouter cependant que le torpilleur a déterminé la création du contre-torpilleur, qui tend d'ailleurs à se confondre avec lui; et que le sous-marin est un torpilleur spécial qui n'a pas encore été assez éprouvé pour rester le seul représentant du bateau porte-torpilles.

Nous voilà loin de la nomenclature actuelle : cuirassés de haut bord, cuirassés de station, cuirassés garde-côtes, garde-côtes, canonnières-cuirassées; torpilleurs de défense mo-

---

(1) On se prépare contre une éventualité, et c'est une autre qui se produit.

bile, torpilleurs d'escadre, avisos-torpilleurs; éclaireurs, croiseurs de première, deuxième et troisième classe, croiseurs-cuirassés ds toutes formes et de toutes grandeurs, croiseurs-protégés, croiseurs-corsaires. Que sais-je encore?

Parmi ces navires, il en est un qui a pris un tel développement, le croiseur-cuirassé, que nous devrons lui consacrer quelques lignes, bien que, à notre avis, il ne doive pas faire partie de la composition normale d'une flotte. Nous expliquerons pourquoi.

II

LES TYPES DE BATIMENTS
LE BATIMENT DE COMBAT

———

Qu'est-ce qu'un bâtiment de combat?

Un navire qui possède des armes suffisantes pour réduire ses adversaires et les qualités nécessaires pour les utiliser.

Sous cette forme générale, la définition du bâtiment de combat n'évoque nullement l'idée du cuirassé de fort tonnage; pour y arriver, il faut faire la synthèse du navire militaire.

D'abord, le navire type répond à une conception idéale de la guerre maritime, correspondant à chaque époque; puis il subit l'influence de ce besoin qu'éprouve chaque nation de faire plus fort que le voisin. Le bâtiment, en effet, n'est pas, comme le soldat, assujetti à porter un poids déterminé. Il est susceptible de renfermer un armement très variable; ce n'est qu'une question de déplacement. De là provient l'instabilité des tonnages à travers les âges.

Faisons abstraction, pour le moment, des armes. Oublions que nous avons des torpilles chargées avec 80 kilos de fulmicoton et des canons de 50 tonnes; puis cherchons à déterminer les conditions que devra remplir un bâtiment pour satisfaire aux nécessités de la guerre.

Celles-ci varient suivant l'étendue des théâtres d'opérations, l'hydrographie des côtes, la météorologie locale, etc.

Si l'on opère sur un théâtre restreint, le tonnage pourra être faible. Si, au contraire, le cercle des intérêts maritimes s'étend au loin, le navire de combat devra parcourir de vastes espaces; obligé d'opérer en pleine mer, il faut qu'il se maintienne sur son élément malgré les caprices du temps; il ne doit pas abandonner son champ d'action pour se réfugier dans un port, ni ne se hasarder au large que par beau temps.

Dès maintenant, nous pouvons donc préjuger que le bâtiment de combat d'une nation qui a des intérêts importants sur mer sera fatalement un navire de fort tonnage.

Sur ce bâtiment, quel qu'il soit, placez la plus grande quantité possible d'armes, avec cette restriction que chacune possédera une puissance suffisante pour s'attaquer aux éléments vitaux d'un navire similaire : le matériel et le personnel. Vous aurez un bâtiment de combat.

L'ennemi peut s'attaquer à ce navire de deux façons différentes. Ou bien il se contentera de lui opposer un navire semblable, et alors il recherchera surtout la supériorité du nombre; ou bien il préférera la supériorité de puissance, en construisant des unités plus fortes, portant un plus grand nombres d'armes et ayant des murailles plus épaisses.

Alors, le possesseur du premier type prend peur; il subit l'ascendant de la masse, il craint d'être accablé, et il abandonne son navire pour en construire un autre plus grand, surenchérissant même un peu sur celui de son adversaire.

Et ainsi les tonnages augmentent, augmentent sans cesse. Il arrive un moment où on construit des monstres qui ne sont plus maniables, de véritables citadelles flottantes. Leurs dimensions réduisent leur nombre, restreignent par suite les combinaisons stratégiques et leur enlèvent des points de relâche (1).

-----

(1) A cause des grands tirants d'eau.

On fait alors un retour en arrière; on mesure le chemin parcouru depuis le point de départ et l'on constate que la préoccupation de faire toujours plus grand, toujours plus fort, a fait perdre de vue une partie des nécessités de la guerre. On se prend à regretter de n'avoir pas des navires plus petits, partant plus maniables, et en plus grand nombre. On fait alors un pas en arrière, mais on ne revient pas au type primitif; après une série de tâtonnements, on s'arrête à un modèle intermédiaire dont le tonnage représente le maximum des qualités nautiques, stratégiques et tactiques. L'équilibre est alors établi et il se maintient; car si on le détruit dans un sens ou dans l'autre, l'harmonie de l'ensemble disparaît et le rendement diminue.

Telles sont les causes qui ont influé sur les variations successives du navire de combat aux dix-septième et dix-huitième siècles.

Au début, les nations maritimes sont tangentes les unes aux autres. Leurs flottes opèrent dans des mers resserrées : la Manche et la mer du Nord. Le bâtiment de combat a un faible tonnage : 300 à 400 tonnes.

Le développement des peuples élargit le cercle de leurs intérêts; la guerre suit la route des galions; elle s'étend jusqu'aux colonies. Les tonnages augmentent.

Puis, commence la recherche de la plus grande puissance. De temps en temps, on met en chantier un navire sensationnel qu'on qualifie « roi des mers » et qui, au bout d'un demi-siècle, devient démodé. Peu à peu, on aboutit au vaisseau à trois ponts, qui marche mal, tient le vent à huit quarts, dérive beaucoup. On s'aperçoit alors qu'on a été trop loin et on cherche le navire idéal. Au moment où la vapeur apparaît, il est trouvé : c'est le vaisseau de 74. Seules, quelques unités plus fortes sont réservées aux amiraux, par tradition plutôt que par nécessité. Mais, et il faut insister sur ce point, l'équilibre n'a pu s'établir que grâce à la stagnation dans l'art des constructions navales et à l'arrêt des progrès de l'artillerie; car toute invention nouvelle, toute modification dans la balistique des canons eussent dérangé les oscillations du pendule et l'eussent empêché de s'arrêter.

* *

Une révolution ne s'opère pas sans amener des troubles profonds. Il avait fallu un siècle et demi de guerres maritimes pour révéler les exigences de la guerre navale et les faire tenir toutes dans les flancs d'un navire. Il ne fallait pas s'attendre, en recommençant sur de nouvelles bases, à tomber du premier coup sur la solution idéale.

L'apparition de la vapeur orienta toutes les idées dans une nouvelle direction. Elle n'était d'ailleurs qu'une manifestation de cette poussée scientifique qui devait transformer tout le matériel naval, substituer au bois le fer, puis l'acier, introduire les cuirasses, développer la puissance de l'artillerie à un degré jusqu'alors inconnu, donner, en un mot, aux conceptions les plus abracadabrantes le moyen de prendre corps sous forme de canons de 100 tonnes, de cuirasses de 60 centimètres, etc.

Dans cette course effrénée qui entraînait toutes les marines malgré elles, on ne vit plus dans le bâtiment de guerre qu'une occasion de placer des armes phénoménales; et, à l'inverse de ce qui s'était passé jusqu'alors, les caractéristiques du navire furent déterminées par des considérations tactiques conventionnelles, au lieu de découler de conditions stratégiques inéluctables. Si, dans les premiers temps de la marine à vapeur, une guerre avait éclaté entre nations maritimes, on eût vu ce phénomène étrange de bâtiments ennemis ne pouvant se rencontrer par suite de la prédominance accordée à l'élément tactique sur l'élément stratégique.

On construisit des navires de toutes formes, de toutes grandeurs, ayant un armement invraisemblable. La puissance des moyens de production semblant ne plus avoir de limites, les imaginations débordèrent, et c'est alors qu'on s'attaqua à des problèmes insolubles, tels que la protection absolue; c'est alors qu'on crut avoir réalisé l'idéal du progrès en transformant les bâtiments en usines. Les flancs de nos navires ne furent plus que des champs clos où se livrèrent des luttes de métallurgistes. On oublia la guerre, la guerre avec ses lois, ses nécessités, ses exigences. On eut des bateaux sans canons, et d'autres sans charbon; on eut des canonnières qui ne pouvaient tenir la mer et des bateaux chavirables.

Après avoir essayé de tout, comme forme, comme épaisseur de cuirasse, comme canons, on se jeta sur la vitesse; et ce fut la même course désordonnée qui dure toujours. Entre temps, le développement parallèle des moyens d'attaque et de défense conduisait à l'adoption des gros tonnages, seuls capables de contenir à la fois la vitesse maxima, la protection maxima, l'offensive maxima; tout enfin... sauf le rendement maximum. Actuellement, nous en sommes à 18.000 tonnes, les Anglais à 21.000 et les Américains à 26.000, sans qu'il y ait de raison apparente de s'arrêter dans cette voie.

*
* *

Cependant, la torpille avait fait son apparition. Tout d'abord, on n'y prit pas garde; mais elle s'imposa bientôt à l'attention du monde maritime par quelques méfaits retentissants. Le cuirassé, qui s'était développé jusqu'alors sans opposition, rencontra des adversaires. N'est-ce pas folie, disaient ceux-ci, de construire des bâtiments de 20, 30 et

40 millions qui sont à la merci d'une torpille lancée par un torpilleur de 500.000 francs?

L'argument est frappant. Acceptons-le donc sans contrôle; et, supposant que nous avons à reconstituer de toutes pièces notre matériel naval, nous allons chercher à ne pas retomber dans les mêmes erreurs.

Notre premier soin sera de répudier le cuirassé de fort tonnage, puisqu'il ne peut résister au torpilleur. Mais par quoi le remplacerons-nous? Ce ne sera pas évidemment par le torpilleur; car celui-ci n'étant pas fait pour lutter avec son semblable, la suppression du cuirassé entraînerait du même coup celle de son microbe, et il ne resterait plus rien pour faire la guerre. Ce ne sera pas non plus par un navire un peu plus fort, mais assez petit cependant pour ne pas être torpillé; car le bâtiment de combat, par définition, doit pouvoir occuper la mer, s'y maintenir, quel que soit le temps, et relancer l'ennemi partout où il est. Ce sera donc un navire d'un tonnage déjà sérieux.

Le commandant Gougeard, étudiant la question au même point de vue, concluait, en 1884, à l'adoption d'un navire qui a été construit depuis : c'est exactement le *Troude.* Les avantages de ce bâtiment étaient, dans l'esprit de son auteur, d'être doué d'une vitesse supérieure de 5 à 6 nœuds à celle des cuirassés, et d'avoir un pont blindé qui protégeait sa flottabilité pendant le temps nécessaire pour s'approcher des cuirassés et les torpiller. Aujourd'hui, si nous voulions résoudre le même problème, il faudrait augmenter la vitesse afin de conserver le même écart qui est indispensable pour assurer la réussite de l'attaque, et modifier le système de cuirassement que les explosifs puissants ont rendu insuffisant. Nous arriverions ainsi à un tonnage qui atteindrait au moins 5.000 ou 6.000 tonnes. En tous cas, il serait certainement bien supérieur à celui du *Troude,* dont la coque a une légèreté qui ne saurait être dépassée sans danger.

Ce bâtiment a peu ou point d'artillerie, mais il a des torpilles et, profitant de sa vitesse, il foncera sur le cuirassé et le torpillera. Il sera lui-même torpillé; mais il ne représente qu'une valeur trois ou quatre fois moindre que celle du mastodonte. Il n'hésitera donc pas à s'engager. Cela est évident, clair comme le jour; il faut être borné pour affirmer le contraire.

Eh bien, non. Ce n'est pas vrai.

Si le commandant d'un navire n'avait pas d'autre préoccupation, quand il va au feu, que de détruire l'ennemi sans réfléchir à ce que deviendront son navire, son équipage et lui-même, depuis longtemps la marine de guerre n'existerait qu'à l'état de souvenir. Les vaisseaux auraient été supprimés par les frégates, les frégates par les corvettes, les corvettes par les bricks, et ainsi de suite. Tous avaient un moyen infaillible de détruire leur partenaire plus gros : c'était de s'accrocher à lui et de se laisser consumer ensemble dans les flammes.

Quelle grave erreur de croire qu'en arrivant sur le champ de bataille, le commandant d'un navire supputera le prix du vaisseau ennemi et qu'il n'hésitera pas à s'immoler sur sa tombe, si ce prix est plus élevé que celui de son navire !

Pour amener deux adversaires à se mesurer ensemble, il faut que chacun d'eux conserve l'espoir de sortir vainqueur du tournoi. Cela est si vrai qu'on n'a jamais exigé des équipages des brûlots le sacrifice de leur vie (1). Quand l'espoir de vaincre a mis aux prises deux champions, alors chacun d'eux déploie ses qualités de courage et d'énergie, parce

---

(1) Canaris « introduisit le beaupré de son brûlot dans un sabord » du bâtiment-amiral turc et ne quitta son navire qu'après avoir allumé lui-même la mèche; mais tout le monde n'est pas Canaris. Les autres quittaient leur brûlot avant d'approcher de l'ennemi, et le bâtiment, sans direction, manquait le plus souvent le but.

que, si l'un ne tue pas l'autre, il sera tué, et aucun des deux ne veut mourir.

Sans doute, on pourra voir un commandant d'éclaireur, au cœur chaud, profiter du moment où un cuirassé ennemi sera serré de près pour le croiser à contre-bord et le torpiller, au risque de s'ensevelir avec lui dans les flots; mais cette action d'éclat ne constituera jamais qu'un cas particulier (qui d'ailleurs est lié au combat entre cuirassés). Celui qui l'accomplira laissera un nom dans l'histoire; il aura sa statue sur une place publique.

Tant que l'âme d'un navire restera incarnée dans l'enveloppe impressionnable d'un homme, la destruction de l'ennemi ne dépendra pas d'une différence de prix.

Le bâtiment de tonnage modéré ne fera donc pas disparaître l'énorme cuirassé. La preuve en est que la construction des éclaireurs et croiseurs armés de torpilles n'a pas arrêté la marche ascendante du déplacement des cuirassés.

Faisons donc une autre supposition. D'un accord tacite, deux marines rivales, lasses d'engloutir tant de millions dans une seule coque, ont réduit le tonnage et ramené le type du bâtiment de combat aux modestes proportions d'un petit croiseur. Comment se battront ensemble deux échantillons de cette espèce?

Ils commenceront d'abord par répudier la torpille, du moins au début de l'action, afin de ne pas couler à pic tous les deux, ce qui n'aboutirait qu'à une inutile noyade dont personne ne se soucie. Là-dessus, nous sommes de l'avis du commandant Gougeard. Ils se battront au canon, parce que la victoire dépendra de l'habileté des canonniers, de la direction imprimée par l'officier de tir, de la manœuvre du commandant; d'un ensemble de qualités, en un mot, qu'on se flattera de posséder à un degré supérieur à l'ennemi.

Ainsi donc, la torpille, qui aura été la cause initiale de la

diminution des tonnages, laissera au canon une place prépondérante. Voilà une conséquence qui paraîtra singulière
à ceux qui croient que la puissance de la torpille doit faire
disparaître le canon. Elle est cependant bien naturelle :
lorsqu'une arme est si meurtrière qu'on redoute de l'affronter, on cherche à se servir d'une autre. On ne la supprime
pas complètement; car le premier qui s'en priverait se met-
trait aussitôt en état d'infériorité. Elle ne joue plus qu'un
rôle préventif comme la baïonnette.

.Les bâtiments placeront donc leur confiance dans le canon. Mais l'une des deux nations rivales ne sera pas fâchée,
tout en appréciant à sa juste valeur les mérites de son personnel, de lui fournir des moyens plus forts que ceux de
l'adversaire, pensant avec raison que le courage se puise
dans le sentiment de la force. Et alors, sur son navire de
combat, elle augmentera, soit le calibre, soit le nombre des
pièces; et il en résultera une légère augmentation du tonnage. L'ennemi ne voudra pas se laisser distancer; et ainsi,
peu à peu, par degrés insensibles, on recommencera à gra-
vir l'échelle des déplacements. Au bout de vingt ans, on
sera revenu au cuirassé actuel, malgré les torpilles, malgré
les torpilleurs (1).

Une seule chose pourrait enrayer ce mouvement : l'apparition d'un navire armé de torpilles, insensible lui-même
à l'action des torpilles, suffisamment protégé contre le canon pour s'approcher du cuirassé sans être arrêté, et doué
par-dessus tout d'une vitesse très supérieure.

Le jour où ce problème aura été résolu, nous rouvrirons
le débat.

En attendant, il faudra s'accommoder de la promiscuité
entre le cuirassé et le torpilleur; car, si on supprime l'un,
on ne dispose plus des éléments nécessaires pour faire la

---

(1) Voir à l'article des croiseurs-cuirassés la progression des tonnages.

guerre; et si on supprime l'autre, on se prive d'un moyen
d'attaquer les cuirassés ou de contrarier leurs opérations.
Ce dualisme n'a rien d'anormal, et il a déjà existé entre le
vaisseau et le brûlot, qui vécurent pendant des siècles côte
à côte.

*
* *

Le bâtiment de combat sera, pour le moment du moins,
un navire de fort tonnage, parce que chacun veut donner à
ses marins des moyens équivalents à ceux des autres nations,
bien que, en réalité, il ne soit pas nécessaire pour se battre
d'avoir des armes aussi puissantes. Leur adoption n'est
qu'une conséquence de la recherche de la suprématie.

En l'état actuel des choses, ce ne peut être qu'un cuirassé :
plus les canons et les torpilles sont puissants, plus les
navires coûtent cher, plus on éprouve le besoin de les assurer contre les accidents.

Il n'en résulte pas que, dans cette course désordonnée
qui a conduit jusqu'au cuirassé de 18.000 tonnes, avec la
rapidité qui caractérise notre époque, on n'ait pas déjà dé-
passé le tonnage rationnel, celui qui concilie pour le mieux
les divers intérêts qui s'agitent dans le corps d'un navire.

Les gros déplacements ont des avantages; mais ils ont
aussi des inconvénients.

Prenons deux cuirassés de 7.000 tonnes et, sur chacun
d'eux, plaçons un armement exactement égal à la moitié de
celui d'un cuirassé de 14.000 tonnes. La lutte des deux petits contre le gros peut fort bien s'envisager : les moyens
d'attaque sont les mêmes. On pourra discuter les divers
côtés de la question; mais il n'y a pas infériorité manifeste pour l'un des partis tant qu'on ne considérera que l'armement. La situation se modifie dès qu'on fait intervenir
les autres facteurs. Dans l'équation du déplacement, tous
les termes ont une valeur proportionnée au tonnage qui

constitue leur somme; et les cuirassés de 7.000 tonnes auront, toutes choses égales d'ailleurs, une vitesse, un rayon
d'action et une protection représentés par des facteurs
moitié moindres que les éléments correspondants du cuirassé de 14.000 tonnes. Celui-ci aura donc des moyens infiniment supérieurs et les gros tonnages ont un bon côté.

Prenons maintenant les choses à un autre point de vue.

Le nombre des unités est un facteur stratégique qui a
une répercussion directe sur la puissance globale d'une
flotte. La guerre est le jeu des combinaisons et, plus les bâtiments sont nombreux, plus les combinaisons sont variées.
Cela est surtout vrai pour une nation qui a des intérêts dans
toutes les parties du monde; mais cela l'est aussi pour les
petites marines (1). Les gros tonnages ont aussi l'inconvénient d'interdire l'accès d'un grand nombre de ports aux
bâtiments de guerre, à tel point qu'il n'y a plus que les
arsenaux maritimes qui puissent actuellement offrir un
abri à nos cuirassés. Quantité de vaisseaux à voiles ont
échappé à la destruction en se réfugiant dans les ports de
commerce; et ce moyen de salut fera désormais défaut aux
cuirassés (2). Voilà des considérations stratégiques en faveur
des petits tonnages; mais la tactique en fait valoir également.

Les qualités giratoires d'une escadre sont peut-être, à
l'heure actuelle, le seul moyen dont dispose un amiral pour
jouer sur le champ de bataille de vilains tours à l'ennemi.

---

(1) MAHAN a dit, à propos de la guerre hispano-américaine : « On
n'eut aucun besoin de navires plus grands; des bâtiments en nombre
inférieur auraient pu permettre à quelques-uns des navires ennemis
de s'échapper. »

(2) Nous ne citerons que les vingt-trois vaisseaux de Tourville qui se
réfugièrent à Saint-Malo après la bataille de la Hougue et les sept
vaisseaux qui entrèrent dans la Vilaine après la bataille de Quiberon.
On vit même plus tard le *Spartiate* se réfugier à Concarneau.

On les tient en médiocre estime lorsqu'on considère le combat comme une lutte à distance entre deux lignes rigides et lorsqu'on assimile le vaisseau à une forteresse. Mais, si l'on voit dans le navire de combat l'instrument souple d'une intelligence qui prétend imposer sa volonté à l'ennemi et ne craint pas de l'aborder de près, les tonnages modérés fourniront des navires bien en main, faciles à manœuvrer et doués de facultés évolutives supérieures (1). Si donc les partisans des gros tonnages ont des raisons plausibles à faire valoir, les champions des tonnages modérés ne manquent pas non plus d'arguments.

Nous parviendrons peut-être à mettre tout le monde d'accord, en envisageant la question d'un troisième point de vue.

Entre deux nations rivales consacrant à leur budget de la marine des sommes inégales, la question des déplacements se présente sous un jour opposé. La plus riche est déjà assurée du nombre et, pour se prémunir contre toute surprise, elle accentuera encore sa supériorité en augmentant la puissance individuelle de ses navires, c'est-à-dire les tonnages. Sa politique se réduira à ceci : opposer à chaque masse une masse plus nombreuse, opposer à chaque bâtiment un bâtiment plus fort (2).

La nation la plus faible ne s'engagera qu'à regret dans une voie qui épuise ses finances et, cherchant partout des éléments de compensation, elle verra le parti qu'elle pourrait tirer d'un plus grand nombre d'unités maniables qui, sans détruire son infériorité, l'atténuerait dans une certaine

---

(1) Le *Redoutable* est un navire très bien manœuvrant. « Ce bâtiment, disait l'amiral de J..., a toujours fait honneur à ses commandants. » Ces quelques mots renferment toute une doctrine.

(2) Le lecteur qui voudra se donner la peine d'étudier la question verra que c'est le but qu'a poursuivi l'Angleterre et qu'elle a atteint.

mesure et lui offrirait des ressources ne se mesurant pas au poids de l'or. Elle fera donc tout son possible pour ne jamais provoquer une augmentation de tonnage de la part de sa rivale et elle ne donnera à ses navires que le déplacement strictement nécessaire pour ne pas affaiblir leurs moyens. Elle n'en subira pas moins la nécessité de suivre le mouvement; mais elle s'efforcera de l'enrayer (1).

La France recherchera donc les tonnages modérés, parce que, contre ses adversaires éventuels, elle n'est pas assurée de la supériorité du nombre (2).

Pour ne pas pousser à l'accroissement du tonnage, il faut d'abord s'imposer *comme une règle absolue* de ne jamais donner à aucun des éléments du navire une supériorité sur les éléments correspondants des navires rivaux, sous peine d'être entraîné malgré soi, non seulement à arriver au même déplacement, mais même à le dépasser. On se contentera de ne pas se laisser distancer. Le plus gros sacrifice qu'exige cette ligne de conduite est celui de la vitesse; et beaucoup de gens crieront à la trahison. Je les prie de méditer sur le fait suivant : la recherche de la supériorité de vitesse a conduit les croiseurs-cuirassés de 5.000 à 14.000 tonnes. Or, tous les partisans des grandes vitesses étaient en même temps des apôtres des petits déplacements; ils ont donc été forcés d'immoler une de leurs idoles pour se consacrer exclusivement au culte de l'autre.

---

(1) Ces considérations peuvent se résumer ainsi : pour le parti le plus fort, la tactique et la stratégie se réduisent à la plus simple expression, tandis que le plus faible aura besoin de les comprimer pour en extraire tout le jus.

(2) Les gros vaisseaux ne paraissent pas avoir joué un rôle prépondérant dans la marine à voiles. La pauvre Espagne est peut-être la nation qui a eu le plus grand nombre de vaisseaux à trois ponts; elle a même construit, si mes souvenirs sont exacts, un quatre-ponts de 140 canons.

Il faut choisir. Ou bien se préparer à avoir bientôt des cuirassés de 30.000 tonnes, coûtant 70 millions et entraînant la réfection de tous nos bassins; ou bien ne pas provoquer l'accroissement des tonnages en se contentant d'avoir la même vitesse que les autres. Car il ne peut être question d'accepter de gaîté de cœur une infériorité de vitesse (1).

Sur le rayon d'action, nous n'avons rien à céder. La distance franchissable d'un bâtiment n'a rien à voir avec celle des bâtiments similaires des autres nations; *elle est ce qu'elle doit être*. Mais il n'y a jamais eu excès dans ce sens; le moment serait mal choisi pour diminuer la valeur du facteur « mouvement », qu'il a été si difficile d'introduire dans notre marine.

Puisque l'armement est déterminé d'avance par la nécessité d'avoir une puissance en rapport avec celle des autres nations, la protection est le seul élément sur lequel nous puissions gagner (2).

Par bonheur, c'est le terme le plus élevé de l'équation du déplacement, c'est celui auquel nous avons tout sacrifié jusqu'ici (en particulier l'artillerie moyenne de nos cuirassés). Il a une valeur énorme, fantastique, à bord de nos cuirassés : le tiers du tonnage (3). C'est donc celui-là dont on ne doit pas abuser.

La marine française (elle n'a pas lieu d'en être fière) prétendit un jour donner à des cuirassés de 7.000 tonnes une protection absolue. Le résultat fut le suivant : les quatre

---

(1) Des gens pessimistes prétendent que nos cuirassés sont moins rapides que ceux des Anglais; n'en croyez rien. Nos essais de vitesse sont faits sur des bases différentes et sont plus sérieux.

(2) La protection comprend la cuirasse destinée à assurer la stabilité et la flottabilité, les ponts blindés et toutes les tourelles ou casemates cuirassées.

(3) Soit 37 °/₀ sur l'*Indomptable;* 34 °/₀ sur le *Formidable;* 32 °/₀ sur le *Jauréguiberry.*

pièces de gros calibre furent remplacées par deux, et l'artillerie moyenne disparut du même coup, tandis que la vitesse et le rayon d'action tombaient à des cours de panique. Cet exemple montre mieux que des chiffres ce que l'on peut perdre en exagérant la protection, et ce que l'on peut gagner en la réduisant à de justes proportions.

La protection absolue ne peut pas exister sans transformer les bâtiments de guerre en cargo-boats porteurs d'acier. C'est cependant à ce problème qu'on s'est attelé longtemps, au mépris de la puissance militaire.

Nous ne parlerons pas ici du système de cuirassement le meilleur pour assurer d'une façon normale la stabilité et la flottabilité. Cette question est exclusivement du domaine de l'ingénieur. Mais, lorsque celui-ci a posé les principes, c'est aux combattants qu'il appartient de fixer les sacrifices qu'il est possible de faire sur les épaisseurs, en vue d'augmenter le rendement du navire. Car la cuirasse n'est pas le seul agent de la protection; l'intensité du feu intervient également (1).

*
* *

C'est le développement de la cuirasse qui a provoqué surtout le développement des tonnages (2). La vitesse n'y est pour rien : *sur les cuirassés,* dans les limites où on l'a maintenue, l'augmentation de vitesse n'a été que la conséquence de perfectionnements dans l'économie des machines. Elle ne pèse pas plus lourd maintenant qu'il y a vingt ans, et c'est ainsi que ce doit être sur un bâtiment où

---

(1) Voir à ce sujet le tome II : *La Tactique.*

(2) Le rayon d'action y est bien aussi pour quelque chose ; mais on peut avoir un armement puissant et un grand rayon d'action avec des tonnages modérés. Voir le *Redoutable.*

elle n'est que l'auxiliaire de la force. Quant à l'armement, ce n'est pas lui non plus qu'on peut incriminer, car il a diminué à mesure qu'augmentaient les tonnages.

Nos vaisseaux les mieux armés ont été ceux du type *Colbert*, qui avaient dix grosses pièces et six de 14^{cm}; ils ne jaugeaient que 9.000 tonnes. Le *Jauréguiberry*, avec 11.824 tonnes, n'a que quatre grosses pièces et huit de 14^{cm}. La différence est d'autant plus marquée que, dans l'intervalle, l'introduction du tir accéléré avait donné à l'artillerie moyenne une importance prépondérante. Il y eut là une période de défaillance dont la marine vient à peine de se relever avec le *Suffren,* et pendant laquelle on avait oublié cette maxime simpliste : il faut des armes pour se battre.

Si on a pu, sur des vaisseaux de 9.000 tonnes, placer un armement qui, vu l'époque, valait sensiblement celui du *Suffren* actuel, qui a 12.700 tonnes, cela tient à ce fait que, dans l'équation du déplacement, l'artillerie représente le plus petit facteur (1). Nous sommes donc sûrs de n'éprouver aucune difficulté à placer sur notre bâtiment de combat un armement équivalent à celui des plus gros cuirassés des autres nations. Mais il faut d'abord déterminer la disposition à lui donner.

Sur la classe *Redoutable,* l'artillerie était disposée de telle sorte qu'elle offrait une intensité de feux égale sur les quatre côtés : devant, derrière, à tribord et à bâbord.

Cette disposition n'est pas inconnue : c'est le carré de l'infanterie contre la cavalerie. Elle convient lorsqu'on est attaqué de tous les côtés à la fois. Mais, hors ce cas particulier, il est préférable de pouvoir concentrer son feu dans une seule direction, et le bâtiment idéal serait celui où toute l'artillerie serait placée sur la ligne médiane, pouvant tirer des deux bords. Au contraire, on a longtemps admis

---

(1) Soit 6 à 7 °/₀ (munitions comprises) de la valeur du déplacement.

que toute pièce qui ne tire ni en chasse extrême, ni en retraite extrême, n'a pas de valeur; et alors toute une série de cuirassés (1) n'ont que huit pièces de 14^{cm}, parce qu'il eût fallu faire un deuxième étage de feux pour donner le même champ de tir à d'autres canons du même calibre. Il est bon d'avoir des pièces tirant dans l'axe; mais si, entre ces pièces, on en met d'autres ne tirant que par le travers, elles ne seraient pas inutiles. Deux bâtiments qui veulent se battre sont *forcés* d'en arriver à présenter le travers aussitôt après la période de rapprochement, à moins de se croiser continuellement; mais le croisement n'est qu'une figure de quadrille, il ne favorise pas le jeu de l'artillerie. Le tir en chasse ne sert qu'avant et après le combat; mais, avant d'amener l'ennemi à fuir, il faut d'abord le mettre en état d'infériorité et, pour cela, il faut pouvoir accumuler dans une même direction le plus grand nombre de pièces possible. Nous dirons donc que la meilleure distribution de l'artillerie consiste à faire tirer toutes les pièces par le travers avec un secteur de tir de 90° et, *cela fait,* à faire tirer en chasse et en retraite celles qui pourront avoir un secteur de tir plus étendu.

Il y aurait donc intérêt à étudier la possibilité de placer, comme les Américains, deux étages de feux dans la ligne médiane afin d'augmenter le nombre des pièces pouvant tirer des deux bords; il importe également que la disposition des soutes soit telle qu'on puisse, au milieu du combat, envoyer des projectiles d'une pièce à l'autre, afin d'utiliser les munitions des pièces qui ne tirent pas ou qui sont désemparées. Cette considération est très importante.

*
**

---

(1) *Bouvet, Masséna, Carnot, Jauréguiberry, Charles-Martel, Charlemagne, Gaulois, Saint-Louis.*

L'augmentation ininterrompue des tonnages ne permet pas de déterminer à l'avance la puissance du bâtiment de combat de demain; mais, s'il est encore impossible de préjuger de l'armement du cuirassé futur, on peut discuter sur la nature de cet armement.

Faisons d'abord abstraction de l'artillerie légère.

L'Angleterre, avec la classe *Dreadnought,* a adopté le calibre unique qui avait depuis longtemps de nombreux partisans. D'autres nations, comme le Japon, ont conservé l'ancienne disposition, consistant à tracer une ligne de démarcation bien nette entre la grosse et la moyenne artillerie (1). La marine française, qui a toujours eu un faible pour les compromis, a adopté une solution intermédiaire : sur la classe *Danton,* qui est en achèvement, elle a toujours deux calibres, mais ce sont deux calibres de grosse artillerie, le 24^{cm} et le 30^{cm}.

On peut envisager la possibilité de n'avoir, comme les Anglais, qu'un seul calibre, mais en adoptant un calibre un peu inférieur au leur, afin de donner au feu une plus grande intensité; à tonnage égal, on peut ainsi avoir des pièces tirant plus rapidement et en plus grand nombre. Sur les cuirassés de 15.000 tonnes, actuellement en service, ce calibre unique eût pu être le 24^{cm}; le cuirassement des unités postérieures ayant augmenté d'épaisseur, il faudrait sans doute aller aujourd'hui jusqu'au 27^{cm} dont la rapidité de tir peut être très supérieure à celle du 30^{cm}, adopté par l'Angleterre.

Voici les raisons qui militent en faveur de cette solution :

A l'origine, les cuirassés n'avaient qu'une grosse cuirasse de ceinture (en dehors de la protection de l'artillerie), et la grosse artillerie était spécialement affectée à percer cette cuirasse. A notre avis, c'était un tort, mais il en était ainsi.

---

(1) Le Japon renonce maintenant à cette disposition.

Or, il arriva que les nations maritimes s'avisèrent que, si la flottabilité de leurs vaisseaux était assurée, la stabilité était fortement compromise par le peu d'élévation au-dessus de l'eau du can supérieur de la cuirasse. De ce jour, il fallut surélever le caisson blindé; et, comme conséquence, on dut diminuer l'épaisseur de la cuirasse de flottaison pour augmenter sa hauteur. La protection des œuvres vives diminua; celle des œuvres mortes augmenta. Le calibre des pièces aurait dû subir le contre-coup de cette transformation. La moyenne artillerie, devenant insuffisante, devait franchir un échelon; la grosse artillerie, au contraire, aurait dû descendre d'un degré. Le premier phénomène seul se produisit. Le 16^{cm}, puis le 19^{cm}, remplacèrent le 14^{cm}, mais ce ne fut que longtemps après la modification des cuirassements, parce que le progrès est semblable à nos immenses cuirassés qui mettent du temps à s'ébranler. Quant au 30^{cm}, au lieu de devenir du 24^{cm} *en plus grand nombre,* il resta immuable.

Plus on va, plus la cuirasse de flottaison tend à s'égaliser avec les diverses protections des œuvres mortes, surtout dans les marines étrangères qui, somme toute, seront nos seuls ennemis. Comme conséquence, le gros et le moyen calibre doivent tendre à se fondre en un seul calibre intermédiaire qui aurait pu être le 19^{cm} hier; qui devrait être le 24^{cm} aujourd'hui et qui pourra être le 27^{cm} demain.

Quant à l'artillerie légère, deux points ont été mis en relief par la guerre russo-japonaise : l'insuffisance des calibres actuels; la nécessité de protéger l'artillerie légère afin que, après un combat de jour, le bâtiment ne soit pas désarmé contre les torpilleurs. Le calibre devra être porté peut-être jusqu'au 14^{cm} et la protection ne peut être obtenue qu'en plaçant les pièces dans la ligne basse. Il n'y a donc plus désormais de raison pour maintenir les châteaux d'avant et d'arrière qui caractérisent nos navires.

Il ne nous reste plus que quelques points de détail à déterminer.

Les torpilles, dont la protection est un sujet de préoccupation, peuvent être placées entre les deux ponts cuirassés depuis que la cuirasse a une grande hauteur. On se libérera ainsi des tubes sous-marins, dont le fonctionnement est très compliqué et qui enlèvent de la précision au tir des torpilles (1). Pour que la protection soit effective, les tubes ne doivent être mis en batterie qu'au moment où on en aura besoin. Il suffira de demander aux ingénieurs un dispositif permettant de pousser les tubes en batterie en vingt secondes; le problème sera résolu dès qu'il aura été posé.

Les mâts militaires ne répondent plus aux besoins actuels et peuvent être supprimés sans inconvénients.

Quant aux superstructures, leur nécessité n'apparaît pas clairement. Entre le *Charles-Martel* qui, de loin, a l'aspect d'une forteresse moyenâgeuse, et le *Brennus,* il y a une différence de 100 tonneaux dans les accessoires de coque. Est-il vraiment indispensable d'élever toutes ces petites constructions qui sont des nids à obus et qui donnent aux ponts de nos vaisseaux l'aspect de villages nègres? Est-il avantageux de hisser les embarcations à 20 mètres au-dessus de la mer, à l'aide de ces appareils invraisemblables qui rendent très compliqué ce qui devrait être très simple?

Faisons des bâtiments d'une hauteur modérée au-dessus de l'eau; donnons-leur des murailles droites; dégageons les ponts et plaçons-y simplement les embarcations à l'aide de simples bossoirs; nous aurons réalisé un progrès et une économie de poids.

Si, en plus, les ingénieurs s'imposent de bannir la compli-

_____

(1) Les torpilles ont déjà un naturel assez capricieux par elles-mêmes.

cation; s'ils se souviennent qu'un homme tué se remplace, mais qu'un tuyau crevé ne se répare pas pendant le combat; s'ils attachent de l'importance aux qualités évolutives, on aura un instrument fort, robuste et maniable. En pénétrant sur le champ de bataille, le commandant qui conduira un tel navire sentira son cœur battre moins fort. Celui qui voudra sa peau la paiera cher.

III

LES TYPES DE BATIMENTS (suite)
LES ÉCLAIREURS

La question des éclaireurs se pose d'une façon complètement différente de celle du bâtiment de combat. Dans celui-ci, nous subissons l'influence des procédés employés par les autres marines. Il s'agit de se battre; nous ne voulons pas que nos marins aient des moyens inférieurs à ceux des autres nations, et nous sommes ainsi entraînés, à notre corps défendant, dans une voie dangereuse où l'on risque de tomber à chaque instant dans le précipice de l'exagération.

Pour les éclaireurs, il n'en est pas de même. Leur objectif n'est pas de se battre; il est de faciliter les opérations des escadres, en vue de préparer le combat. Ils accomplissent des besognes accessoires qui ne sont pas sans importance, mais qui n'ont avec la bataille que la relation qui existe entre la préparation et l'exécution.

Dans la détermination des caractéristiques des éclaireurs, l'ennemi n'intervient qu'à l'état d'accident; il n'influe donc pas — ou ne doit pas influer — sur leurs dimensions et leur armement.

Il pourra très bien se faire que deux marines étrangères aient chacune une flotte de bâtiments légers construite d'après des principes différents, si elles ont sur son utilisation des idées différentes.

Dans le cas où on se laisserait aller à envisager, pour ce

type de navire, la lutte avec ses similaires comme étant une chose normale, les raisons qui ont déterminé l'accroissement des tonnages interviendront, au même titre que pour les cuirassés, et conduiront peu à peu au même résultat : développement de la puissance de l'artillerie, entraînant le développement du tonnage. Et la progression sera d'autant plus rapide que la vitesse intervient aussi, puisqu'elle est le facteur principal de l'éclaireur. Envisagé à ce point de vue, l'éclaireur aboutira fatalement au croiseur-cuirassé de 13.500 tonnes.

Vitesse et rayon d'action : tels sont les deux termes de l'éclaireur. La vitesse, qui permet l'accomplissement rapide d'une mission ; le rayon d'action, qui évite l'humiliation — et aussi le danger — de manquer de souffle.

Mais la grande vitesse ici doit être soutenue indéfiniment dès que l'éclaireur se détache de l'escadre. Elle sera donc obtenue en combinant la puissance du moteur avec la robustesse ; et ce fait seul interdit les cuirassements complets et les armements sérieux, parce qu'on ne l'obtiendra qu'en augmentant le poids du moteur par cheval.

Les bâtiments légers ne seront pas pour cela complètement démunis de protection et d'artillerie ; mais la première se réduira à un pont blindé, afin de ne pas les laisser à la merci d'un coup perdu tiré à toute portée ; quant à la seconde, ce sera quelque chose d'analogue au petit revolver qu'on emporte avec soi, la nuit, pour se prémunir contre les rencontres fâcheuses ; elle servira aussi à se protéger contre l'attaque des torpilleurs.

Quelles que soient la forme, les dimensions, la puissance des bâtiments légers, on trouvera toujours le moyen de s'en servir pourvu qu'ils aient les deux éléments indispensables ; mais là encore intervient la question d'argent qui apparaît comme un modérateur chaque fois qu'on étudie l'utilisation d'une marine militaire.

Pour faire un emploi judicieux de ses ressources, il faut donc limiter le nombre et les dimensions des éclaireurs.

En ce qui concerne le nombre, on ne peut prendre pour base les besoins absolus, puisque ceux-ci n'ont pas de limite. Jamais un chef d'escadre n'aura assez de bâtiments légers; et chaque fois que des manœuvres se dérouleront sur un thème exclusivement stratégique qui visera à la recherche de l'ennemi, les rapports se termineront tous par la même phrase : pas assez de bâtiments légers.

Mais le corps de bataille aussi a des besoins illimités. Il n'est jamais trop fort, et c'est lui, en somme, qui importe le plus; car, s'il est inférieur à sa tâche, ce ne sont pas les bâtiments légers qui le remplaceront.

Il est donc logique de n'attribuer aux éclaireurs qu'une fraction de nos ressources budgétaires qui, elles, ne sont pas indéfinies. Il semble qu'on puisse attribuer 7 % aux éclaireurs dans le tonnage global d'une armée navale.

Il reste à déterminer l'usage qu'on fera de ces 7 %.

Les éclaireurs ont deux rôles principaux à remplir :

1° Éclairer les escadres;

2° Recevoir des missions lointaines.

Ils avaient précédemment à satisfaire à une troisième obligation : établir des communications entre la terre et les escadres; mais ce rôle est supprimé par suite du développement de la télégraphie sans fil.

Il serait commode de n'avoir qu'un seul type d'éclaireur; mais, par mesure d'économie et en raison de la variété des services qu'ils doivent accomplir, il n'est pas besoin de donner à tous ces navires les mêmes caractéristiques. On pourrait donc s'accommoder de deux types :

L'un de 2.500 tonnes environ, et l'autre de 4.000 tonnes; l'un et l'autre armés seulement d'artillerie légère.

C'est dans le premier type que se prendraient les répétiteurs dont les armées navales ne peuvent se passer. Le second type réaliserait le croiseur-estafette à grand rayon d'action qu'on n'a cessé de réclamer.

Tous les éclaireurs, sans exception, doivent recevoir les aménagements nécessaires pour mouiller des mines sous-marines. La guerre russo-japonaise a révélé l'importance de ces engins et le parti qu'on en peut tirer. Il semble donc qu'après cette expérience nous aurions dû donner une extension considérable à nos torpilles. Malheureusement, à ce moment, les marins ont cessé d'en avoir charge, et le nombre de nos bâtiments mouilleurs de torpilles a diminué. Les artilleurs, qui ont pris maintenant la responsabilité de nous approvisionner de torpilles, ont un faible penchant pour cette arme qui fait concurrence au canon; et ils la négligent.

*
* *

La marine ne peut pas plus se passer d'éclaireurs que l'armée ne peut se passer de cavalerie. Or, actuellement, nous n'en avons plus un seul capable d'assurer le service des escadres. Ceux qui sont portés sur la liste de la flotte sont démodés et leur vitesse n'atteint pas celle de nos cuirassés; pas un seul n'est en chantier.

Il y a là une situation dangereuse. Après avoir fait porter une grande partie de notre effort budgétaire sur la construction des bâtiments légers, nous avons passé d'un extrême à l'autre en leur supprimant tout crédit. Notre marine ne pourra-t-elle donc jamais garder un juste milieu? Ne pourra-t-elle donc jamais construire concurremment tous les types dont elle a besoin?

IV

LES TYPES DE BATIMENTS (suite)
LES CROISEURS-CUIRASSÉS

———

C'est ici le lieu de justifier les insinuations malveillantes
que nous n'avons cessé de prodiguer au croiseur-cuirassé
dans les deux premiers volumes de cette étude.

Au fond, que reproche-t-on à ce genre de bâtiment?

On lui reproche de n'être ni chair ni poisson; d'être trop
ou pas assez armé. Dans le premier cas, son armement lui
enlève de la vitesse; et dans le second, sa vitesse lui enlève
une partie de son armement.

On ne nous a jamais fait connaître exactement ce que
l'on comptait faire de la *Jeanne-d'Arc*, le premier des grands
croiseurs-cuirassés. Répond-elle à une conception générale
de la guerre, ou à un but particulier? Mystère. Nous en
sommes donc réduits aux conjectures.

Veut-on en faire un éclaireur? Point n'est besoin de lui
donner 11.000 tonnes, des tourelles cuirassées et une ceinture complète (1). Pour le même prix, on aurait quatre ou
cinq éclaireurs qui rendraient quatre ou cinq fois plus de

———

(1) On reproche avec raison à nos cuirassés un excès de protection
qui a eu pour effet de réduire leur artillerie moyenne. Le même reproche s'applique à plus juste titre aux croiseurs-cuirassés. On a eu
l'aplomb de construire deux murailles d'acier de 145 mètres de long
chacune pour y enfermer deux canons de 19cm et quatorze de 14cm.
C'est le comble de la protection.

services. Jusques et y compris la *Jeanne-d'Arc*, nos croiseurs
filent de 20 à 21 nœuds : le *Troude* en a donné 21, il y a
vingt ans.

Veut-on en faire un bâtiment de combat? Il ne paraît pas
possible de la hasarder contre un de nos cuirassés de
14.875 tonnes. C'est à peine si deux *Jeanne-d'Arc* oseraient
tenter l'aventure, et encore le calibre de 14 centimètres paraît bien faible. En tout cas, on aurait dépensé 22.540 tonnes
contre 14.875, sans autre avantage qu'un minime excès de
vitesse. Ces nœuds supplémentaires réduisent simplement
de moitié la puissance. Mais des comparaisons de ce genre
ne signifient rien : du moment que le tonnage du croiseur-
cuirassé se rapproche de celui du cuirassé, on ne peut plus
les opposer l'un à l'autre qu'individuellement. On constate
alors que la vitesse n'a plus d'avantage, puisqu'elle ne sert
qu'à s'échapper. Personne ne méconnaît le parti qu'on peut
tirer de la vitesse sur un bâtiment de combat; mais c'est
à la condition expresse de ne jamais lui sacrifier un canon.
C'est bien ainsi, sans doute, qu'on l'avait comprise au début;
mais, peu à peu, on oublia qu'elle n'est que l'auxiliaire de
la force; on prit la cause pour l'effet.

Une fois engagé dans cette voie, on se laissa entraîner à
suivre la pente naturelle des déductions; on poussa la vitesse envers et contre tout; et, afin d'arriver plus vite sur le
champ de bataille, on laissa une partie de ses armes au
râtelier (1).

Tout n'était pas faux, cependant, dans la conception du
premier croiseur-cuirassé. Lorsque parut le *Dupuy-de-Lôme*,
il méritait de retenir l'attention; son système de protection
était tout nouveau et infiniment supérieur, comme principe,
à celui des cuirassés de l'époque. Si, en effet, on considère

---

(1) Sur un bâtiment de combat, on place les canons d'abord et la
vitesse ensuite; sur les croiseurs-cuirassés on a fait l'inverse.

le *Duperré* ou le *Formidable,* on voit que ces vaisseaux
n'ont qu'une cuirasse de ceinture immensément épaisse;
leur flottabilité est assurée, mais toute leur artillerie reste
à découvert. La batterie moyenne est à la merci des coups
directs et de tous les éclats d'obus et de tôle qui arriveront
par devant, par derrière, par-dessus et par-dessous. Quant
aux grosses pièces, leurs organes de fonctionnement inté-
rieurs sont seuls protégés; un coup de petit calibre, s'en-
gouffrant par l'ouverture béante qu'une carapace incomplète laisse ouverte du côté de l'ennemi, suffit à les paralyser. Le *Dupuy-de-Lôme,* au contraire, a toutes ses pièces
bien protégées, et son artillerie moyenne est d'un calibre
plus fort. Bref, la lutte pouvait se discuter. Le *Duperré*
avait pour lui une grosse artillerie formidable; mais elle
tirait alors si lentement qu'avant d'avoir atteint au bon
endroit le *Dupuy-de-Lôme,* il eût pu se trouver hors de
combat. Dans ces conditions, le croiseur conservait sur le
cuirassé le double avantage de la vitesse et du tonnage
modéré. Mais cette situation dura peu. Dès le *Brennus,*
l'artillerie a une protection équivalente à celle du *Dupuy-
de-Lôme;* la puissance et l'intensité du feu sont infiniment
supérieures; si le caisson cuirassé est encore bas sur l'eau,
il est surmonté d'une cuirasse légère qui assure la stabilité (1)
au même degré que sur le croiseur. Après le *Brennus,* le
système de protection des cuirassés se rapproche de plus
en plus de celui des croiseurs; mais l'écart entre les armements augmente toujours. Dès lors, les croiseurs doivent
perdre tout espoir de se mesurer avec les cuirassés qui ont
toujours pour eux la supériorité de leurs grosses pièces. Le
croiseur eût dû alors disparaître : il n'en fut rien. A partir

(1) Ne pas confondre la stabilité avec la flottabilité. Celle-ci est
toujours mieux assurée sur le cuirassé puisqu'il a une épaisseur de
cuirasse plus grande.

de ce moment, il change d'objectif; il fait bande à part, et devient un navire spécial, bon seulement contre ses similaires. On eut ainsi un nouveau bâtiment de combat qui s'ajouta aux autres : cuirassés, garde-côtes, canonnières. Que dis-je? On en eut deux, trois, quatre....; car il y a des croiseurs-cuirassés de toutes grandeurs.

Nous en sommes arrivés à un tel degré de confusion qu'en arrivant sur le champ de bataille, chaque navire cherchera un partenaire de sa force, et qu'on ne se battra pas à un endroit avec les mêmes forces qu'à un autre. C'est, dans sa variété, la flotte du seizième et du dix-septième siècle. Qu'est-ce qui peut bien justifier une pareille diversité?

Maintenant que nous voyons les choses avec du recul, il semble bien que les seuls qui virent clair dans la question furent ceux qui, partisans du croiseur-cuirassé à ses débuts, s'en détachèrent pour se rallier aux cuirassés dès que la supériorité de ceux-ci devint indiscutable.

*

Voilà donc le croiseur-cuirassé pourvu d'un état civil. Ce n'est plus, comme au début, un bâtiment destiné à s'attaquer aux cuirassés et à les faire disparaître. C'est un nouveau navire de combat. Dès lors, il va être soumis aux mêmes influences que ses confrères. Il va suivre une marche parallèle; et nous allons le voir se développer exactement de la même façon que l'ancien vaisseau à voiles et le cuirassé actuel.

Le *Dupuy-de-Lôme* ouvre la marche avec 6.300 tonnes. Aussitôt après., le type *Charner* marque un retour en arrière (4.750 tonnes). La courbe remonte avec le *Pothuau* (5.319 tonnes) et le *Desaix* (7.700 tonnes). Ce dernier marque un progrès dans la vitesse, qui passe de 19 à 21 nœuds. Ce gain de 2 nœuds se paie de la perte de deux canons de 19cm.

De 7.700 tonnes, nous passons subitement à 11.270 tonnes avec la *Jeanne-d'Arc*, pour avoir 23 nœuds (prévus, mais non réalisés). Ce mastodonte n'a que deux 19^{cm} et quatorze 14^{cm}. Le *Gueydon*, qui vient après, accuse un remords : il n'a que 9.517 tonnes ; aussi sa vitesse tombe à 21 nœuds. La montée recommence avec la *Marseillaise* (10.014 tonnes) ; elle continue avec le *Léon-Gambetta* qui arrive à 12.550 tonnes. Du coup, on est honteux d'avoir atteint le déplacement de nos plus gros cuirassés à flot, et l'armement devient plus sérieux : quatre 19^{cm} et seize 16^{cm}. Remplacez les quatre canons de 19^{cm} par quatre 27^{cm}, et vous aurez un armement qui, au point de vue de l'intensité du feu, se rapprochera sensiblement de celui d'un cuirassé anglais armé de quatre 30^{cm} et douze 15^{cm}. Mais aurez-vous alors conservé la supériorité de vitesse ? Elle aura déjà diminué du fait de l'augmentation de poids de l'artillerie ; et puis, il n'est pas dit que la vitesse prévue de 22 nœuds sera *conservée*. Quand on atteint au paroxysme de la rapidité, il faut faire de tels efforts pour gagner un nœud que l'on se contente d'une vitesse plus apparente que réelle, obtenue dans un jour de délire. Le bâtiment sort « claqué » de cette épreuve. Et puis, dans ces régions inconnues où l'on veut atteindre, on rencontre des résistances inattendues qui détruisent tous les calculs ; on obtient ainsi des mécomptes du genre de ceux de la *Jeanne-d'Arc*, qui a obtenu une puissance supérieure de 6.000 chevaux à celle prévue, en perdant 1 nœud. Si vous donniez au *Léon-Gambetta* un armement plus fort, sa vitesse serait celle d'un cuirassé de même tonnage ; mais le bâtiment resterait d'une constitution délicate, sa longueur excessive le rendrait difficile à manœuvrer. En échange, vous n'auriez ni une supériorité de feux, ni une réduction de tonnage.

Mais ce n'est pas fini : au croiseur de 12.500 tonnes succède celui de 13.500. Et l'on sent si bien qu'il sera talonné

par les cuirassés que, pour lui faire faire un saut en avant
et rétablir la distance, on lui enlève quatre pièces de moyen
calibre et on diminue son poids de coque déjà insuffisant.
Évidemment, le point de vue militaire a disparu; nous
tombons dans le sport.

De cette énumération se dégagent plusieurs conclusions.
La première est qu'on n'obtient rien sans rien : pour augmenter la vitesse, il faut enlever des canons. La seconde
est que la vitesse des croiseurs a suivi une progression
moins rapide que celle des cuirassés; l'écart n'est plus que
de 3 nœuds. Mais la plus importante, celle qu'il nous faut
retenir, est que, envers et contre tout, le croiseur-cuirassé
tend à se fondre avec le cuirassé. Dans leur développement
indépendant, ces deux navires en arrivent à se coudoyer et
risquent de s'aborder. On les écarte alors l'un de l'autre, en
augmentant la vitesse du croiseur en même temps qu'on
diminue son armement, parce qu'on se souvient que la vitesse est sa principale qualité. Qualité platonique, d'ailleurs,
dans les conditions où elle s'exerce. Il arrivera un jour où on
se lassera de placer ces centaines de millions en infériorité
permanente pour la satisfaction de ne pas en avoir le démenti, et en comblera le fossé. Ce jour-là le croiseur-cuirassé
rentrera dans la grande famille des bâtiments de combat, en
payant son admission d'un sacrifice de 2 nœuds. Il le fera
sans doute d'autant plus volontiers que le capital qu'il
immobilise doit commencer à lui peser.

Regrettons en passant que le croiseur-cuirassé soit, tout
comme son concurrent, à la merci d'une torpille. Ceux qui
se sont faits les parrains de ce genre de navire prétendaient
hautement qu'ils ne voulaient plus engloutir tant de millions d'un seul coup (1), et qu'il fallait désormais s'en tenir

---

(1) Il y avait là une exagération : une torpille ne fera pas fatalement couler un cuirassé, mais elle l'immobilisera pendant longtemps.

aux déplacements modérés. Leurs vœux ne se sont pas réalisés.

*
* *

En résumé, deux écoles se disputent la marine. L'une préconise le développement de la cuirasse; l'autre, celui de la vitesse. Chacune a son champion : le cuirassé et le croiseur-cuirassé.

Ces deux sœurs ennemies me permettront-elles une simple observation? Puisque la force seule tranche les conflits, il serait peut-être temps de s'occuper du canon.

V

LES TYPES DE BATIMENTS (suite)
TORPILLEURS ET CONTRE-TORPILLEURS

———

Avant d'arriver à déterminer avec précision le meilleur mode d'emploi de la torpille et le type de bâtiment destiné à le réaliser; avant d'en déduire, par opposition, les caractéristiques du contre-torpilleur, on a dû passer par une série de tâtonnements qui ont engendré la multiplicité des types. Mais aujourd'hui, si nos arsenaux sont encore peuplés d'une variété de petits navires qui témoignent des incertitudes et des hésitations du début, les idées sont fixées et on s'était arrêté, il y a quelques années, à trois sortes de bâtiments distincts qui sont :

Le torpilleur de haute mer;

Le torpilleur de défense mobile;

Le destroyer ou contre-torpilleur.

Nous ne répéterons pas ici les diverses raisons pour lesquelles les torpilleurs de défense mobile nous paraissent inutiles : c'est une question de rendement. Tout ce qu'ils sont appelés à faire peut être fait par des torpilleurs offensifs et la réciproque n'est pas vraie. Cependant, nous rechercherons si, tel qu'il a été conçu, ce type répond encore à son but, et s'il ne doit pas disparaître, par le fait seul qu'il est inférieur à sa tâche.

Par sa conception même, le torpilleur doit surprendre l'ennemi; on a donc cherché à lui assurer une invisibilité relative, à l'aide de faibles dimensions; de plus, comme il est sans défense et que son action est favorisée par l'impétuosité de l'attaque, on lui donne le maximum de vitesse.

Le tonnage varie suivant l'étendue du rôle que l'on attribue au torpilleur; mais, sous cette réserve, il doit être aussi faible que possible parce qu'il est le gage de l'invisibilité.

Sur le torpilleur de haute mer, qui opère au large, le déplacement doit assurer des qualités nautiques suffisantes pour supporter tous les temps, et une habitabilité en rapport avec la longueur des traversées. Le déplacement est également fonction du rayon d'action; or, par définition, le torpilleur de haute mer est un engin offensif, et le propre de l'offensive est d'étendre le cercle des opérations. Pour l'instant, nous nous en tiendrons à ces données générales.

Le torpilleur a donné naissance au contre-torpilleur. Tout bâtiment qui possède un canon assez puissant pour percer la coque du torpilleur et qui est lui-même à l'abri de la torpille peut être défini « contre-torpilleur ». Il n'y a donc que le tirant d'eau qui limite les dimensions des contre-torpilleurs, et on peut en entrevoir de toutes formes et de toutes grandeurs. En fait, on a classé dans cette catégorie des éclaireurs de 1.300 tonneaux aussi bien que de simples torpilleurs transformés. Il doit cependant exister un tonnage rationnel correspondant au meilleur rendement.

Les forts déplacements permettent d'accumuler un grand nombre de pièces sur une même plate-forme; le gros destroyer aura ainsi la faculté de tirer sur plusieurs torpilleurs à la fois; mais, en revanche, ses objectifs seront divisés, et ce fait seul suffit à le condamner. Le contre-torpilleur, en effet, n'a qu'une seule raison d'être : empêcher *à tout prix* le torpilleur de s'avancer jusqu'au cuirassé. Il n'y parviendra sûrement qu'en foudroyant son adversaire à bout portant, en s'interposant entre lui et les vaisseaux. Si le contre-torpilleur est obligé de combattre à la fois plusieurs torpilleurs qui suivront des routes divergentes pour échapper à ses coups, une partie au moins s'échappera, surtout la nuit. On est ainsi amené à développer le nombre au détriment du tonnage, afin de laisser moins de marge à l'imprévu. La vitesse a également un rôle dans la manœuvre du contre-torpilleur; logiquement, elle ne saurait être inférieure à celle du bâtiment qu'il doit chasser. L'idéal serait évidemment d'opposer au moins un destroyer à chaque torpilleur ennemi et on ne peut se rapprocher de cet idéal qu'en donnant au premier le tonnage minimum, ce qui permettra de multiplier le nombre des unités (1).

Ce tonnage minimum est limité exactement par les mêmes considérations de navigabilité et d'habitabilité qui ont limité celui du torpilleur de haute mer, puisqu'une

_____

(1) On semble avoir posé en principe qu'on ne peut opposer au torpilleur qu'un adversaire de dimensions plus grandes. On ne voit pas ce qui peut justifier cette règle; car, s'il est évident que, dans un combat singulier, le bâtiment le plus fort aura le plus de chances d'avoir l'avantage, on commettrait une grave erreur en envisageant les choses à ce point de vue exclusif; il faut mettre en parallèle l'ensemble des contre-torpilleurs d'une force navale avec l'ensemble des torpilleurs qui peuvent l'attaquer. C'est alors le nombre, c'est-à-dire le tonnage minimum, qui permet le mieux de faire face à toutes les éventualités qui peuvent se présenter.

En voulant, de parti pris, opposer à un navire donné un navire plus fort, nous avons vu où on en arrive. Un ingénieur distingué a développé dans le *Bulletin des Travaux des officiers* cette thèse paradoxale que l'apparition des destroyers anglais de 300 tonnes nous faisait une nécessité de prévoir un type nouveau pour les combattre; et il préconisait un bâtiment de 450 tonnes. Il n'y a aucune raison pour s'arrêter dans cette voie, et pour ne pas opposer à ce contre-contre-torpilleur un troisième type plus fort, et ainsi de suite.

même escadre peut être accompagnée à la fois par des torpilleurs et par des contre-torpilleurs; d'où il résulte qu'au point de vue du déplacement, le torpilleur de haute mer et le contre-torpilleur forment un seul et même navire. Ils ne diffèrent que par leur armement : théoriquement, l'un n'aura que des tubes lance-torpilles, tandis que l'autre n'aura que des canons pour percer la coque des torpilleurs et atteindre leurs organes essentiels (1).

Dans ces conditions, n'est-il pas préférable de réunir les deux armements sur un seul bâtiment, de façon à n'avoir qu'un seul type qui représentera à la fois le torpilleur de haute mer et le destroyer?

Non, disent les partisans de la disjonction, parce que chaque bâtiment a un rôle distinct, et qu'on obtiendrait ainsi un navire à deux fins.

Oui, disent les autres, parce que, si on conçoit qu'un destroyer puisse se passer de torpilles, on admet plus difficilement qu'un torpilleur ne possède pas les moyens de lutter à armes égales contre les adversaires qui l'empêcheront de parvenir jusqu'au cuirassé; et, puisque contre-torpilleurs il y a, il faut bien compter avec eux. Dès lors, la tactique du torpilleur est modifiée; il n'a plus seulement à se préoccuper du cuirassé, qui constitue son objectif principal; il doit d'abord refouler les obstacles qu'il rencontrera sur sa route. Or, les torpilleurs qui viendront se heurter contre des destroyers ne pourront pas escompter leur vitesse pour fuir; il leur faudra engager, bon gré mal gré, une lutte corps à corps où ils seront sûrs de succomber, s'ils n'ont pas un armement suffisant pour se défendre. Au contraire, si les torpilleurs sont outillés de façon à résister aux destroyers, ils essaieront de passer sur le corps des

---

(1) Pratiquement, tous les torpilleurs ont deux canons, même les plus petits, sans doute pour l'effet moral.

destroyers pour pénétrer jusqu'aux cuirassés. Le torpilleur de haute mer doit donc être en même temps un contre-torpilleur; il prend l'une ou l'autre incarnation suivant qu'il lutte contre ses semblables ou qu'il attaque les gros vaisseaux.

Cette dualité de fonctions n'a rien d'anormal; elle existe sur tous les navires. Le cuirassé est un contre-cuirassé et le croiseur, un contre-croiseur. La torpille et le canon sont liés sur un torpilleur au même titre que la torpille, le canon et l'éperon, qui forment, sur un cuirassé, un seul dieu en trois personnes.

Sur ce bâtiment unique, l'armement sera proportionné au tonnage, dont la détermination est le point délicat. Si le déplacement est trop élevé, les qualités tactiques diminuent; s'il est trop faible, ce sont les qualités stratégiques qui vont en décroissant. On sait combien il est difficile de fixer avec précision les caractéristiques d'un navire, même lorsqu'on a défini les conditions qu'il doit remplir. Nous en avons une preuve dans la variété des modèles de chaque type de bâtiment et, en particulier, de nos torpilleurs. A défaut d'autres, cette variété a au moins l'avantage de fournir de multiples sujets de comparaison. Si nous cherchons dans le tas, il semble que le bâtiment qui a satisfait le mieux aux desiderata énoncés plus haut est le type *Durandal*, qui a fait preuve d'une réelle endurance. Aujourd'hui, par suite de l'accroissement du tonnage des destroyers étrangers, on augmente le déplacement de nos contre-torpilleurs. Les nouveaux, malgré leurs 450 tonnes, ne sont encore que des *Durandal* agrandis; mais défions-nous d'aller trop loin, nous reviendrions à notre point de départ.

Nous sommes donc en possession d'un genre de bâtiment qui réalise le torpilleur-destroyer. La *Durandal*, en effet, n'est pas seulement un contre-torpilleur, malgré son appellation officielle ; elle possède, en plus de son artillerie, deux tubes lance-torpilles. Cet armement est bien suffisant, car on ne peut guère escompter plusieurs lancements dans une même attaque. Les seules modifications qu'il y aurait lieu d'introduire dans notre type de torpilleur seraient l'unification du calibre et l'amélioration des qualités évolutives. On ne s'explique pas qu'il soit nécessaire d'avoir deux calibres différents pour attaquer un torpilleur ; l'un des deux est de trop. Quant aux qualités évolutives (1), elles sont trop intimement liées à la réussite d'une attaque pour qu'on ne leur donne pas tout le développement possible. Enfin, les torpilleurs, comme les éclaireurs, doivent posséder les installations nécessaires pour mouiller des mines. Leur nombre et leur faible tonnage les rendent, dans beaucoup de circonstances, plus aptes que les bâtiments légers au mouillage rapide d'un certain nombre de torpilles dans des passages étroits. Les Japonais, pendant la guerre, ont été amenés à se servir constamment de leurs torpilleurs dans ce but. Il y a là une indication que nous n'avons pas le droit de mépriser.

Toutes les torpilles mouillées devant Port-Arthur l'ont été par des torpilleurs et *ne pouvaient l'être que par eux*. Des croiseurs eussent trop facilement révélé leur présence et, d'un autre côté, les torpilleurs seuls pouvaient sans courir trop de risques mouiller des mines dans les parages où on en avait déjà mouillé (mais où elles avaient été draguées), parce que leur faible tirant d'eau les mettait à l'abri d'une explosion fâcheuse. Un grand bâtiment, au contraire, devra s'interdire de mouiller deux fois des mines au même endroit ; et cette interdiction est très regrettable,

---

(1) Les qualités évolutives ont surtout de l'importance pour les destroyers qui doivent barrer la route aux torpilleurs ou attaquer les cuirassés en manœuvrant.

car l'ennemi ne manquera pas de faire des dragages qui rendront nécessaires de nouvelles opérations de mouillage.

*\
* *

Nous n'avons pas encore parlé du torpilleur de défense mobile. Le premier en date, il a un rôle plus modeste que le torpilleur de haute mer. Destiné à protéger les abords immédiats de nos côtes, il s'éloigne peu de la terre, dont le voisinage lui assure un abri et un soutien. Il n'a donc pas besoin d'un grand rayon d'action ni de qualités nautiques infinies; on a pu ainsi lui donner un tonnage très faible. Celui-ci avait même été, à l'origine, tellement réduit qu'il enlevait au torpilleur garde-côtes tout moyen de lancer sa torpille en dehors des rades. On avait été trop loin, car ce n'est pas dans les pertuis qu'on a le plus de chances de rencontrer l'ennemi; mais la question de l'invisibilité avait primé toutes les autres, et avait fait perdre de vue que, si la torpille est l'élément indispensable du torpilleur, il faut aussi qu'il puisse la porter au large et la lancer dans de bonnes conditions. Après une série de transformations, on a abouti au bâtiment de 84 à 100 tonnes, d'une vitesse de 23 à 26 nœuds, qui est remarquable au point de vue auquel on s'était placé (1). Il répond en effet admirablement à la con-

_____

(1) Il serait plus exact de dire : qui serait remarquable si on n'avait pas trop négligé certains détails d'installation intérieure dont quelques-uns ont une répercussion directe sur la mise en action de la torpille.

Les postes de visée sont généralement si mal placés qu'ils sont inutilisables; l'électricité ne fonctionne que par calme, par suite de la défectuosité des canalisations; le système d'embarquement des torpilles est incommode et même dangereux; l'étanchéité est insuffisante pour des bâtiments fréquemment couverts par des embruns; enfin, tout ce qui touche à la navigation a été sacrifié, en particulier la position et le modèle du compas de l'avant.

ception qu'on s'était faite à l'origine de son mode d'emploi (1). Malheureusement, il avait fallu plus de quinze ans pour en arriver là, et, pendant ce laps de temps, les conditions primitives du problème s'étaient profondément modifiées.

Tandis que la France poursuivait la réalisation de son objectif, l'Angleterre, inquiète du développement qu'elle donnait à ses torpilleurs, se mettait en mesure de les tenir en échec et commençait la construction de sa flottille de destroyers. Nous eûmes le tort de ne pas nous apercevoir qu'à une situation nouvelle, il fallait des moyens nouveaux ; et nous avons continué dans la voie que nous nous étions primitivement tracée, sans nous préoccuper de ce nouveau facteur. Si la France n'avait pas inventé le nouvel engin qui, disait-on, devait révolutionner les méthodes de guerre, elle avait été du moins la première à l'adopter sur une grande échelle, et elle fondait sur lui ses meilleures espérances ; or, quand on a une idée, on n'y renonce pas facilement et on est porté à négliger tout ce qui peut en contrarier l'essor. C'est ce qui est arrivé : notre torpilleur garde-côtes est impuissant contre les destroyers, tout comme les torpilleurs de haute mer, et à un degré plus élevé. Nous avons eu d'autant plus tort de nous désintéresser de ce nouvel adversaire qu'en principe il avait été spécialement créé pour combattre les défenses mobiles. Nous avons toujours conservé, il est vrai, l'avantage du nombre (bien que cet avantage tende de plus en plus à disparaître) et pendant longtemps on a pu espérer que, si un certain nombre de torpilleurs tombaient sous les

---

(1) Il y répondait même trop bien, car ce sont les qualités du torpilleur garde-côtes qui ont donné l'idée de le faire sortir de son rôle par la création de divisions offensives. On a pensé sans doute qu'il avait trop de moyens pour rester cantonné dans son modeste emploi ; mais ne sait-on pas que, dans les opérations de guerre, il faut avoir trop de moyens pour en avoir assez ?

coups des destroyers, les autres arriveraient au but. Cependant, il ne faut pas oublier que nos 350 torpilleurs sont disséminés le long d'une immense étendue de côtes, tandis que les destroyers ennemis seront groupés par bandes autour de quelques escadres; il est donc certain que, sur un point quelconque de notre littoral, nos torpilleurs se trouveront égaux ou inférieurs en nombre aux destroyers ennemis. Est-il admissible qu'ils ne soient pas outillés pour lutter avec eux au même titre que les autres torpilleurs? Leur infériorité de vitesse ne leur permet pas d'échapper par la fuite, en sorte qu'ils se trouvent placés dans une situation sans issue. En cas de rencontre avec les destroyers, les torpilleurs n'iront pas au combat, mais à la boucherie. Une pareille dérogation aux règles de la guerre (qui ont la force pour base) ne peut conduire qu'à des déboires. Tous les hommes ne sont pas des héros, et la perspective de succomber sans défense poussera les commandants des torpilleurs à régler leur conduite avec une prudence qui les tiendra éloignés de l'ennemi.

Notre type actuel de torpilleur garde-côtes est démodé; il n'a plus sa raison d'être. Si l'on veut conserver les défenses mobiles, malgré leur inefficacité flagrante, des raisons analogues à celles développées plus haut pour les torpilleurs de haute mer conduiraient à les composer avec des bâtiments semblables de tous points à ces derniers, afin qu'ils puissent se mesurer avec les destroyers; et, quand on verra de quoi ils sont capables, on renoncera à les immobiliser le long des côtes. Il n'y aurait plus alors de défenses mobiles si nous n'avions pas un nouveau modèle de bâtiment à leur affecter : c'est le sous-marin.

Aussi puissant que le torpilleur, puisqu'il possède la même arme; plus efficace, parce qu'il est invisible; moins coûteux, parce qu'étant invulnérable son rendement est meilleur, le sous-marin est le successeur désigné du torpilleur garde-côtes. Ce dernier aurait dû logiquement disparaître du jour où la navigation sous-marine a passé de la période d'incubation dans le domaine de la pratique. Le maintien simultané des deux sortes de bâtiments est la négation même du progrès.

Ceux qui ne voient dans la guerre navale que la protection du littoral prétendront que nos côtes ne sauraient être trop bien gardées. Encore y a-t-il une limite à cette maladie de défensive, qui paralyse une importante fraction de notre matériel flottant.

D'aucuns soutiendront que, dans l'organisation de la défense, les deux genres de bâtiments se complètent, le sous-marin étant un oiseau de jour et le torpilleur un oiseau de nuit. Ce n'est pas exact. Le sous-marin peut également opérer la nuit, bien qu'il soit dans des conditions moins favorables (1); il n'agit pas alors comme submersible, il reste à la surface pour avoir la vision directe, n'utilisant sa faculté d'immersion que dans le but d'échapper à un danger. Dès que l'ennemi révèle sa présence, la nuit, en tirant du canon, le sous-marin est en mesure de l'attaquer. Évidemment, les navires qui défileront rapidement la nuit devant les côtes sans manifester leur présence lui échapperont; mais on conviendra qu'ils ne feront pas courir de sérieux dangers à nos côtes; ce n'est pas pour les arrêter qu'on immobilisera trois cents torpilleurs et cinquante sous-marins.

Dans les questions de matériel naval, les périodes de transition n'ont jamais été nettement tranchées; à toutes les époques, la substitution d'un type de navire à un autre s'est faite avec lenteur. On conserve une certaine appréhension à se séparer de bâtiments auxquels on est habitué et qui souvent ont eu leurs jours de gloire; on les conserve par routine, en même temps qu'on en construit d'autres

---

(1) Mais encore supérieures à celles des torpilleurs.

plus nouveaux dont la nécessité s'impose. Aussi, la nation qui aura assez de clairvoyance pour amputer sans hésitation ses membres affaiblis par le progrès se réservera une grande supériorité sur ses rivales. Soyons cette nation; rendons à l'offensive les 600 officiers et les 8.000 hommes que nous coûteront en temps de guerre les torpilleurs de défense mobile, et contentons-nous de cinquante sous-marins, qui empêcheront le blocus des ports de guerre en attendant qu'ils deviennent aptes à seconder l'action offensive des escadres.

*
* *

En terminant, nous rappellerons, à l'appui de notre thèse, ce qui s'est passé pour les galères et les brûlots, afin de nous mettre en garde contre les erreurs commises autrefois.

Lorsqu'on commença à placer de l'artillerie à bord du « vaisseau rond », l'idée ne vint à personne qu'il pût un jour supplanter la galère. Les deux genres de bâtiments vécurent longtemps côte à côte; puis, les galères furent exclusivement réservées à la Méditerranée; enfin, il arriva un moment où, même dans cette mer, on dut renoncer à les opposer au vaisseau rond. C'eût été le moment de les supprimer radicalement. Il n'en fut rien. On se contenta de leur attribuer des tâches accessoires, telles que de remorquer hors du champ de bataille les vaisseaux désemparés, ou de seconder les opérations contre les côtes. Ce rôle secondaire ne justifiait pas les dépenses qu'occasionnaient les galères; il ne nécessitait pas un brillant état-major, des compagnies d'abordage, des pièces d'artillerie. Les services que rendaient ces bâtiments légers devinrent de moins en moins fréquents à mesure que se développaient les qualités manœuvrières des vaisseaux; et, à la fin du dix-huitième siècle, ils cessèrent d'accompagner les escadres. Cependant, ce ne fut que sous le règne de Louis XV que le corps des galères fut supprimé, alors que, depuis de longues années, il ne figurait plus que par les dépenses qu'il entraînait.

Il n'est pas douteux que des considérations de convenance retardèrent sa suppression. Les officiers des galères étaient de meilleure noblesse que ceux des vaisseaux, et ils envisageaient comme une déchéance d'être versés dans un corps qu'ils tenaient pour inférieur au leur; de plus, l'organisation des galères comportait un certain nombre de charges et de privilèges réservés aux grands seigneurs, qui les considéraient comme des fiefs; on trouvait tout naturel, avec les idées du temps, de conserver un état de choses qui était lié à l'organisation féodale du royaume (1).

Si la France avaitre porté, un siècle plus tôt, le budget des galères sur celui des vaisseaux, nos luttes avec l'Angleterre eussent été moins disproportionnées; car cette puissance n'entretenait pas de bâtiments de ce genre.

Quant aux brûlots, l'amiral Colomb (2) fait ressortir, avec chiffres à l'appui, qu'à l'époque où ils furent le plus nombreux, ils avaient déjà cessé depuis longtemps de compter sur le champ de bataille.

Les premiers exploits des brûlots avaient été retentissants et pendant plusieurs années ils inspirèrent une véritable terreur; puis on parvint à s'en rendre maître. Il faut remonter aux guerres hollandaises pour trouver des attaques de brûlots couronnées de succès *en bataille rangée ;* par la suite, il y eut bien quelques tentatives du même genre, mais elles restèrent infructueuses. Cependant, ce n'est qu'à partir

---

(1) Les comptes de finances ne font mention que des dépenses relatives à l'armement et à l'entretien des galères, y compris celles des arsenaux spéciaux de Marseille et de Toulon; il faudrait y ajouter les immenses profits du général des galères et des autres titulaires de bénéfices.

(1) *Naval Warfare.*

de 1702 que le nombre des brûlots commença à décroître,
et jusque-là il n'avait cessé d'augmenter. Ainsi leur réputation avait survécu à leur puissance; le souvenir d'anciens
services était resté présent à l'esprit, et, escomptant un retour de fortune, on continuait à en construire. On finit
enfin par se lasser d'entretenir cette légion de bâtiments
inutiles; toutefois, ils ne disparurent complètement qu'avec
la marine à voiles (1).

Pour en revenir aux torpilleurs garde-côtes, nous nous
demandons, aujourd'hui qu'ils ont atteint leur plein développement, s'ils n'ont pas déjà cessé, comme jadis les
galères et les brûlots, d'être appropriés au rôle initial qu'on
leur destinait. Il faut donc les transformer, c'est-à-dire les
remplacer par des sous-marins, pour répondre aux conditions nouvelles créées par l'apparition du contre-torpilleur.

Sans doute, il est toujours ennuyeux de renoncer à un
type de bâtiment avant même qu'il ait eu l'occasion de
servir; mais c'est la loi du progrès à laquelle nous ne
pouvons nous soustraire sans déchoir. Et pourquoi hésite-
rions-nous à faire pour nos torpilleurs ce que nous faisons
pour nos bâtiments de combat, depuis l'apparition de la vapeur? Ceux-ci se sont constamment modifiés et, depuis la
frégate à roues jusqu'au cuirassé actuel, les modèles succes-
sifs ont disparu sans avoir eu l'occasion de se montrer sur

---

(1) On était parvenu à annuler l'effet des brûlots, d'abord par la
substitution aux mêlées confuses d'un ordre de bataille long et mince
qui permettait à chaque vaisseau de voir venir l'attaque des brûlots
et de manœuvrer pour les éviter; puis, par l'emploi d'embarcations
spéciales qu'on tenait armées le long du bord et qu'on lançait à la
rencontre des brûlots pour les faire dévier de leur route en les remor-
quant à l'aide de grappins. Ces pinasses constituaient donc des contre-
brûlots analogues à nos contre-torpilleurs. Dès que l'emploi de ces
embarcations fut généralisé, les brûlots ne servirent plus que dans de
rares occasions où leur attaque n'était pas prévue; mais ils furent
alors improvisés avec des bâtiments marchands transformés.

le champ de bataille. Il n'y a pas de raison pour qu'il n'en soit pas de même pour les torpilleurs.

En résumé, l'état actuel des choses n'exige que deux sortes de torpilleurs : le torpilleur-destroyer offensif, et le sous-marin. Plus tard, lorsqu'on aura développé la vitesse et le rayon d'action des submersibles, le torpilleur lui-même devra disparaître, comme étant d'un rendement inférieur au sous-marin perfectionné.

VI

LES TYPES DE BATIMENTS (suite)
LES NAVIRES AUXILIAIRES

———

En dehors des bâtiments de guerre proprement dits, les marines puissantes ont besoin de navires auxiliaires qui constituent ce qu'on appelait autrefois le convoi. Ces bâtiments ne participent jamais à l'action; leur but est de permettre à la flotte de combat de se ravitailler en vivres et en munitions; de se réparer lorsqu'on opère loin des arsenaux et des points d'appui. Chaque fois qu'on prendra l'offensive et que, de ce fait, on transportera la guerre loin de ses propres côtes, on sera obligé d'avoir recours à eux. Au nombre de ces bâtiments auxiliaires sont également compris les transports, lorsqu'on aura des débarquements à effectuer.

Au point de vue des transports, la marine française était assez bien outillée. Tant qu'elle resta chargée de l'administration des colonies, elle eut une flotte de transports — une quatrième flotte — qui assurait le service des possessions lointaines. On en avait même fait construire six, d'un modèle nouveau, qui étaient spécialement affectés à l'Indo-Chine et avaient, à l'époque de leur mise en service, une bonne vitesse; deux d'entre eux étaient aménagés en transport-écurie. Mais lorsque fut créé le ministère des colonies, celui-ci ne voulut plus être tributaire de la marine dont les services lui coûtaient trop cher. Les transports furent alors désarmés dans la darse de Toulon, et l'un d'eux fut aménagé pour servir de transport de munitions.

Lorsqu'ils mourront de leur belle mort (1), il n'y aura pas lieu de leur donner des successeurs; car il faut éviter de dépenser son argent à construire des navires qui ne doivent armer qu'en temps de guerre et dont on peut trouver l'équivalent dans la flotte commerciale. Si la marine n'était pas actuellement handicapée de ces transports, le capital qu'ils représentent aurait pu être utilisé à construire de bonnes unités militaires, et tous les ans, depuis vingt-cinq ans, on eût économisé les frais d'entretien qu'ils ont coûté. Si, une guerre éclatant, le besoin de transports se fait sentir, toutes les compagnies de navigation — dont le transit sera plus ou moins compromis par les hostilités — viendront offrir leurs services et l'on pourra affréter des navires plus modernes et plus rapides que nos vieux transports. C'est d'ailleurs une solution qui est admise en principe, car il n'est pas question de les remplacer. Il n'en reste pas moins qu'ils sont à charge à la marine à titre de vieux parents.

Comme navire auxiliaire, on a également construit la *Foudre,* qui était à deux fins : elle devait servir à la fois d'atelier et de transport de torpilleurs. Ces deux rôles paraissent difficiles à concilier et l'on semble avoir renoncé assez rapidement au second. La *Foudre* reste donc bâtiment-atelier. Or, en cette qualité, elle n'est utilisable qu'en temps de guerre, parce que, en temps de paix, les escadres disposent de l'outillage beaucoup plus complet des arsenaux. La construction de la *Foudre* est donc entachée du même vice initial que celui des transports; c'est une dépense improductive et mieux vaudrait avoir un éclaireur de plus. Le principe du navire-atelier n'est pas en cause : pendant la

---

(1) L'un d'eux, la *Nive,* est déjà mort de mort violente.

guerre russo-japonaise, les Russes, aussi bien que les Japonais, eurent recours à des bâtiments de ce genre; mais ils utilisèrent dans ce but des bâtiments de commerce. Si les études que nécessite l'installation d'un navire de l'espèce sont faites à l'avance, tant au point de vue de l'aménagement que de l'outillage nécessaires, il ne semble pas que les travaux doivent demander beaucoup de temps, surtout s'ils sont confiés à l'industrie qui disposera alors d'une nombreuse main-d'œuvre inoccupée.

La marine ne paraît pas avoir prévu la nécessité d'autres bâtiments auxiliaires. Cependant ses besoins pourront s'étendre à d'autres catégories de navires; et il suffit, pour s'en rendre compte, de rappeler que l'escadre de l'amiral Rojestvenskii était accompagnée de charbonniers, de navires-hôpitaux, de citernes, de transports de vivres, de transports de munitions, de magasins d'approvisionnements.

Pour ce qui est des charbonniers, il y a lieu de prévoir des dispositions pour faciliter l'embarquement rapide du charbon, à la mer aussi bien qu'en rade; et le matériel nécessaire devra pouvoir s'adapter à tous les navires. Pour les autres, il faudra que, dans notre flotte commerciale, on ait toujours la liste des navires qui s'adaptent de préférence à telle ou telle appropriation; que les projets d'installations soient toujours prêts et périodiquement tenus à jour; enfin que l'on sache où trouver le matériel nécessaire.

Ces prévisions paraissent devoir suffire. Une fois les dispositions prises, si le genre de guerre que l'on aura à soutenir ne réclame pas l'emploi de bâtiments auxiliaires, on n'aura pas engagé de dépenses inutiles.

***

La liste des bâtiments de la flotte mentionne une autre

catégorie de navires, classés sous le nom de bâtiments de
servitude. Ils ne sont pas destinés à accompagner les escadres; mais ils sont utiles pendant la paix aussi bien que
pendant la guerre. Ce sont des auxiliaires précieux; car la
durée du ravitaillement des forces navales est fonction des
moyens dont on dispose, et cette durée peut avoir un contre-
coup sur les opérations. Malheureusement leur dénomination a fait tort aux bâtiments de servitude. Les rapporteurs
du budget, toujours en quête d'économies — ce qu'on ne
peut leur reprocher — ont toujours eu une tendance à les
prendre comme boucs émissaires, il en est résulté que nos
moyens sont toujours inférieurs à nos besoins. Lorsque
l'incident de Fachoda eut mis brusquement la marine en
face des nécessités de la guerre, on dut acheter précipitam-
ment à l'étranger un certain nombre de bâtiments de servitude qui ne remplissaient qu'imparfaitement les conditions voulues.

Actuellement la situation n'est guère brillante. Les re-
morqueurs ne sont pas assez puissants, parce que le tonnage
des cuirassés a passé en quelques années de 11.000 à 18.000
tonnes. De ce fait, les mouvements d'entrée et de sortie du
port doivent être suspendus lorsque la brise est fraîche.

La flotte des bugalets est ce qu'elle était il y a trente ans;
aucune de ses unités ne possède les installations nécessaires
pour embarquer facilement et rapidement les munitions.

Les citernes ne sont ni assez nombreuses ni assez puissantes. Nous n'avons pas une seule citerne à huile et nous
en sommes réduits à de longues manipulations pour embarquer l'huile en fût (1).

Les chalands de charbon eux-mêmes laissent à désirer.
Naturellement leur nombre est insuffisant. De plus, ils sont

---

(1) Malgré tout, il est encore plus facile d'embarquer l'huile que
d'arriver à prendre livraison des fûts.

d'un modèle qu'on ne trouve dans aucun des ports de commerce où se ravitaillent journellement des dizaines de vapeurs. La marine a un type à soi dont elle conservera certainement le monopole, car il contrarie, au lieu de faciliter, les opérations d'embarquement.

Les bâtiments de servitude ne paient pas de mine, c'est trop certain. Leurs modestes fonctions n'attirent pas l'attention, et, lorsque la bourse est plate, c'est eux qui en pâtissent. Un amiral qui connaissait l'influence des mots avait proposé de leur donner du lustre en les désignant sous l'appellation générale de « matériel de mobilisation », qui leur convient mieux. L'idée était heureuse. Elle fut approuvée par le Ministre et le Conseil Supérieur; elle ne trouva pas grâce devant les bureaux et on leur a conservé le nom qui leur a valu, sinon le mépris, du moins l'indifférence.

VII

LA FLOTTE RATIONNELLE

––––

Voilà la marine telle que nous la comprenons : bâtiments de combat, éclaireurs, torpilleurs. (Nous laissons de côté les bâtiments auxiliaires.)

Dans les considérations qui ont conduit à cette solution, il n'y a rien de neuf. Bien au contraire, c'est dans le passé qu'il a fallu puiser pour rechercher les nécessités de la guerre ; et il a suffi ensuite de les adapter à nos moyens actuels. Ce qui est vrai aujourd'hui l'était il y a vingt ans et l'était aussi il y a un siècle, sous une autre forme.

Nous avons donc le droit de rechercher ce que serait la puissance maritime de la France si nous avions eu une politique bien définie. Pour cela, nous allons fondre dans le même creuset tout notre matériel naval (1). Nous jetterons d'abord dans le creuset 260.764 tonnes de cuirassés ; puis viendra la flotte contemplative des garde-côtes et des canonnières-cuirassées, représentant 109.269 tonnes ; puis la tribu hermaphrodite des croiseurs-cuirassés (181.341 tonnes) ; les différents croiseurs (170.190 tonnes) ; enfin les torpilleurs de toutes sortes (24.373 tonnes) (2). Soit un total de 749.295

––––

(1) Le calcul n'est pas rigoureusement exact, parce que le prix de la tonne de cuirassé n'est pas le même que le prix de la tonne de croiseur et de torpilleur ; cependant il donne une indication assez précise.

(2) Les torpilleurs de 2ᵉ et 3ᵉ classe n'ont pas été comptés, parce que le type n'a pris sa forme définitive qu'avec les torpilleurs de 1ʳᵉ classe.

tonnes (1). Si, depuis 1880, on avait affecté dans nos constructions 85 % aux bâtiments de combat, 7 % aux éclaireurs, 8 % aux torpilleurs, la France aurait une marine formidable. Les bâtiments inutilisables qui nous ont paru dé-
river d'une fausse conception de la guerre (garde-côtes,
croiseurs-cuirassés et torpilleurs de défense mobile) représentent dans ce total une dépense de plus de 800 millions,
dont 517 millions pour les croiseurs-cuirassés seuls. Si, au
lieu de construire au petit bonheur une flotte panachée, nous
avions eu une ligne de conduite invariable, ces 800 millions
auraient été consacrés à de bonnes unités capables d'affronter l'ennemi.

Évidemment, dans le nombre, il y aurait eu de vieux cuirassés comme le *Redoutable;* de vieux éclaireurs; mais on
n'y aurait pas trouvé un seul bâtiment inutilisable, parce
que tous auraient répondu à un objectif bien déterminé.

Voilà ce qu'aurait pu être la marine avec de l'esprit de
suite. Sa puissance eût été telle que personne ne pourrait
songer à nous attaquer.

Pour ramener notre flotte au niveau qu'elle devrait avoir,
il faudrait lui rendre les 800 millions qui ont servi à faire
du sentiment.

*
**

Supposons que nous possédions cette flotte rationnelle;
il faut en coordonner les éléments et en former des groupements tactiques; il faut, en un mot, lui donner les articulations souples qui lui permettront de se plier aux nécessités de la navigation et du combat.

---

(1) Ce total a été établi en 1905. Depuis lors, des bâtiments ont été
rayés de la liste de la flotte, tandis que d'autres sont entrés en service.
Le résultat est donc sensiblement le même et nous n'avons pas cru
nécessaire de refaire tous les calculs.

La plus petite formation tactique est la division. En France et au Japon, elle se compose de trois bâtiments; en Angleterre, aux États-Unis et en Allemagne, elle comprend quatre unités. Quelle est la meilleure des deux solutions? Il est assez difficile de se prononcer *a priori*. Comme nous vivons depuis longtemps en France sous le régime de la Trinité, nous y sommes habitués et il a les préférences de la majorité des officiers. Il ne manque cependant pas d'esprits distingués qui pensent qu'un nombre pair de bâtiments donnerait plus de souplesse aux évolutions; mais cette opinion paraît basée sur une impression plutôt que sur des données certaines. La question ne peut être résolue que sur le terrain, à la suite d'essais comparatifs. Tout ce que l'on est en droit de dire, c'est qu'il existe des présomptions en faveur de la division de quatre navires. La composition de la division n'a pas d'ailleurs une importance capitale, parce qu'elle ne constitue pas une force suffisante, soit au point de vue du nombre, soit au point de vue de la puissance, pour former un groupement autonome; elle fait toujours partie d'un ensemble.

C'est l'escadre qui est le premier groupement autonome. Elle comprend non-seulement des bâtiments de ligne, mais aussi des bâtiments légers et des torpilleurs. Elle forme un tout; c'est pourquoi elle constitue généralement une unité administrative. Il importe donc de savoir le maximum des forces qui, sous le nom d'escadre, peut être placé sous l'autorité d'un seul chef.

Des exercices méthodiques ont été entrepris, il y a près de vingt ans, pour élucider cette question; et l'on était arrivé à cette conclusion que, pour que l'action de l'amiral pût s'exercer d'une façon efficace et effective, une escadre ne devait pas comprendre plus de trois divisions de ligne. Depuis lors, la pratique courante a amené à abaisser ce maximum à deux divisions. Les Japonais qui, en raison de l'éventualité d'une guerre avec la Russie, avaient étudié le problème de très près, sont arrivés aux mêmes conclusions, et, pendant la guerre, leurs escadres n'ont jamais compté plus de deux divisions. Nous adopterons le même chiffre, en lui donnant cette signification qu'une escadre ne doit pas comporter plus de deux articulations; car il n'est pas prouvé qu'une escadre de huit bâtiments à deux divisions ne soit pas aussi manœuvrante qu'une escadre de six bâtiments.

La réunion de plusieurs escadres forme une armée navale. A différentes reprises, nos forces ont été constituées en armée et celle-ci se composait alors de trois escadres. La charge était certainement très lourde pour le commandement; les mouvements étaient lents et, pour voir ses forces, l'amiral était obligé de se mettre au centre, ce qui lui permet une meilleure surveillance, mais lui enlève la direction. D'un autre côté, notre escadre de la Méditerranée (1) est en réalité une armée navale, composée seulement de deux escadres de ligne; et c'est sous cette forme qu'elle manœuvre toute l'année. Il est donc facile de comparer les résultats. De cette comparaison, on peut conclure d'une façon ferme — ce n'est naturellement qu'une opinion personnelle — que la composition normale d'une armée est de deux escadres de ligne; avec trois escadres, le corps de bataille est trop étendu et est difficile à manœuvrer. Lorsque les circonstances ne permettront pas d'amener sur un même champ de bataille plus de trois escadres, il sera préférable de constituer avec l'une d'elles une force de soutien ayant une certaine liberté d'allures plutôt que de les grouper toutes trois en une seule armée.

La réunion de plusieurs armées constitue une flotte. Ce

_____

(1) On sait que cette escadre s'appelle depuis le 5 octobre 1909 *première escadre*; sa composition a été modifiée.

groupement a un caractère particulier. En effet, l'autonomie d'un ensemble augmente avec son importance. C'est là un des avantages de la division du commandement, parce que cette autonomie facilite la tâche du chef suprême, en lui permettant de substituer des directions — les militaires diraient : des directives — à des ordres précis. Les effectifs, — hommes ou bâtiments — qui peuvent être placés sous un même commandement, n'ont pas de limite, à la condition que la façon dont s'exerce l'autorité se modifie au fur et à mesure que s'élargit le commandement. Les ordres d'un chef de division s'adressent toujours aux bâtiments; ceux d'un chef d'escadre s'adresseront, suivant les circonstances, aux chefs de division ou aux bâtiments. Avec l'armée navale, le lien est rompu entre le commandant d'armée et les bâtiments; sauf des cas exceptionnels qui ne répondent pas à une nécessité et accusent seulement la préoccupation d'exécuter de brillantes manœuvres d'ensemble, les ordres s'adresseront toujours, tantôt aux chefs de division, tantôt aux chefs d'escadre.

Dans une flotte, il n'en n'est plus de même. Chaque armée constituant un corps de bataille distinct, l'autonomie du commandant d'armée devient absolue, en raison même de l'étendue qu'occupent les forces sur le champ de bataille. Les ordres de l'amiralissime — car autonomie ne signifie pas indépendance — s'adresseront toujours aux commandants d'armée, jamais aux escadres et aux divisions, encore moins aux bâtiments. Dans ces conditions, un amiralissime, à la tête d'une flotte, peut concentrer sous son autorité plusieurs armées navales sans succomber sous le poids du commandement. Le nombre des armées ne doit pas évidemment être trop élevé — auquel cas il faudrait créer un nouveau rouage — mais il n'est pas strictement limité. Seulement, à mesure que ce nombre augmentera, le lien qui rattachera les commandants d'armée à l'amiralissime devra devenir plus élastique; et aux ordres devront le plus souvent se substituer des instructions.

En récapitulant, nous arrivons à constituer les cadres de la flotte rationnelle sur les bases suivantes :

La division, composée de trois ou quatre bâtiments (la question est réservée);

L'escadre, composée de deux divisions;

L'armée, composée de deux escadres;

La flotte, composée d'un nombre indéterminé d'armées.

Il ne manquera pas de bons esprits pour trouver que cette classification est trop rigide, et qu'il serait plus avantageux de pouvoir donner à nos forces une composition qui varierait suivant les circonstances. C'est, en somme, ce qui s'est toujours fait jusqu'ici, attendu que nos diverses escadres ont des compositions complètement différentes (1). L'une, celle du Nord, a des effectifs d'une maigreur squelettique; l'autre, celle du Midi, a des effectifs surabondants. C'est précisément parce que les inconvénients de ce système nous paraissent évidents que nous croyons à la nécessité de donner à chaque groupement une composition invariable. Cette solution n'interdit nullement de donner à nos forces des effectifs variables, suivant l'emploi qu'on en veut faire; en revanche elle leur donne une souplesse de mouvements qu'elles n'auront jamais sans cela. De deux choses l'une : ou bien l'exercice du commandement direct a une limite, ou il n'en a pas. S'il a une limite, on ne peut la franchir sans s'exposer à voir l'autorité s'affaiblir par l'extension qu'elle prend; s'il n'en a pas, il ne doit pas y avoir d'intermédiaire entre le bâtiment, unité élémentaire, et le chef suprême. En fait, dans notre force navale de la Méditerranée, dont les six divisions relèvent d'une seule autorité,

----

(1) Depuis le 5 octobre 1909, nos deux escadres ont une composition identique.

le commandement n'est pas organisé (1). Le résultat n'est pas assez brillant pour nous convertir aux errements actuels.

***

Nous n'avons encore parlé que des bâtiments de ligne. Il faut maintenant leur adjoindre des bâtiments légers et des torpilleurs.

Toute force navale, si faible soit-elle, a besoin de s'éclairer; mais il est difficile de fixer avec précision le nombre d'éclaireurs qui doit être affecté à un groupement déterminé. Nous avons vu, en effet, que le champ de l'éclairage est infini (2); on n'a jamais trop de bâtiments légers et leur nombre est limité par cette seule considération qu'il a une répercussion directe et immédiate sur la puissance du corps de bataille; en augmentant les divisions légères, on diminue le nombre des escadres. Il faut donc se faire une raison et se fixer des bornes. Nous ne pensons pas qu'il existe aucune règle à ce sujet; nous allons essayer de combler cette lacune.

Si le nombre des éclaireurs attachés à une force navale ne comporte pas de maximum, il a un minimum théorique et c'est ce qui va nous servir de base. A moins de six bâtiments légers, le commandant d'un ensemble crie misère; et encore ne sera-t-il pas tranquille s'il n'a, en plus, une réserve de un ou deux navires qu'il gardera auprès de lui pour l'imprévu. Pour satisfaire à ces desiderata, nous composerons les divisions légères de six unités groupées, plus deux bâtiments hors rangs qui seront utilisés en qualité de répétiteurs, tant qu'ils ne reçoivent pas de mission particulière.

---

(1) Voir à ce sujet, dans la première partie, *La question des grades*.

(2) Voir tome I, la Stratégie : *Les renseignements et les communications*.

Nous nous défendons avec énergie de prétendre attribuer des moyens aussi ruineux à de simples divisions ou même à des escadres, et nous paraissons ainsi nous être engagé dans une impasse. Nous ne nous embarrasserons pas pour si peu. En effet, ce n'est que par exception que, dans une marine comme la nôtre, on verra en temps de guerre des groupements peu importants naviguer isolément. A moins d'appliquer les théories paradoxales qui préconisent la dispersion de nos forces, l'armée navale est le plus petit ensemble qui représente une puissance sérieuse. C'est donc à lui que nous attribuerons une escadre légère de six éclaireurs, plus deux autres bâtiments de l'espèce hors rangs. Lorsque les armées seront groupées en flotte, les escadres légères formeront l'armée légère et les moyens d'éclairage se trouveront ainsi proportionnés à l'importance de la masse. Les escadres séparées devront se contenter de trois ou quatre bâtiments légers; et les divisions, de deux, parce que leur rôle ne sera jamais que secondaire.

*
* *

Discutons maintenant la question des torpilleurs. Celle-ci est encore plus délicate à trancher.

Cherchons d'abord à déterminer la quantité de torpilleurs qui doit accompagner une armée navale composée de douze cuirassés de ligne.

La règle admise jusqu'à ces dernières années a été de donner à une force navale autant de torpilleurs qu'elle compte de cuirassés.

Cette règle est fort simple et nous l'adopterions volontiers; mais ce n'est qu'une règle empirique, ce n'est pas un argument d'ordre militaire. Aujourd'hui on est devenu curieux et l'on ne se contente plus de raisons de cette espèce.

Il n'est que trop évident que les Japonais, le 10 août et

le 27 mai, ont tiré bénéfice du grand nombre de torpilleurs qu'ils purent lancer sur l'ennemi. Se trouvant dans un état d'infériorité manifeste, les torpilleurs russes, avec un ensemble remarquable, prirent le parti de se sauver sans chercher à attaquer les cuirassés ennemis, ni à protéger les cuirassés amis. Cependant leur nombre était en rapport avec la proportion adoptée dans nos escadres.

Il y a certainement avantage à disposer, au moment du combat, non pas d'un torpilleur par cuirassé, mais du plus grand nombre possible de torpilleurs. La seule règle absolue est donc d'affecter aux escadres tous les bâtiments de l'espèce qu'on pourra réunir.

Mais, comme la construction des torpilleurs se fait au détriment des cuirassés et que celle des cuirassés se fait au détriment des torpilleurs, la question se pose ainsi : Quelle est, dans un programme naval, la part respective qui revient aux torpilleurs et aux cuirassés?

La seule réponse que l'on puisse faire ne jette pas un jour lumineux sur le problème : le nombre des torpilleurs doit être tel que, si on l'augmentait, on préférerait consacrer l'argent de ce surplus à construire des cuirassés; et que, si on le diminuait, on préférerait sacrifier un cuirassé pour avoir plus de torpilleurs.

Malgré son imprécision, c'est ce raisonnement qui a prévalu parmi les nations maritimes; mais, suivant le point de vue auquel chacune s'est placée, elle a attribué une part plus ou moins large aux torpilleurs. L'Angleterre, qui n'admet que l'offensive, n'a construit qu'un nombre de torpilleurs insignifiant tant que ce type de navire n'a pu servir qu'à la défensive; aussitôt qu'on fut entré dans la voie du torpilleur offensif, elle mit aussitôt sur chantier un nombre considérable de destroyers dont elle compte actuellement plus de cent quarante. La marine française qui, au contraire, a pour la défensive un engouement humiliant, s'est jetée dans la construction des petits torpilleurs avec une véritable prodigalité, et elle n'a qu'un nombre de torpilleurs absolument insuffisant pour accompagner ses escadres. Nous ne nous occuperons que de ceux-là, puisque nous n'admettons pas les autres.

Nous pouvons dire d'abord que, pour les escadrilles comme pour les divisions légères, il y a un minimum qu'on ne peut dépasser sans compromettre la sécurité d'une force navale. En prenant pour base de nombreux exercices faits en vue d'assurer la protection d'une armée, ce minimum serait compris entre dix-huit et vingt-quatre torpilleurs. Puisque nous avons un faible pour les flottilles, nous adopterons le chiffre de vingt-quatre torpilleurs au moins par armée navale; soit deux escadrilles de douze unités.

Nous disposerons bientôt de soixante-quinze destroyers offensifs. Qu'allons-nous en faire? Comment les répartir?

Il semblerait naturel de diviser ce nombre par le nombre de nos escadres et de donner à chacune la part qui lui revient. Voici les raisons qui militent en faveur d'une autre solution, tout au moins pendant la guerre.

Les torpilleurs, même les plus gros, ne peuvent pas toujours accompagner les escadres. Dans certains cas, ils seraient pour celles-ci une gêne; dans d'autres cas, des escadres auront besoin, en raison des parages où elles opèrent, d'un nombre de torpilleurs plus considérable que celui que leur attribuerait une égale répartition. Pendant la guerre russo-japonaise, l'escadre de croiseurs de Kamimura, opposée à une division de croiseurs russes à grande vitesse qui pouvait l'entraîner très loin, n'avait pas besoin de torpilleurs. Au contraire, l'escadre de blocus ne pouvait en avoir trop. Cet exemple fait ressortir que le nombre des torpilleurs affectés aux armées dépend du rôle que celles-ci seront appelées à jouer.

Ce fut une grande faute d'avoir envoyé en Extrême-

Orient une escadrille de six destroyers au moment où nous n'en avions pas pour nos escadres métropolitaines. Cependant la composition de notre escadre d'Extrême-Orient indiquait alors suffisamment qu'elle devait opérer plus souvent au grand large que le long des côtes.

On constituera donc, avec l'ensemble de tous les torpilleurs d'escadre, des groupements homogènes qui, pendant la paix, seront affectés aux escadres, afin qu'ils puissent s'entraîner. Au moment de la mobilisation, ces escadrilles seront affectées aux forces navales dans la proportion indiquée par le plan de campagne.

*
* *

Telles sont les grandes bases qui nous paraissent devoir servir à la constitution de la marine flottante. Nous allons maintenant donner un corps à nos idées en essayant de tirer parti pour le mieux des moyens dont nous disposons.

VIII

LA COMPOSITION DES FORCES

L'armée française se compose de vingt corps. Seuls, les
corps d'armée de l'Est ont des effectifs renforcés ; mais tous
les autres corps ont l'organisation qu'ils doivent avoir en
temps de guerre. Les régiments sont groupés par brigades ;
les brigades par divisions ; les divisions par corps d'armée.
Chaque brigade, chaque division, chaque corps d'armée a
un chef qui remplit effectivement sa fonction. Pour compléter le système, des généraux sont désignés dès le temps
de paix pour commander les armées ; et, avec le titre d'inspecteur, ils se mettent en contact avec les unités qu'ils
doivent commander, constatent leur degré d'entraînement
et se préparent ainsi au rôle qu'ils auront à jouer en
temps de guerre. Au-dessus d'eux plane le généralissime,
vice-président du conseil supérieur de la guerre. Avec cette
organisation, il suffit de compléter les effectifs au moment
de la mobilisation par l'appel des réservistes pour que la
machine de guerre se mette en branle. Tous les services
fonctionnant dès le temps de paix, il n'y a rien à créer ; il
ne reste qu'à marcher à la frontière.

Supposez maintenant que, de tout cet organisme, on ne
conserve que les régiments ; supposez que chaque colonel
relève directement d'un commandant territorial, que tous
les généraux de brigade et de division, ainsi que les commandants d'armée, soient placés hors cadres et qu'ils attendent dans l'oisiveté le moment d'être employés ; supposez

que tous les états-majors soient dissous et les officiers qui les composent placés à la suite. Il est évident que nous aurions encore les éléments constitutifs d'une armée, mais que nous n'aurions plus d'armée.

Avant de l'envoyer se battre, cette armée, il faudrait d'abord la constituer. Lorsque ce premier travail aurait été fait, les diverses unités n'auraient pas encore de cohésion; chaque chef se trouverait à la tête de troupes qu'il ne connaîtrait pas, et en face d'une situation imprévue à laquelle il ne serait pas préparé. Le travail d'état-major présenterait d'immenses lacunes et le désordre engendrerait la confusion. Si, aujourd'hui, on osait réaliser l'état de choses que nous venons d'évoquer, le pays entier se lèverait pour protester.

Eh bien, cette situation que notre pensée se refuse à admettre, elle existe dans la marine. Celle-ci se trouve au point où en était l'armée au moment de la déclaration de guerre de 1870, alors qu'il fallut créer des commandements sous la pression de l'ennemi. L'analogie est frappante.

A part nos deux escadres du Nord et de la Méditerranée, qui constituent sur mer l'équivalent de notre 6e corps, les bâtiments avec lesquels on doit composer des escadres sont dispersés sans lien entre eux. Les uns sont disséminés au hasard dans les arsenaux et placés sous les ordres du préfet maritime qui est un véritable commandant territorial. Les autres se trouvent dans les divisions navales; mais la composition de ces divisions n'a aucun caractère militaire et, en temps de guerre, on devra les disloquer pour les reconstituer sur de nouvelles bases. Nos deux escadres elles-mêmes n'ont pas la composition qu'elles auraient en temps de guerre (1); elles contiennent des bâtiments qui ne pour-

---

(1) En raison des modifications [apportées récemment. dans la composition de nos escadres, cette phrase doit être mise au passé, au lieu du présent.

raient certainement pas les accompagner; leur réunion ne pourrait se faire sans modifier profondément leur organisation actuelle (1).

Nous avons appris par des communiqués officiels que, dans le programme de 1900, dans celui de 1905, la France pourrait mettre en ligue un certain nombre d'escadres, et le contribuable qui lit son journal s'imagine qu'elles existent.

Où sont donc ces escadres?

Quand les formera-t-on?

Qui les commandera?

Si des « terriens » ont dit qu'il suffisait de frapper le sol du pied pour en faire sortir des légions armées, nous, marins, nous savons bien qu'il ne suffit pas de frapper la mer d'un coup de baguette magique pour en faire sortir des escadres prêtes au combat.

Lorsqu'on mobilisera la flotte, le premier soin sera d'abord de constituer des groupements de forces aussi homogènes que le permet notre matériel; puis, on nommera les vice-amiraux et les contre-amiraux qui devront prendre le commandement des escadres et des divisions. Des vice-amiraux prendront la place de contre-amiraux qui seront relégués à la tête de divisions qu'ils n'auront pas entraînées. Chacun se hâtera de se rendre à son poste, et alors commencera l'énorme travail d'état-major. Tous ceux qui ont navigué dans les escadres se rendent compte que l'ordre et la méthode qui y règnent sont le bénéfice de la permanence; les amiraux qui se succèdent récoltent le fruit du travail de leurs prédécesseurs; ils prennent en main une machine dont tous les rouages sont graissés, qui fonctionne

_____

(2) La liste des bâtiments de la flotte répartit nos forces en deux catégories : forces de première et de seconde ligne. Cependant, quantité de bâtiments de seconde ligne se trouvent incorporés dans les escadres actives qui sont des forces de première ligne !

normalement, et c'est ainsi que les choses marchent et marchent bien.

Avec des escadres improvisées au moment de la mobilisation, cette mise au point n'existera pas; tout sera à faire. Au lieu d'agir, on sera absorbé par un travail de paperasserie. Lorsque ce premier obstacle aura été franchi, la force de ces escadres n'en sera guère plus redoutable. Les bâtiments, réunis de la veille, n'auront entre eux aucune cohésion; les chefs ne connaîtront ni leurs capitaines, ni les qualités et surtout les défauts de leurs bâtiments. Dans ces conditions, si nos forces actives sont vaincues pendant que s'opérera la création des escadres mobilisées, ce ne sont pas ces dernières qui rétabliront la situation; elles fourniront à l'ennemi l'occasion de nouveaux succès.

Pour que nos réserves soient prêtes le plus tôt possible, pour qu'elles soient aussi puissantes que possible, la première chose à faire est de leur donner, dès le temps de paix, la composition qu'elles sont destinées à avoir pendant la guerre et de placer à leur tête les chefs qui doivent les commander.

*
* *

Ce ne sont pas les escadres qui, en temps de guerre, formeront des groupements tactiques, mais bien les armées navales. L'armée doit donc former la base de la constitution de nos forces.

En escomptant de quelques années l'avenir, il est possible de former, avec nos cuirassés et nos croiseurs-cuirassés, trois armées navales qui auraient la composition suivante :

TABLEAU

Première armée navale

PREMIÈRE ESCADRE

Voltaire (pavillon d'un vice-amiral, commandant d'armée),
Mirabeau,
Vergniaud,
Danton (pavillon d'un contre-amiral),
Condorcet,
Diderot.

DEUXIÈME ESCADRE

Patrie (pavillon d'un vice-amiral),
République,
Démocratie,
Justice (pavillon d'un contre-amiral),
Liberté,
Vérité.

Deuxième armée navale

PREMIÈRE ESCADRE

Suffren (pavillon d'un vice-amiral, commandant d'armée),
Bouvet,
Charles-Martel,
Saint-Louis (pavillon d'un contre-amiral),
Gaulois,
Charlemagne.

DEUXIÈME ESCADRE

Masséna (pavillon d'un vice-amiral),
Carnot,
Jauréguiberry,
Brennus (pavillon d'un contre-amiral),
Hoche,
Henri IV.

Troisième armée navale

PREMIÈRE ESCADRE

Waldeck-Rousseau (pavillon d'un vice-amiral, commandant d'armée),
Edgar-Quinet,
Ernest-Renan,
Léon-Gambetta (pavillon d'un contre-amiral),
Jules-Ferry,
Victor-Hugo.

DEUXIÈME ESCADRE

Jules-Michelet (pavillon d'un vice-amiral),
Gloire,
Condé,
Marseillaise (pavillon d'un contre-amiral),
Amiral-Aube,
Jeanne-d'Arc.

On dispose encore de trois croiseurs-cuirassés identiques qui peuvent former une division.

DIVISION
INDÉPENDANTE
{ *Montcalm* (pavillon d'un contre-amiral),
Gueydon,
Dupetit-Thouars.

Reste enfin une escadre de garde-côtes :

ESCADRE
DES
GARDE-COTES
{ *Bouvines* (pavillon d'un vice-amiral),
Indomptable,
Requin,
Tréhouart (pavillon d'un contre-amiral),
Caïman,
Jemmapes,
Valmy (guidon d'un chef de division),
Furieux.

Toutes ces forces ont besoin de divisions légères. En puisant dans la liste de la flotte, on pourrait adopter la répartition qui est donnée plus bas, mais seulement à titre d'indication; pour faire un travail définitif, il faudrait disposer de renseignements précis que nous ne possédons pas, tels que la vitesse *actuelle* et le rayon d'action des croiseurs. On sait, en effet, que deux bâtiments jumeaux, tels que le *Protet* et le *Catinat*, ne sont pas susceptibles de rendre les mêmes services, le premier ayant un rayon d'action et une vitesse sensiblement supérieurs au second.

Voici la répartition proposée pour les bâtiments légers :

PREMIÈRE ESCADRE
LÉGÈRE

(PREMIÈRE ARMÉE)
{ *Desaix* (pavillon d'un contre-amiral),
Dupleix,
Kléber,
Dupuy-de-Lôme (guidon d'un chef de division),
D'Entrecasteaux,
Pothuau (rattaché au moment de la mobilisation),
Galilée (hors rangs),
Lavoisier (id.).

DEUXIÈME ESCADRE LÉGÈRE (DEUXIÈME ARMÉE)	*Amiral - Charner* (pavillon d'un contre-amiral), *Bruix*, *Latouche-Tréville* (rattaché au moment de la mobilisation), *Du Chayla* (guidon d'un chef de division), *Cassard*, *Descartes*, *Linois* (hors rangs), *Surcouf* (id.).
TROISIÈME ESCADRE LÉGÈRE (TROISIÈME ARMÉE)	*Château-Renault* (pavillon d'un contre-amiral), *Guichen*, *Jurien-de-la-Gravière*, *Catinat* (guidon d'un chef de division), *Pascal*, *Protet*, *D'Estrées* (hors rangs), *Infernet* (id.).
BÂTIMENTS LÉGERS DE LA DIVISION INDÉPENDANTE	*Alger*, *Isly*.
DIVISION LÉGÈRE DE L'ESCADRE DES GARDE-COTES	*D'Assas* (guidon d'un chef de division), *Chasseloup-Laubat*, *Lalande*, *Cosmao*.

Sous réserve des torpilleurs, dont nous reparlerons plus tard, ces tableaux contiennent toutes les forces navales de la France. Il n'y manque que les canonnières-cuirassées qui n'augmenteraient pas d'un demi-gramme notre puissance maritime, et quelques bâtiments légers qui seraient mis à la disposition des préfets maritimes (1).

***

(1) Les préfets maritimes devront, en temps de guerre, avoir quelques bâtiments à leur disposition. Ils ont à assurer les com-

Si imparfait que soit le groupement qui vient d'être exposé, il permet de faire des constatations intéressantes.

Les cuirassés ont été construits avec si peu d'esprit de suite qu'il est impossible de donner aux escadres une composition satisfaisante. Seule, la première escadre est homogène ; la seconde renferme deux types ; la troisième en compte trois ; la quatrième n'en a pas moins de six, sur six bâtiments. Le *Suffren*, le *Masséna*, le *Carnot*, le *Jauréguiberry*, le *Brennus*, le *Hoche* et le *Henri IV* sont des enfants uniques. Comme ils ne peuvent jouer les cavaliers seuls, il faut bien les incorporer quelque part, puisqu'ils portent des canons. Le *Henri IV* est un garde-côte, mais sa vitesse ne lui servirait à rien s'il était mis avec ses confrères.

On rencontre les mêmes difficultés à composer les escadres légères que les escadres de ligne. La variété des types est infinie, et aucun type ne comprend un nombre d'unités déterminé. Les vitesses sont également déconcertantes, ce qui fait que les escadres récentes sont bien mal partagées. Ces escadres pourront tirer parti de leurs éclaireurs ; mais ce parti sera bien faible.

Le nombre des croiseurs de toutes sortes est si considérable que, avant la construction des *Danton* et les coupes sombres opérées depuis deux ans, ils nous coûtaient autant que tous nos cuirassés et garde-côtes. Ils représentaient 801 millions, tandis que les cuirassés, en y comprenant même les trois *Marceau*, n'avaient coûté que 804 millions. Nous avons donc doté notre flotte d'une cavalerie aussi nombreuse que l'infanterie, et nous lui avons consacré sensiblement la même somme. La prime d'assurances que repré-

---

munications avec les îles et ils pourront avoir besoin d'agrandir le cercle de leur vision du côté du large. Enfin, la télégraphie sans fil n'est pas infaillible et il est inadmissible qu'on ne dispose pas, dans les ports, de bâtiments légers pour envoyer des renseignements ou des ordres aux forces navales.

sentent les bâtiments légers par rapport aux cuirassés a la même valeur que le capital assuré.

Évidemment les croiseurs-cuirassés devaient, en principe, être les auxiliaires des escadres; mais, en mettant les plus récents en chantiers, n'a-t-on pas eu l'arrière-pensée de leur donner un rôle tout différent? L'imagination se refuse à admettre que ce soit uniquement pour pratiquer le fameux râteau qu'on a construit des éclaireurs de 29 millions. On devait entrevoir la possibilité d'en constituer des escadres et, en fait, l'escadre du Nord est actuellement (1) composée de bâtiments de l'espèce. Si cette escadre devait, en temps de guerre, éclairer des cuirassés, nul doute qu'on ne l'eût pas placée à Brest, aux antipodes des cuirassés. Dès lors qu'ils formeront un corps de bataille, les croiseurs-cuirassés doivent être accompagnés d'éclaireurs plus rapides qu'on a négligé de construire. On a encore présent à l'esprit les conséquences funestes qu'a eues le défaut d'éclairage pour la division de croiseurs de Vladivostok. N'eût-elle eu qu'un seul bâtiment léger, cette force aurait pu probablement éviter la fâcheuse rencontre du 14 août.

Quoi qu'il en soit, n'ayant plus assez de cuirassés, il nous faudra bon gré mal gré les remplacer par des croiseurs-cuirassés. Nous avons consacré à ces derniers exactement 517 millions; c'est donc quatorze cuirassés de 14.875 tonnes dont nous nous sommes privés, car les premiers plans de ces navires sont contemporains du *Dupuy-de-Lôme*. Pour les remplacer, il nous faut mettre en ligne les croiseurs-cuirassés.

Les anomalies que présentent nos forces navales tiennent à une cause unique : on a construit des bâtiments de toutes sortes sans se préoccuper de la façon dont ils devaient être groupés. Autrement, on eût été conduit à déterminer tout

_____

(1) Il faut lire : était précédemment.....

d'abord leur nature, et à établir ensuite une proportion entre les divers types. On n'a pas fait ce qui est une règle élémentaire dans l'armée où, en constituant un corps d'armée, on se préoccupe en même temps de lui attribuer une proportion déterminée d'infanterie, de cavalerie et d'artillerie.

Dans la marine, en remontant seulement à vingt-cinq ans, voici comment on a procédé :

On ne construisit d'abord que des cuirassés et des garde-côtes; et l'on fut heureux de trouver, dans la succession de l'Empire, deux yachts impériaux qui servirent longtemps de division légère à notre unique escadre. On s'aperçut alors qu'on manquait de croiseurs et que l'éclairage n'existait pas. La constitution de l'escadre du Nord, pour laquelle on n'avait plus de yachts impériaux, mit en relief cette lacune. Aussitôt, passant d'un extrême à l'autre, on ne s'occupa plus que de l'éclairage. La conséquence en fut qu'on réclama des croiseurs et encore des croiseurs. On mit alors en chantier des bâtiments de l'espèce de toutes les formes et de toutes les grandeurs. Heureusement, on n'arrêta pas complètement la construction des cuirassés; mais, comme la question de l'éclairage primait toutes les autres, on ne tarda pas à se lancer dans une nouvelle voie en substituant aux croiseurs les croiseurs-cuirassés. Du coup, toutes les autres constructions (à l'exception de celle des torpilleurs) furent arrêtées afin de satisfaire au nouvel engouement. Tout à coup, on s'aperçut que bientôt nous n'aurions plus de cuirassés. Le programme de 1900 nous en donna six; mais, depuis déjà longtemps, on ne construit plus d'éclaireurs. En sorte que, aujourd'hui, les croiseurs protégés ne peuvent plus lutter de vitesse avec les cuirassés.

Et, pendant ce temps, on construisait des torpilleurs, toujours des torpilleurs; si bien que maintenant nous en avons un si grand nombre que nous ne savons plus qu'en faire.

Nos constructions navales ont accusé un mouvement de flux et de reflux, grâce à quoi il n'y a jamais eu une relation, d'une part entre le nombre et l'âge des cuirassés, d'autre part entre le nombre et l'âge des bâtiments destinés à les mettre en valeur. On eût évité pareille erreur qui, en fait, a causé la ruine de la marine, si, à mesure qu'on construisait de nouveaux cuirassés, on avait mis simultanément en chantier les éclaireurs qui devaient graviter autour d'eux. Ainsi s'explique que des marines beaucoup plus jeunes, beaucoup moins nombreuses (au point de vue du tonnage global), représentant un capital infiniment moins considérable que la nôtre, soient capables de nous tenir en échec. Leur secret est d'avoir été constituées sur des bases rationnelles.

Le seul moyen de rompre avec les anciens errements est d'avoir en permanence sous les yeux la flotte entière telle qu'elle serait constituée en temps de guerre, comme nous avons sous les yeux le tableau de notre armée.

Cette solution n'implique pas a priori de nouvelles dépenses d'armement. Si désirable qu'il soit de tenir nos escadres en permanence sur le pied de guerre, nous sommes obligés de subordonner nos aspirations à nos moyens. Où trouverions-nous d'ailleurs le personnel nécessaire pour compléter les effectifs? Que les bâtiments qui composeront nos armées soient épars dans les ports ou groupés par divisions, escadres et armées, avec les mêmes commandants, les mêmes états-majors, les mêmes effectifs qu'ils ont aujourd'hui, ils coûteront toujours le même prix; les amiraux qui commanderont les forces de réserve, n'étant pas à la mer, toucheront la même solde dans les ports qu'en résidence. En revanche, la mobilisation sera réellement prête; car, en organisant le commandement, on aura doté la marine d'un organe qui lui manque et qui n'est certes pas le moins important.

En réalité, nous croyons qu'il est possible d'augmenter le nombre des bâtiments armés à effectifs complets, mais ce n'est pas au moyen d'une augmentation de dépenses. Il suffit seulement d'opérer un virement et de verser l'argent des chapitres improductifs dans un seul chapitre productif. Nous faisons allusion à la suppression des défenses mobiles.

Après avoir composé nos forces, il nous reste à les répartir.

IX

LA RÉPARTITION DES FORCES

———

La répartition de nos forces est un jeu auquel se livrent volontiers les auteurs anonymes. Celui-ci veut que nous concentrions toutes nos forces dans la Méditerranée; celui-là préfère abandonner cette mer pour reporter tout notre effort dans le Nord. Mais, contre qui nous battrons-nous? Toutes les élucubrations qu'on nous a servies visent l'Angleterre et aucune des solutions proposées n'est satisfaisante, parce que ce n'est pas en déplaçant les escadres qu'on augmente leur nombre ou leur puissance, lorsqu'on est desservi par une situation géographique aussi défavorable que la nôtre. Pour les Anglais, l'objectif n'est jamais le terrain d'opérations d'une force navale, mais la force elle-même. Que celle-ci change son champ d'action, la région qu'elle occupait n'a plus de valeur, et les forces qui lui étaient opposées doivent la suivre. Ce principe, vraiment militaire, a été mis en lumière par Nelson, lorsqu'il n'hésita pas à abandonner la Méditerranée pour s'élancer à la poursuite de Villeneuve jusqu'aux Antilles, et l'Angleterre ne paraît pas disposée à renier les procédés de son grand homme.

Tant que nous n'aurons d'autre perspective que celle de nous battre un contre trois, le problème stratégique que pose une guerre avec l'Angleterre sera insoluble. Aussi bien, ce n'est pas du côté des îles Britanniques que l'horizon est le plus chargé, et il est temps de changer le cours de nos préoccupations. A toujours prétendre trouver un moyen inédit de vaincre un ennemi plus fort, nous finirons par nous faire battre par un ennemi plus faible. Envisageons donc d'autres éventualités.

Si nous sommes aux prises avec l'Allemagne, il est bien évident que notre escadre de la Méditerranée ne doit pas continuer ses inutiles promenades de Toulon à Villefranche et de Villefranche à Toulon, tandis que l'escadre du Nord se fera écraser. Et si c'est en Extrême-Orient qu'on se bat, nos escadres métropolitaines seront bien obligées de quitter leur champ d'action.

Nos forces navales ne doivent pas être attribuées à une région plutôt qu'à une autre; elles devront être là où on aura besoin d'elles. Nous discernons maintenant la faute commise en dénommant l'une : escadre du Nord, et l'autre : escadre de la Méditerranée (1). On semble ainsi leur affecter un poste; les populations font état de ces appellations et elles considèrent que l'escadre qui stationne le long de leurs côtes leur est attribuée pour la protection de leurs intérêts personnels. Quand on voudra les leur enlever, on essuiera leurs récriminations, on subira des interpellations dans les Chambres. Il y a là un danger.

Ce n'est pas une raison pour que, en temps de paix, nos forces soient toujours concentrées en vue de satisfaire à une seule éventualité; car l'orage qui gronde dans le Nord peut éclater dans le Sud, dans l'Est ou dans l'Ouest. La politique internationale fait de l'allié du jour l'ennemi du lendemain, et réciproquement. Après avoir combattu les Russes, nous sommes leurs alliés; quelques années à peine après Fachoda, on fête l'entente cordiale. Nos relations avec l'Italie sont cordiales; elles ont été si tendues à une

---

(1) Ces dénominations sont supprimées depuis le mois d'octobre.

époque encore récente que tous les thèmes des grandes manœuvres étaient dirigés contre elle. Et qui nous dit que, demain, ce n'est pas avec l'Amérique que nous nous battrons?

Supposons d'ailleurs qu'adoptant l'une des diverses propositions qui ont été lancées dans la circulation, nous abandonnions la Méditerranée. Toulon, notre principale base d'opérations dans cette mer, périclitera peu à peu. Lorsque l'arsenal ne sera plus alimenté par des escadres, on devra réduire tous les services et congédier des milliers d'ouvriers. Le jour où les circonstances ramèneront nos forces en Méditerranée, l'arsenal sera devenu insuffisant. Or, nous ne pouvons pas nous flatter que nous n'aurons jamais de conflit dans une mer où nous avons d'immenses intérêts, et le meilleur moyen de ne pas exciter les convoitises est d'y entretenir des forces.

Le même raisonnement s'applique aux points d'appui. Ces derniers ont été constitués, parce que nous prévoyons qu'ils nous seront indispensables pendant la guerre. En attendant, il faut les entretenir, et, puisqu'ils n'ont pas, comme les arsenaux, l'appoint des constructions neuves, ils tomberaient rapidement en ruines si nous donnions à nos forces, en temps de paix, la distribution réclamée par un plan de campagne qui ne viserait qu'un cas particulier.

En réalité, partout où nous avons des intérêts, nous sommes obligés de montrer des bâtiments pour les sauvegarder. Voilà pourquoi nous devons entretenir des forces dans le Nord, d'autres dans le Midi et d'autres encore dans les colonies. Mais il n'est pas nécessaire que leur action se fasse sentir d'une façon permanente; on n'a pas intérêt à ce que, même en temps de paix, nos forces du Midi soient indissolublement liées à la Méditerranée, et celles du Nord, aux côtes de l'Océan.

La conclusion de cet exposé est que nos préoccupations

doivent aller beaucoup moins à la répartition de nos forces, envisagée en elle-même, qu'aux facilités qu'elle donnera pour opérer une concentration. Car la guerre doit amener toutes nos forces sur le théâtre stratégique, et les dispositions du temps de paix doivent être telles qu'elles facilitent la solution de ce problème, duquel dépend en grande partie l'issue du conflit.

Or, il faut bien reconnaître que les forces actives sont les seules sur lesquelles nous puissions immédiatement compter; elles sont menacées de supporter à elles seules tout le poids de la guerre au début des hostilités. A une époque où des nations étrangères posent en principe que les hostilités doivent précéder la déclaration de guerre, on ne peut faire état des réserves pendant les premiers jours. Soit que cette théorie soit appliquée contre nous, soit que nous l'adoptions pour notre compte, le bénéfice de l'agression n'existera qu'autant qu'il y aura surprise. En sorte que ce sont les premiers coups de canon qui donneront le signal de la mobilisation.

Si les choses traînent en longueur, nos réserves pourront peut-être entrer en ligne à temps pour participer au premier choc, à la condition qu'elles soient organisées de façon à être rapidement disponibles; mais nous devons, dans nos prévisions, ne les considérer que comme un appoint qui, en augmentant le nombre des bâtiments, forcera, sur le champ de bataille, l'ennemi à diviser ses objectifs. La puissance effective des escadres de réserve, ou, si l'on préfère, leur rendement, sera en effet très faible. Le principe de l'inscription maritime, basé sur des traditions séculaires, interdit de faire faire aux inscrits les périodes d'exercice auxquelles sont soumis les hommes du recrutement. Les armements des pièces seront, en grande partie, composés de réservistes qui se trouveront en face d'un matériel entièrement nouveau; tel canon qui, dans une escadre active, pourra être servi six fois en une minute, ne le sera plus qu'une ou deux fois. Pour le tir, ce sera bien pis; son rendement tombera à presque rien. Et ce que nous disons de l'armement des pièces s'applique à tout le personnel, y compris celui des machines et des chaufferies.

Il en résulte que, quels que soient nos adversaires, c'est sur nos forces actives que nous devons uniquement compter pour une première rencontre, tout en faisant notre possible pour en avoir d'autres. Leur concentration s'impose donc comme une nécessité absolue.

A ce point de vue, les dispositions actuelles ne sont pas favorables. Nous avons bien en Méditerranée une armée concentrée, mais une seule de ses escadres seulement a ses effectifs au complet. L'autre escadre aura besoin d'être mobilisée. A l'autre bout de la France, nous avons une seconde escadre active; mais, composée de croiseurs moyens, elle est peu puissante. Chacune reste cantonnée dans sa région et leur réunion prend les proportions d'un événement : elle a été effectuée cinq fois en quinze ans. Dans ces conditions, l'intention seule d'une concentration, en dehors de l'époque des grandes manœuvres, équivaudrait à un ultimatum (1).

La France porte le poids d'une situation géographique nettement défavorable à l'utilisation de ses forces navales. La masse entière de l'Espagne coupe en deux son littoral et forme un promontoire allongé qui place nos deux principaux arsenaux à 2.000 milles l'un de l'autre. Pour comble de malchance, la route passe par le défilé de Gibraltar. Il n'y a que la Russie qui ait une situation géographique plus mauvaise. L'Allemagne est privilégiée : la concentration de ses forces ne peut être inquiétée, surtout depuis le per-

---

(1) Ces considérations s'appliquent à l'ancienne répartition de nos forces, qui a été modifiée au mois d'octobre 1909.

cement du canal de Kiel. L'Angleterre qui, comme nous,
entretient des forces en Manche et d'autres en Méditerranée,
dispose du relais de Gibraltar où, en plaçant une troisième
force, elle peut composer instantanément une masse énorme.
La France, elle, se trouve dans une position si fausse que
l'objectif de l'ennemi sera demain, comme dans le passé,
d'empêcher la réunion de ses forces. Cela est si évident que
cette jonction, sous la pression de l'ennemi, a servi de thème
à nos manœuvres. Nous devons donc essayer de pallier
dans la mesure du possible les inconvénients que présente
le terrain.

Si les considérations qui précèdent sont exactes, elles
conduisent aux conclusions suivantes :

Nos forces actives, c'est-à-dire celles qui sont armées
avec des effectifs complets, doivent être composées de nos
plus puissantes escadres. La concentration de ces escadres
doit être permanente. Ces deux desiderata obtenus, on
devra adopter des dispositions permettant de faciliter la
jonction de la masse active avec les forces qui seront à
effectifs réduits ou en réserve.

*
* *

La masse active ne peut être que la première armée. Elle
ne sera pas, comme l'est actuellement notre escadre de la
Méditerranée, rattachée à un de nos arsenaux. Elle sera
tantôt dans le Nord, tantôt dans le Midi, de façon à bien
connaître les deux principaux théâtres d'opérations. Elle se
familiarisera avec le mistral du golfe du Lion, aussi bien
qu'avec les brumes et les courants de la Manche. Ses bâtiments passeront au bassin et se feront réparer à Brest,
comme à Toulon et à Bizerte, d'après les disponibilités des
arsenaux. Pour faciliter ses exercices, elle pourra se tenir
de préférence en hiver dans la Méditerranée, et en été dans

le Nord; mais il n'y aurait aucune règle fixe à cet égard. Avant tout, elle doit former une masse active, ce qui écarte toute idée d'une existence sédentaire dans 1. voisinage immédiat d'un arsenal où chacun contracte les habitudes d'une vie bourgeoisement monotone.

Quand nous disons que cette armée sera toujours concentrée, nous n'entendons pas qu'elle naviguera toujours en ligne de file des escadres. Cela signifie seulement que ses éléments se trouveront toujours dans la même région. Jusqu'à ces dernières années, nos escadres vivaient sur des traditions bizarres; on semblait croire qu'un amiral ne peut commander effectivement sans avoir tous ses bâtiments dans le champ visuel de ses jumelles. Comme conséquence, on ne faisait jamais d'exercices à double action, ni de service en campagne; tout se réduisait à des manœuvres à rangs serrés. Les exercices courants, tels que les tirs réduits et les lancements de torpilles, consumaient un temps précieux, parce qu'il semblait indispensable que tout le monde fût présent sur les lieux. Pour arriver à un entraînement pratique, certains exercices doivent se faire par bâtiments isolés, d'autres par division ou par escadre; d'autres enfin, par armée. Là est la logique, et les prérogatives du commandement ne souffriront pas de ce que les chefs de division ou d'escadre auront quelquefois leurs forces en main. Ils apprendront ainsi à donner des ordres et à manœuvrer leurs unités. Le mot « concentration » ne doit pas être pris dans son sens le plus étroit.

Nous placerons la deuxième armée navale à Toulon, et la troisième à Brest, en réservant la question de savoir dans quelle situation ces armées se trouveront : soit en réserve, soit à effectifs réduits.

Ces deux armées ont besoin de s'appuyer sur un arsenal maritime; car c'est là qu'elles compléteront leurs effectifs au moment de la mobilisation.

Ces dispositions vont nous permettre, en toutes circonstances, de réunir l'armée active à l'une des deux autres,
et de former ainsi une masse déjà imposante de vingt-quatre
bâtiments de ligne. Sauf le cas particulier de la guerre
contre l'Angleterre, on peut espérer que la puissance de
cette masse sera suffisante pour maintenir la liberté des
communications et assurer la jonction de la troisième armée. La flotte serait alors constituée. La concentration
générale pourra présenter des difficultés; on les atténuera
en s'inspirant de la situation pour commencer le mouvement. Dès que le baromètre politique sera à la baisse, avant
toute complication, l'armée active devra prendre position
dans la région la plus favorable. Si c'est dans le Nord que
gronde l'orage, elle ralliera aussitôt Brest, et elle ne prendra
la route du Sud, pour aller au-devant de la deuxième armée
(Toulon), qu'en se faisant accompagner par la troisième
armée.

***

Que ferons-nous de l'escadre des garde-côtes?

J'entends bien : puisqu'elle est composée de garde-côtes,
elle gardera les côtes. Oui, mais il y a le « mot » et il y a
la « chose ». Les douaniers aussi gardent notre frontière en
temps de paix; en temps de guerre, ils sont remplacés par
des troupes qui emploient des procédés tout différents de
ceux des gabelous, bien qu'elles concourent au même but :
assurer l'inviolabilité du territoire. Comment donc les
garde-côtes peuvent-ils garder les côtes? Cruelle énigme!

Lorsqu'on a construit ce type de bâtiment, on avait, sans
nul doute, des idées bien arrêtées sur son utilisation; mais,
comme ces idées ne sont pas parvenues jusqu'à nous, nous
en sommes réduit à nous poser à nouveau la question.

Si nous disséminons nos garde-côtes, si nous les employons
à l'instar des douaniers, nous n'opposerons à l'ennemi

qu'une faible barrière qu'il renversera aisément. Ce système, bon contre les contrebandiers, ne vaut rien contre
des masses armées. Il ne faut donc pas attribuer à nos
garde-côtes, en temps de guerre, le service que font, en
temps de paix, les bâtiments de la douane. Groupons donc
les garde-côtes pour en former une escadre. Ils représentent alors une force. Mais, si cette force se trouve concentrée en un point, elle découvre les régions voisines; et si
elle change de place, elle laisse sans défense la région qu'elle
quitte. Comment sortir de cette impasse?

Le garde-côte ne serait-il pas apte à garder les côtes?
C'est malheureusement certain. Répétons pour la cent
unième fois que, pour interdire l'approche du littoral, il
ne faut pas s'occuper des côtes; il faut uniquement se préoccuper des forces ennemies qui sont susceptibles de les attaquer et leur courir sus. La défense des côtes est liée à la
conduite générale des opérations. Or, les garde-côtes, avec
leur faible rayon d'action, ne se prêtent à aucune combi-
naison stratégique.

En raison de leur inaptitude à se déplacer, le meilleur
emploi que l'on puisse en faire est de leur donner, comme
champ d'action, les mers étroites qui sont susceptibles de
devenir des champs de bataille. En se plaçant à ce point
de vue, on aura à choisir entre Bizerte et Cherbourg.

Le canal de Sardaigne est un lieu stratégique important
parce qu'il coupe en deux la Méditerranée. Une rencontre
dans cette région, dans un conflit avec l'Angleterre, n'est
pas certaine, mais elle n'est pas improbable. Les garde-
côtes, placés à Bizerte, pourraient y prendre part; toutefois, dans ce port excentrique, leur mobilisation se ferait
difficilement, faute de personnel.

A Cherbourg, ils se trouveront au centre d'une région
qui peut nous être contestée par plusieurs puissances, et
qui est, comme le canal de Sardaigne, une grande voie de

communication. Remarquons que, en les plaçant à Cherbourg, ils n'affaiblissent pas les forces que nous aurions en
Méditerranée dans une guerre franco-anglaise, parce que
leur présence retiendrait sur les côtes d'Angleterre une
partie des forces anglaises qui auraient pu être envoyées
en Méditerranée.

Nous les placerons donc à Cherbourg; mais si l'on envisage
l'éventualité d'une guerre avec une nation extra-euro-
péenne, voire même avec certaines puissances européennes,
l'escadre des garde-côtes compte pour zéro.

La France a dépensé 167 millions pour ses garde-côtes
et canonnières cuirassées. Il est réellement fâcheux qu'on
ait gaspillé une somme aussi considérable à construire des
bâtiments pour lesquels on ne trouve une utilisation qu'en
se torturant l'esprit.

*
* *

Restent à pourvoir les stations lointaines.

Leur utilité n'est pas contestée. Ce n'est pas une raison
pour les conserver sous leur forme actuelle.

Lorsque les bâtiments avaient si peu de charbon que les
traversées de quelque durée devaient se faire à la voile;
lorsque toutes les parties du monde n'étaient pas encore
reliées entre elles par des réseaux télégraphiques, il y avait
peut-être intérêt à multiplier le nombre des stations et à
les rendre indépendantes les unes des autres. Aujourd'hui,
un croiseur met moins longtemps pour se rendre de Saïgon
ou de Diégo-Suarez aux côtes du Chili ou du Pérou que
n'en mettaient les anciens cuirassés de croisière pour aller
de Tahiti à Valparaiso.

Nous avons vu, d'autre part, que le rôle des divisions
lointaines s'est modifié depuis que le partage du monde
est terminé et que les pays exotiques ont un matériel naval
comparable au nôtre.

Il serait étrange qu'à cette situation nouvelle pût s'adapter l'ancien système; et ce n'est pas porter atteinte à un principe que de l'appliquer sous une forme appropriée aux circonstances.

Dans cet ordre d'idées, la réorganisation tentée sous le ministère de M. de Lanessan marquait certainement un progrès; mais la réforme, faite partiellement, reste incomplète et on en prit prétexte pour revenir à l'ancien état de choses.

La constitution de la force navale de l'Extrême-Orient créait, entre les bâtiments disséminés dans l'océan Indien et l'océan Pacifique, un double lien militaire et administratif; mais, pour le reste, rien n'était changé. Les bâtiments affectés antérieurement à Madagascar et au Pacifique continuaient à y rester en permanence; les anciennes stations subsistaient donc, mais elles étaient décapitées de leur chef; le lien administratif qui les reliait à leur amiral (lequel restait en Chine) devint vite un joug insupportable et produisit des résultats inattendus.

Les bâtiments qui composèrent la force navale de l'Extrême-Orient étant exactement les mêmes que ceux qui avaient fait partie des stations navales, ladite force n'était qu'une agglomération de navires sans puissance effective. Le lien militaire existait, mais il était très faible, parce qu'il ne s'appliquait pas à un groupement rationnel.

Ce sont les croiseurs-cuirassés qui, aujourd'hui, doivent montrer le pavillon hors de France; et, comme ils ont de longues jambes, on peut élargir leur champ d'action.

Une fraction détachée de la troisième armée, et à laquelle seraient rattachés deux bâtiments légers de cette armée, remplacerait l'ancienne division navale de l'Atlantique (1);

_____

(1) Dans le système de M. de Lanessan, la division légère de l'escadre du Nord remplaçait la division de l'Atlantique. C'était très

elle serait armée dans ce but à effectifs complets. Son action s'étendrait entre les deux Amériques d'une part, l'Europe et l'Afrique d'autre part. Elle ne serait pas d'ailleurs coupée de tout lien avec la France et reviendrait périodiquement à son port d'attache, où elle pourrait être remplacée par une autre fraction; elle participerait aux grandes manœuvres. Pendant ses absences, elle s'appuierait sur Dakar de préférence à Fort-de-France où nous n'avons pas de point d'appui. Enfin, c'est elle qui, par ses bâtiments légers, assurerait le service de Terre-Neuve et de l'Islande. Cette force serait ainsi une école de navigation.

Tout l'Extrême-Orient (océans Indien et Pacifique) serait attribué à la division indépendante qui s'appuierait sur Diégo-Suarez et Saïgon. Naturellement, elle ne resterait pas immuablement concentrée; il importe donc que, entre ses diverses unités, le lien administratif ne soit pas trop serré.

En temps de guerre, cette division se concentrerait tout d'abord à Diégo-Suarez.

Pourquoi Diégo-Suarez? Parce que ce point d'appui est placé dans une région uniquement française et est éloigné de toute base navale étrangère. C'est là qu'elle attendrait des ordres ou, si les circonstances l'exigeaient, des renforts. D'ailleurs, pour couper les communications commerciales entre l'Europe et l'Extrême-Orient, Diégo-Suarez n'est pas une mauvaise base d'opérations.

En dehors de ces deux forces, il n'y aurait, dans les colonies, que quelques bâtiments de police, de faible tonnage, qui seraient donnés en pâture aux gouverneurs.

*
**

économique; mais cette solution supprimait en fait la division légère de l'escadre du Nord. Or, si l'on attribue à cette escadre des bâtiments légers, c'est sans doute qu'elle en a besoin.

En récapitulant, nous arrivons à la répartition suivante :

Première armée navale : Méditerranée, Manche, mer du Nord;

Deuxième armée navale : Toulon;

Troisième armée navale : Brest (avec une fraction détachée dans l'Atlantique);

Escadre des garde-côtes : Cherbourg;

Division indépendante : Extrême-Orient.

Dans cette répartition, il n'est rien attribué aux ports de Lorient et de Rochefort. Il y a une raison à cette exclusion : à moins de leur donner des bâtiments légers et de compromettre ainsi la mobilisation, on ne peut rien leur offrir. Rochefort ne peut pas donner accès aux bâtiments de fort tonnage; et un croiseur-cuirassé remplit à lui seul toute la rade de Lorient. A l'embouchure de la Charente, se trouve la rade des Trousses qui peut être utilisée comme point de relâche par nos forces; mais il n'est pas nécessaire, pour la conserver en état de défense, d'avoir un arsenal à Rochefort.

*

Il est temps maintenant de s'occuper des torpilleurs.

Nous avons dit que la répartition des torpilleurs affectés aux escadres dépendait du rôle que chaque force était appelée à jouer. Pendant la paix, l'objectif de chaque armée n'est pas nettement défini, puisqu'on ne connaît pas encore l'adversaire qu'on aura à combattre; on pourrait donc former, avec les torpilleurs d'escadre, un certain nombre de flottilles indépendantes, analogues à nos défenses mobiles, qu'on se réserverait d'attribuer à certaines armées au moment de la mobilisation. Il paraît préférable de les affecter aux escadres; car la collaboration constante des flottilles et des escadres est nécessaire à l'entraînement

militaire des unes et des autres. Le service de sécurité
qu'assument les flottilles contre les torpilleurs ennemis
exige l'emploi d'une tactique spéciale dont les règles res-
sortent des manœuvres en liaison entre cuirassés et torpilleurs. D'un autre côté, l'attaque de cuirassés ennemis
ne peut se faire pendant la paix que sur des cuirassés amis.
L'organisation de nos défenses mobiles présente cette particularité curieuse qu'on ne met pas de but à la disposition
des torpilleurs qui les composent; ceux-ci doivent apprendre
à tirer des torpilles sans cible (1). Les défenses mobiles de
Tunisie, d'Algérie et des colonies restent ainsi des années
entières sans dessiner une attaque contre les escadres;
lorsque la rencontre se produit, à l'occasion des grandes
manœuvres, le résultat est si pitoyable qu'on en conclut
prématurément à la faillite du torpilleur. Pour les défenses
mobiles de France, il est entendu qu'elles doivent profiter
du voisinage des escadres pour faire avec elles des exercices
combinés; mais, comme les torpilleurs et les cuirassés dépendent de deux autorités différentes, et ont des programmes
différents à remplir, ce n'est qu'à de rares intervalles qu'on
peut arriver à établir une concordance dans les mouvements des uns et des autres.

Tous ces impedimenta sont levés lorsque les torpilleurs
appartiennent aux escadres, et le nombre des exercices
combinés ne dépend que de la volonté des amiraux.

C'est pour ces diverses raisons que nous répartirions les
torpilleurs de la façon suivante :

Sur plus de soixante-dix contre-torpilleurs (ou torpilleurs
d'escadre) que nous aurons en service bientôt, nous donne-
rions deux escadrilles de douze torpilleurs (soit vingt-quatre
unités) à chacune de nos trois armées navales, nous réser-

_____

(1) Cette lacune a été comblée ; on a affecté un garde-côte à
chacune de nos principales défenses mobiles.

vant de faire passer des ensembles complets d'une armée à l'autre au moment de la mobilisation. Les plus anciens torpilleurs seraient naturellement affectés à la deuxième armée. Chaque flottille ainsi constituée serait placée sous l'autorité d'un capitaine de vaisseau qui monterait un des grands contre-torpilleurs du type *Dunois* ou *Cassini*.

La division navale de l'Extrême-Orient ne saurait que faire de torpilleurs qui gêneraient ses mouvements. Quant à l'escadre des garde-côtes, destinée à rester dans la Manche, elle combinerait son action avec celle des sous-marins de Cherbourg.

Notre flotte entière se trouve ainsi constituée.

**

Nous allons maintenant faire un rêve.

Nous rêverons qu'un génie bienfaisant a accordé à la marine les hommes et les crédits nécessaires pour tenir cette flotte entière dans un état de préparation suffisant. Nous estimerons que, pour passer dans de bonnes conditions du pied de paix sur le pied de guerre, et satisfaire aux besoins de l'entraînement militaire et de la navigation, il faudrait adopter les dispositions suivantes : entretenir à effectifs complets la première armée, ainsi que l'une des escadres de la troisième armée et la division de l'Extrême-Orient ; donner à la deuxième armée et à la seconde escadre de la troisième armée des effectifs réduits ; les soixante-douze torpilleurs restant toujours armés complètement.

Pour l'escadre des garde-côtes, en raison de sa faible puissance militaire, on se contenterait de la position de réserve normale.

Ce n'est qu'un rêve. Cependant, si la marine n'était pas ruinée par les défenses mobiles, ce rêve serait bien près de devenir une réalité. C'est à armer, entretenir et réparer ces

singuliers bâtiments — qui feront le pied de grue dans
le Nord lorsqu'on se battra dans le Midi, et réciproquement — que passe l'argent des contribuables. Combien
coûtent-ils exactement? Les comptes du budget ne permettent pas de le savoir, car leurs dépenses au personnel sont
englobées dans le chapitre VII, et leurs dépenses au matériel se trouvent réparties entre les chapitres XXV, XXIX,
XXX, XXXI, XXXII. Le regretté amiral Ponty, lorsqu'il
commandait à Bizerte, ne pouvait se défendre d'un mouvement d'humeur chaque fois que ses torpilleurs étaient
indisponibles pour cause de réparations. « Savez-vous ce
que vous nous coûtez, nous disait-il? Vingt millions. » On
peut en armer, des bâtiments, avec 20 millions.

Le jour où nous aurons le courage de notre opinion en
substituant aux défenses mobiles sédentaires des escadrilles mobiles de torpilleurs d'escadre (ainsi que nous le
proposons), on sera étonné de la force que présentera encore
notre marine, malgré toutes les erreurs commises.

En effet, ces armements immenses dont nous avons
donné la nomenclature n'absorberaient sur le pied de paix
que 35.000 hommes, sur un contingent annuel de plus de
50.000 marins (1). Il resterait donc encore plus de 15.000
hommes pour alimenter les écoles, et armer une dizaine
de petits bâtiments de police, canonnières et gardes-pêche.
Pour éviter des dépenses inutiles d'entretien, on commen-
cerait d'abord par rendre à leur véritable destination, en
les envoyant à la ferraille, un certain nombre d'unités dont
les unes ne sont armées que pour faire flotter un pavillon,
et dont les autres ne servent même pas à cet usage représentatif. On supprimerait ainsi les *Redoutable*, les *Phlégéton*,
les *Achéron*, les *Styx*, les *Flèche*, les *Fusée*, les *Mitraille*.

_____

(1) Voir à l'Appendice les effectifs nécessaires pour armer la flotte
sur le pied de paix et sur le pied de guerre.

On peut encore faire d'autres économies, au personnel comme au matériel. Vous pouvez installer l'école des gabiers et l'école des timoniers, ainsi que toutes les écoles des apprentis (timoniers, gabiers, torpilleurs et canonniers), sur les escadres armées à effectif réduit. Cette solution n'est pas nouvelle; il n'y a pas longtemps que la division d'instruction (*Brennus, Hoche, Charles-Martel*) a été supprimée. Elle présenterait le double avantage de supprimer l'entretien de vieilles coques, comme le *Calédonien* et le *Bayonnais*, et de faire entrer, pour une partie au moins, les apprentis dans la composition des équipages. Le fonctionnement de la division d'instruction donnait d'excellents résultats, si on s'en rapporte aux rapports des contre-amiraux qui l'ont commandée; mais cette division était insuffisante pour le nombre des apprentis. Ceux-ci pourraient être répartis entre deux escadres : les élèves timoniers et les élèves gabiers dans la troisième armée avec les apprentis-timoniers et les apprentis-gabiers; les apprentis-torpilleurs, les apprentis-canonniers et les élèves de la marine marchande dans la deuxième armée.

Enfin les écoles de chauffe des ateliers de la flotte seraient mieux placées à bord qu'à terre où elles se trouvent dans des conditions défectueuses; elles seraient transportées sur les escadres de seconde ligne.

Si, malgré les économies que procureraient ces dispositions, la dépense est encore trop élevée, alors supprimez complètement l'escadre des garde-côtes dont la puissance est très faible. S'il faut faire encore un sacrifice de plus, placez en réserve deux des quatre escadrilles qui sont attachées aux deuxième et troisième armées. Mais il est impossible d'aller plus loin sans compromettre la disponibilité de la flotte.

Comparez maintenant ce que nous donnerait cette composition et cette répartition de nos forces avec l'état de choses actuel, et demandez-vous si la marine ne serait pas infiniment plus imposante et plus redoutable. Évidemment, si vous prenez l'avis de tous ceux qui ont la charge d'un petit coin de la défense maritime, ils regretteront qu'on leur enlève des moyens, même médiocres, ou des commodités, même superflues. Mais si vous vous adressez à celui à qui seront confiées, à l'heure critique, les destinées maritimes de la France, sa réponse ne saurait être douteuse; car lui n'aura d'autre préoccupation que de réunir tous les éléments nécessaires pour vaincre.

A ceux qui ont foi dans la torpille, nous dirons ceci : là où sera l'ennemi, là seront nos armées navales, puisqu'elles n'ont été construites que pour s'attaquer aux armées ennemies; et alors, ne croyez-vous pas que l'action de grandes masses de torpilleurs, s'appuyant sur des cuirassés et capables de refouler les destroyers, ne sera pas plus efficace, même au seul point de vue de la défense, que ces petits groupes de torpilleurs qui ne peuvent s'aventurer dehors que la nuit et que le moindre contre-torpilleur mettra en fuite?

Poser la question, c'est la résoudre.

Notre flotte, allégée du poids mort des défenses mobiles, des bâtiments inutiles et des écoles secondaires, pourrait être mobilisée tout entière pendant les grandes manœuvres, au moment de l'appel des réservistes; car, sur le pied de guerre, elle ne réclame pas plus de 42.000 hommes (1).

_____

(1) Voir l'Appendice.

X

L'ORGANISATION DU COMMANDEMENT

Lorsque, en 1900, on opéra pour la première fois la concentration de nos forces, on fut obligé de créer de toutes pièces un organisme nouveau. Le livre des signaux contenait bien quelques prescriptions relatives aux armées navales, mais elles étaient notoirement insuffisantes; et d'ailleurs l'existence d'une armée ou d'une flotte ne se manifeste pas uniquement par des signaux. Le travail de préparation fut long, et, si l'amiralissime put, aussitôt après avoir arboré son pavillon, prendre la mer avec ses forces, cela tint à ce que, depuis plusieurs mois, il s'était préparé à sa tâche. Cependant, on n'était pas tombé du premier coup sur la solution exacte et, pendant les deux années suivantes, on ne cessa d'améliorer.

Cela seul suffirait à montrer la nécessité d'avoir en permanence un amiralissime désigné. Cet amiralissime pourrait être le plus ancien des commandants d'armée; ce serait simple et économique. Mais si ce *senior officer* est à la tête de l'armée des « rossignols » ou de l'armée des croiseurs, conduira-t-il la flotte avec son armée ou changera-t-il de commandement au moment de la mobilisation? D'un autre côté, l'expérience a démontré que, pour qu'un chef suprême puisse remplir ses fonctions, il faut lui supprimer le souci du détail en lui épargnant d'avoir à s'occuper de l'administration directe des bâtiments qui constitue le petit côté des fonctions d'un chef.

Enfin, si l'on se contentait de nommer un amiralissime occasionnel chaque fois que se réuniraient les armées, le dossier « Flotte » irait s'enfouir dans un carton; comme la composition des forces se modifie constamment avec l'entrée en service d'unités nouvelles, on se trouverait pris au dépourvu chaque fois que s'opérerait la concentration. On admettra d'ailleurs qu'il n'est pas inutile qu'un chef se prépare au rôle qu'il aura à jouer, et ce n'est pas le jour de son entrée en fonction qu'il devra prendre contact avec l'outil qu'il aura à manier. A ce moment, on ne doit plus rien avoir à apprendre; il faut appliquer.

L'amiralissime ne serait pas seulement le chef éventuel. Il conserverait en tout temps une certaine action sur les armées. La situation géographique de la France a eu pour conséquence de reconstituer les deux marines du Ponant et du Levant. N'ayant aucun point de contact entre elles, l'esprit de particularisme s'est développé dans chacune de nos escadres; elles ont suivi des voies, sinon opposées, du moins différentes; elles avaient leurs habitudes propres, leurs traditions, jusqu'au jour où elles finirent par avoir leurs signaux.

La constitution de l'armée navale — ce serait aujourd'hui la flotte — eut pour effet de mettre en relief ces divergences. Le premier amiralissime ne manqua pas de les signaler et d'en montrer les inconvénients; mais il ajoutait que, l'armée dissoute, rien n'empêcherait de revenir à l'ancien état de choses, puisque le lien qui avait réuni les escadres n'était pas permanent. Cela ne manquera pas de se produire si l'on reste plusieurs années sans former de flotte; car, alors, les chefs auront changé et la nécessité de disposer de moyens identiques n'apparaîtra plus clairement.

L'amiralissime pourrait être précisément ce lien permanent. Il ne saurait être question ici de l'entourer de scribes et de lui constituer des bureaux qui formeraient un nouveau rouage administratif, parallèle à l'État-major général; et, d'ailleurs, ce n'est pas de Paris qu'on commande des armées navales. Mais, sans s'immiscer, en temps ordinaire, dans les détails du service, il pourrait être le gardien vigilant de ce qui, dans notre organisme maritime, est l'équivalent de notre constitution politique. C'est-à-dire que les principes et les règlements auxquels on ne peut toucher sans détruire l'unité de direction et sans porter atteinte à la coordination des efforts ne pourraient être modifiés sans son approbation. S'il estimait que certains changements s'imposent, il provoquerait les ordres nécessaires, afin qu'ils fussent appliqués à toutes les armées, au lieu de rester le privilège d'une seule.

Pour consacrer ce rôle constitutionnel, l'amiralissime serait inspecteur des armées (1).

Les inspections générales annuelles, dont le principe est excellent, ont dégénéré peu à peu sous l'influence de causes diverses qu'il serait sans doute malaisé d'analyser; et elles étaient devenues, è une époque encore récente, de simples formalités; c'était un prétexte, que tout bon Français est heureux de saisir, pour fournir un nombre d'états considérable et pour écrire un nombre non moins considérable de rapports. Quant à la chose elle-même, elle se manifestait par une promenade en corps à travers le bâtiment que venait couronner l'éternel exercice du fusil et la charge en quatre temps. Le port de la grande tenue venait consacrer le côté cérémonieux et uniquement représentatif de cette manifestation.

Nous n'en sommes plus là; mais nos inspections générales ont conservé un vice originel que l'habitude cache à nos yeux : les inspecteurs s'inspectent eux-mêmes et il

_____

(1) La création d'un inspecteur des escadres a été une des premières mesures adoptées par l'amiral de Lapeyrère.

est rare qu'ils ne se décernent pas un certificat de bonne
gestion.

Si l'amiralissime était inspecteur des armées, il ne pourrait sans doute pas conserver aux inspections leur forme
actuelle où domine trop le souci du détail, mais il n'y aurait
peut-être pas lieu de le regretter.

Le complément indispensable de l'organisation précitée
est donc un amiralissime permanent, inspecteur des armées.
Sa lettre de commission lui conférerait des pouvoirs d'une
durée limitée à deux années, comme pour tous les commandements. Chaque année, à l'époque des grandes manœuvres, il prendrait le commandement de la flotte entière
et pourrait ainsi étudier les problèmes intéressants que
soulèvent le maniement de trois armées navales et leur
manœuvre en liaison. Dans le courant de l'année, il ferait
des exercices de moindre envergure avec la première armée
réunie à l'une des deux autres armées dont les effectifs
réduits limiteraient le champ d'action. Dans ces diverses
circonstances, il serait toujours accompagné d'un vice-
amiral qui prendrait le commandement de l'armée légère,
afin que l'utilisation des bâtiments découle de leurs moyens
réels et non de l'ancienneté des chefs des escadres légères.

En toutes choses, l'application des meilleurs principes
est souvent contrariée par des difficultés d'exécution. C'est
ce qui s'est produit lorsqu'il s'est agi de trouver un bâtiment pour l'amiralissime, chaque fois que l'armée navale
a été constituée.

La première formule a consisté à mettre l'amiralissime
à la tête d'une des escadres dont il était ainsi obligé de
prendre le commandement effectif à la mer, puisque le
titulaire se trouvait relégué dans la ligne. Afin de ne froisser
aucune susceptibilité, on avait dépossédé le contre-amiral
qui commandait les garde-côtes. Le chef suprême se trouvait ainsi à la tête du corps de bataille le moins important.

La seconde solution fut plus heureuse. L'amiralissime mit son pavillon sur le bâtiment que montait le commandant d'une des escadres. Ce dernier continuait ainsi à commander et à diriger son escadre; et lorsque celle-ci naviguait isolément (ce qui arrivera fréquemment avec une flotte), l'amiralissime pouvait quitter la passerelle. Malheureusement les mêmes considérations de personnes firent choisir une escadre commandée à titre provisoire par un contre-amiral et qui se trouvait être naturellement la plus faible.

La solution définitive devra consister à mettre l'amiralissime sur le même bâtiment que le commandant de la première armée, afin qu'il soit à la tête du principal corps de bataille. Le défaut de logement ne saurait être un empêchement; il y a à bord des bâtiments amiraux un certain nombre d'officiers supérieurs qui ont d'autant moins à faire que les navires mènent une existence plus active. A la mer, le jeu des petits papiers qui justifie leur présence doit cesser; et, pour suivre en spectateurs les manœuvres d'une flotte, ces officiers peuvent bien se transporter sur un autre bâtiment.

Il serait à désirer que la prise de commandement de l'amiralissime se fît (la première fois exceptée) sans apparat, sans coups de canon, à la sourdine pour ainsi dire, afin de bien montrer qu'elle n'implique rien d'exceptionnel. L'amiral trouverait dans le sacrifice de la représentation la confirmation de la permanence de ses fonctions.

*
**

Dans une guerre, la direction imprimée aux opérations ne saurait appartenir qu'au ministre lui-même, responsable devant le Parlement et devant le pays. C'est donc aux bureaux de l'État-major général, qui relèvent de son autorité, qu'incombe la charge de préparer tous les éléments de nature à éclairer le ministre; mais l'amiralissime ne saurait être tenu dans l'ignorance des combinaisons de l'État-major général et des détails du plan de campagne. Par le fait même que la confiance du gouvernement l'a placé à la tête des forces dont dépendent les destinées du pays, il représente l'autorité maritime la plus haute, en même temps que la plus compétente; il ne peut donc être tenu à l'écart de conceptions dont il doit être l'agent d'exécution. La question ne se discute même pas, et si on l'a effleurée ici, c'est uniquement pour préciser de quelle nature doit être cette intervention.

Aucune confusion ne doit exister entre les attributions de l'État-major général et ceux du commandement suprême. L'un est un office de renseignements, un organe de centralisation; l'autre représente le principe d'action dans ce qu'il a de plus élevé. Le travail de l'État-major général est fait de variété et même de minuties; celui d'un chef militaire est tout entier de méditation et de généralisation. Il y a donc incompatibilité entre les deux fonctions; mais elles ont des points de contact, car l'une travaille pour l'autre et peut la seconder. Ce trait d'union paraît exister; en réalité il n'existe pas. Il est à créer.

Ce serait le bureau des opérations.

Un ancien ministre de la marine nous apprit un jour, qu'à son arrivée au ministère, rien de ce qui concerne la préparation à la guerre n'était fait. Il y avait bien des bâtiments; ces bâtiments étaient armés de canons et de torpilles; ils naviguaient; mais on n'avait pas prévu leur utilisation, comme si elle découlait de la nature même des choses. Évidemment l'étonnement du ministre était justifié. L'histoire des guerres est surtout l'histoire des fautes qui ont été commises; il y a donc une « manière » qui est préférable à une autre et, avant de la mettre en action, il faut l'étudier. Si Napoléon put, d'un seul trait, dicter le plan de la campagne qui se termina par l'apothéose d'Austerlitz, il le méditait depuis longtemps, le modifiant, l'améliorant constamment dans sa tête. Et Napoléon était Napoléon ! Bien fous ou bien aveugles seraient ceux qui prétendraient improviser un plan de campagne dans le désarroi d'une mobilisation.

La révélation de M. Lockroy fit scandale. Dans les milieux maritimes, elle ne manqua pas de provoquer des appréciations peu bienveillantes. Comme l'État-major général distribue plus souvent, dans ses dépêches, la critique ou le blâme que l'éloge; comme les membres qui le composent paraissent, en raison de leurs fonctions spéciales, devoir représenter la quintessence des capacités maritimes, cet important service est toujours l'objet d'une envie déguisée ou d'une hostilité latente; et on accueille avec avidité ce qui le montre sous un jour peu favorable.

Or, en l'espèce, ce n'étaient pas les hommes qui étaient coupables, l'organisation seule se trouvait en défaut; et ceux qui accusèrent avec le plus d'ardeur l'incurie des bureaux, de la « bureaucratie », n'eussent probablement pas fait plus ni mieux. Il y a bien un organe, la troisième section, qui est chargé de la préparation à la guerre; mais ce n'est là qu'une petite partie de ses attributions. Cette section traite également toutes les questions de matériel (lequel est immense et d'une infinie variété) et bien d'autres choses encore. Il arrive alors que la besogne courante, celle qui se présente journellement sous la forme classique du dossier accompagné d'un bordereau, cette besogne absorbe tout le temps et toutes les préoccupations de la section; et il est fatal qu'il en soit ainsi, parce que le besoin de solutions immédiates se fait sentir. Quant au reste (la préparation à la guerre), il peut attendre. On est en paix depuis de longues années; cela durera bien encore. Et puis,

pour s'occuper de la guerre, il faudrait changer le cours
de ses idées, passer d'un genre de travail à un autre tout
différent; il faudrait s'isoler, toutes affaires cessantes, et
concentrer son attention sur des questions complexes. Le
temps manque pour opérer ce changement de portage; il
faut que la machine maritime continue à tourner; les ports
réclament des réponses. Et voilà comment la préparation
à la guerre reste oubliée dans ce coin retiré des bureaux
où dorment les questions qu'on doit toujours résoudre et
qu'on ne résout jamais.

Ce tableau, poussé au noir, ne veut pas dire que, depuis
le ministère Lockroy, les choses soient restées en l'état;
mais uniquement que l'organisation est vicieuse en soi.

Si paradoxale que paraisse cette assertion, on peut dire
que, en certaines matières, avant de songer au contenu,
il faut créer le contenant sans même savoir ce que l'on
mettra dedans; faire le cadre avant de peindre le tableau.
Par exemple : vous vous plaignez de ne pas avoir de stratégie navale; créez une chaire de stratégie. Par le fait
seul que vous ferez monter quelqu'un dans la chaire et
que vous le placerez devant un auditoire, vous le forcerez
à parler de stratégie. Cette science ne sortira pas du premier
coup de la chaire, comme un polichinelle d'une boîte à
surprises; mais elle se formera peu à peu, chacun apportant
sa petite part de vérité qui sera recueillie par le suivant,
car la vérité s'impose. Et ainsi, au bout d'un certain temps,
les vrais principes, tamisés au fur et à mesure, viendront
s'accumuler en tas et formeront une doctrine, tandis que
les sophismes, trop grossiers pour passer au crible de la
discussion, resteront dans le tamis.

Ceci pour dire que vous n'aurez une préparation à la
guerre sérieuse que le jour où vous aurez l'organe qui devra
s'en occuper, et qui s'en occupera, parce qu'il n'aura rien
d'autre à faire.

Cet organe ne peut être que le bureau des opérations. Son chef devrait être le sous-chef d'État-major général.

Il est étrange que, dans un ministère où toutes les directions possèdent un ou plusieurs sous-directeurs, le service le plus important n'en possède pas. Du vice-amiral, chef d'État-major général, on tombe immédiatement à des capitaines de frégate, chefs de section; et si le vice-amiral attrape une grippe ou un lumbago, c'est le plus ancien de ces officiers qui devra le remplacer. La marine a droit è un sous-chef d'État-major général, et puisque le bureau qu'il dirigera doit être le lien entre l'amiralissime et l'État-major général, n'est-il pas indiqué qu'il soit le chef d'état-major de l'amiralissime? Il n'est pas nécessaire, d'ailleurs, que ce bureau ait un nombreux personnel; il est même à désirer que ce personnel soit très restreint, afin de ne pas céder à la tentation d'élargir ses attributions et de le sortir ainsi de son rôle.

Il importe que le premier collaborateur de l'amiralissime fasse partie de l'État-major général qui a élaboré le plan de campagne; car celui qui sait d'avance qu'il participera à l'exécution d'opérations à la conception desquelles il a contribué, celui-là évitera de tomber dans l'écueil si dangereux qui consiste à bâtir des plans irréalisables.

L'amiral Rojestvenskii ne voulait pas accepter le commandement de la deuxième escadre du Pacifique, parce qu'il estimait qu'on lui demandait l'impossible. La situation était évidemment appréciée sous un jour différent dans les grands conseils de la marine russe, puisqu'on fit partir l'escadre et que, même après la chute de Port-Arthur, on ne la rappela pas. En eût-il été de même si ceux qui avaient participé à la conception avaient dû prendre une part de responsabilité dans l'exécution?

***

L'organisation proposée n'est qu'une ébauche; il est sans doute possible de faire mieux, et d'autres pourront concevoir des dispositions meilleures. Mais telle qu'elle est, elle a un avantage incontestable : elle met quelque chose là où il n'y a rien. Nous n'avons fait, en somme, que calquer ce qui a été fait pour l'armée. On dira que l'armée n'est pas la marine. C'est vrai : l'une est organisée, l'autre ne l'est pas. Voilà la seule différence.

La constitution de la flotte, basée sur les prévisions du temps de guerre, ramènera les esprits vers une conception plus nette des nécessités de la guerre. Il est grand temps; la paralysie envahit peu à peu tous les organes du corps maritime; nos thèmes sont usés jusqu'à la corde; les exercices ont pris une forme conventionnelle; les sorties représentent indéfiniment les mêmes itinéraires; la navigation des escadres tourne dans un même cercle.

Et le symptôme le plus inquiétant, n'est-ce pas le système actuel qui nous laisse désarmés en face d'une agression et remet au jour de la déclaration de guerre l'immense travail qui consiste à créer de nouvelles unités? L'organisation du commandement exigerait, rien que pour le service à la mer, neuf vice-amiraux et quatorze contre-amiraux (en comptant les divisions de Cochinchine, de Tunisie et d'Algérie). Les fonctions de chef d'État-major général et de préfet maritime occupent six vice-amiraux; celles de chef d'état-major d'arrondissement et de major général emploient huit contre-amiraux. On admettra que nous devons avoir également quelques-uns de nos chefs à Paris à la tête des grands services; ce qui, en prenant pour base l'état de choses actuel, porterait à seize les postes de vice-amiral et à vingt-sept ceux de contre-amiral (1). On ne se prive pas de dire que les cadres de nos officiers géné-

---

(1) Sur un cadre de 15 vice-amiraux et de 30 contre-amiraux.

raux sont trop larges; en réalité, ils sont à peine suffisants. Mais il est juste de reconnaître que la nécessité d'entretenir quinze vice-amiraux n'apparaît pas clairement, puisqu'on ne trouve à en employer que deux à la mer.

Les cadres, dit-on, sont constitués en prévision du temps de guerre. Soit, mais le public se demande ce que peut être une fonction de guerre qui n'exige aucune préparation pendant la paix. Et l'on peut penser qu'en tenant des officiers, quel que soit leur grade, éloignés pendant de nombreuses années de tout contact avec les bâtiments, on les utilise mal et on ne les prépare pas à leur rôle. Puisque nous avons des amiraux, employons-les.

L'application du système proposé troublerait sans doute bien des habitudes et éveillerait bien des susceptibilités. Il modifierait trop de situations acquises et de traditions pour être accepté sans récriminations.

A cela, nous n'avons qu'un seul argument à opposer, mais il est bon : il s'agit de la défense nationale.

TROISIÈME PARTIE

L'ADMINISTRATION

I

LA BUREAUCRATIE

———

Au moment même où l'auteur écrit ces lignes, l'administration de la marine subit des assauts furieux. A la Chambre, dix, quinze députés se sont succédé à la tribune; et, dans une documentation précise, ils ont montré ses inconséquences et ses incohérences. Ils ont indiqué le mal et préconisé le remède.

Il sera permis à un marin de donner également sa note dans ce concert; mais il voudrait surtout s'attacher à rechercher les causes. C'est ce que nous allons essayer de faire.

Comme le malade a été placé sur la table d'opération et disséqué devant plus de cinq cents praticiens, nous n'aurons à révéler aucune tare cachée; nous ne découvrirons aucune plaie qui n'ait été déjà mise à nu.

***

Il y a deux façons d'administrer.

La première consiste à concentrer toute l'autorité sur une seule tête qui dirige tout, règle tout et se réserve la solution de toutes les questions. C'est le système de la centralisation.

Dans la seconde manière, le pouvoir central conserve également toute l'autorité, mais il l'exerce d'une façon différente. Il se borne à donner aux différents services la direction et l'impulsion, se réservant seulement de traiter directement les questions d'un caractère organique; à la tête des services, il place des délégués qui sont ses *missi dominici* et sont responsables envers lui de leurs actes. Si les services sont importants, ils sont eux-mêmes subdivisés en plusieurs branches dont l'administrateur a également des attributions bien déterminées. C'est le système de la décentralisation.

La centralisation a de bons effets lorsqu'il s'agit de créer de toutes pièces une nouvelle administration; l'absence de méthode, de traditions, de règlements nécessite alors une direction très précise. Mais elle ne saurait s'appliquer qu'à une organisation rudimentaire dont les rouages sont très simples et peu nombreux, parce que la puissance de travail d'un seul n'est pas illimitée. En tout cas, les résultats qu'elle donnera vaudront ce que vaudra l'homme lui-même; elle ne s'accommodera pas de la médiocrité.

Dès que l'administration s'exerce sur un organisme compliqué, qui comprend un personnel nombreux et un matériel varié, qui engage des capitaux considérables, la décentralisation s'impose.

Si, à mesure que les services prennent de l'extension et ont à traiter une quantité d'affaires de plus en plus grande, le pouvoir central n'abandonne pas le souci du détail, il sera vite débordé et se trouvera dans l'impossibilité de faire face aux multiples questions qui se poseront. Il devra alors opter entre deux solutions : ou bien décentraliser, ou bien s'entourer d'auxiliaires immédiats qui seront chargés de faire la plus grande partie de la besogne. Dans ce dernier cas, il multipliera autour de lui les bureaux. Ceux-ci n'auront pas du tout le caractère de représentants de l'autorité, car ils sont irresponsables. Ils ont des fonctions, ils n'ont pas de pouvoirs. Mais, par la force même des choses, leur influence grandira avec le nombre et l'importance des affaires à traiter, et par suite de l'impossibilité de contrôler leur travail, ils se substitueront peu à peu à l'autorité responsable et arriveront à être plus puissants qu'elle. Au lieu d'avoir une seule tête, bien équilibrée, agissant par l'intermédiaire de membres robustes, on aura une tête monstrueuse et des membres grêles; ou plutôt, on aura plusieurs têtes qui penseront et agiront en même temps. Chacune pourra prétendre représenter la pensée du chef derrière lequel elle s'abrite. Et alors, toutes parleront à la fois, donnant quelquefois des ordres contradictoires et, au milieu de cette cacophonie, les malheureux administrés ne sauront auquel entendre.

La centralisation aboutit ainsi au système qui est connu sous le nom de *bureaucratie*.

La bureaucratie est la caractéristique des pouvoirs autocratiques. L'autorité étant, par définition, concentrée sur une seule tête, tout doit émaner d'elle. Théoriquement, elle distribue la faveur ou le blâme. Pratiquement, l'illusion de l'absolutisme ne peut subsister qu'à la condition de constituer à côté de la tête une organisation très puissante qui, sans être dépositaire du pouvoir, du moins officiellement, gouvernera non pas au nom, mais sous le nom de l'autocrate; elle n'encourra aucune responsabilité, puisqu'elle sera couverte par sa signature. L'autocratie n'est pas un régime personnel, c'est au contraire un régime essentiellement plural; mais c'est un régime absolu, parce qu'il ne comporte ni recours ni contrôle. Aucune forme de gouvernement n'engendre une pareille diffusion de pouvoirs; et si le monarque est faible, il sera lui-même asservi comme tous ses sujets.

Sous la monarchie, les apparences étaient soigneusement conservées. C'était toujours le Roi qui parlait; on aurait pu croire qu'il dictait lui-même les dépêches les plus insignifiantes; et les commis de l'ancien régime avaient bien raison de s'attacher au souci de la forme, car ils y trouvaient la meilleure garantie de leur indépendance.

La Russie nous a donné l'exemple d'un empire bureaucratique. Les aspirations constitutionnelles n'ont jamais visé le souverain; elles en voulaient à ce pouvoir, sinon occulte, du moins anonyme, qu'est la bureaucratie. Ces aspirations se manifestèrent après la guerre contre le Japon, parce que la nation rendait la bureaucratie responsable de ses désastres.

* *

La marine est administrée sous le régime de la bureaucratie.

Le ministre — qui serait autocrate s'il n'était responsable devant les Chambres — représente le pouvoir central. Il est entouré de bureaux sur une épaisseur de cinq étages. C'est par leur intermédiaire qu'il administre, et comme il n'a aucun point de contact direct avec ses délégués qui sont les préfets maritimes et les commandants de nos forces navales, les bureaux ont absorbé peu à peu toute l'autorité et se sont réservé la solution de toutes les questions. Ces bureaux ne sont pas des organes de décentralisation, car jamais ils n'agissent en leur nom personnel. Ils s'abritent toujours derrière l'autorité du ministre et signent : *Pour le ministre et par son ordre.*

Grâce à cette fiction, ils prennent des décisions dont le ministre ignore le premier mot. L'autorité reste bien concentrée tout entière à Paris; mais elle s'éparpille à tous les étages de la rue Royale, et la plus grosse part ne se trouve pas dans le bureau du ministre. Tous les matins, arrive au ministère une volumineuse correspondance. Le cabinet l'enregistre et l'envoie directement dans les directions. Le ministre ne peut pas songer à prendre connaissance de cet amas de papier; pour lui, comme pour le commun des mortels, la journée n'a que vingt-quatre heures. Aussi bien, dans tout ce fatras, il n'y a qu'un tout petit nombre de questions qui méritent de retenir son attention; tout le reste fait partie du service courant et doit être digéré automatiquement par le fonctionnement régulier de l'estomac administratif sans que l'intervention du ministre soit nécessaire. Mais pourquoi ce courrier est-il si volumineux? Précisément parce que nous souffrons d'une centralisation à haute pression; parce que toutes les affaires doivent recevoir l'estampille des bureaux. Dans les ports, dans les points d'appui, sur les bâtiments, dans les forces navales, il y a des autorités qui pourraient étudier et régler la plupart des affaires; car, étant sur les lieux, elles sont à même de mieux juger la situation. Lorsqu'elles prendront une décision, ce sera en leur nom, et elles pourront ainsi être tenues pour responsables; on pourra les atteindre à la fois dans leur bourse et dans leur position. Ces autorités offrent plus de garanties et de compétence que les bureaux; il suffit, pour s'en rendre compte, de voir comment les choses se passent. Les dossiers, après avoir fait un stage au cabinet du ministre, se répandent dans les directions qui les distribuent aux bureaux compétents; et c'est souvent un obscur plumitif qui solutionne une question soumise à l'approbation du ministre par un vice-amiral commandant en chef. C'est lui qui, sur la proposition du commandant en chef de l'escadre, décidera, dans son omnipotence, que le gabier auxiliaire Kerbras recevra vingt points exceptionnels pour « s'être jeté à la mer tout habillé et avoir sauvé un de ses camarades en danger de se noyer ». Amère ironie ! Et si une erreur est commise qui entraîne de graves conséquences, qui est responsable? Est-ce le commis, le rédacteur, le chef de bureau ou le directeur? Ce n'est personne, car tout le monde est couvert par le ministre.

Un commandant en chef — un personnage à plumes blanches — n'a même pas le droit de faire mettre une crépine à la coque d'un sous-marin. Il lui faut engager avec Paris une correspondance qui dure deux ans et demi (1). Si seulement cette question se traitait avec le ministre, on comprendrait que ce dernier ait toujours le droit de se mêler de tout ce qui touche à son département; mais c'est avec les bureaux. Et personne ne semble avoir eu conscience, dans le cas actuel, de ce qu'avait de macabre cette discussion byzantine qui se poursuivait au-dessus de la tombe des victimes du *Farfadet*.

Le moindre inconvénient de ce système est d'occasionner d'interminables retards. Qu'on soit à terre, dans une escadre, à l'étranger, c'est toujours à Paris qu'il faut aller chercher l'inspiration. La moindre demande commence par perdre un temps considérable en route. Partie par exemple d'un service quelconque d'un port, la voilà qui passe par la majorité générale et vient aboutir à la préfecture. De là, elle prend le train pour Paris et se présente au cabinet du ministre où elle atteint son point culminant. Après avoir monté, elle va descendre. Elle dégringole du cabinet du ministre dans une direction où elle chemine lentement de bureau en bureau; elle atteint enfin le terme de son voyage et reçoit un billet de logement pour un carton vert où elle se trouve en compagnie d'autres demandes analogues venues des cinq ports et des cinq parties du monde. Elle recevra satisfaction dans six mois, dans un an..... peut-être jamais. Il arrive, en effet, que le privilège dont jouit la rue Royale d'être la tête et le cerveau de la marine ne laisse pas de devenir embarrassant. Les bureaux substituent leur autorité à celle de tous les services; mais comme ils ne sont

---

(1) Voir la séance de la Chambre du 8 juillet 1909. Discours de M. Leboucq.

pas sur les lieux, ils manquent d'éléments d'appréciation et se trouvent quelquefois fort embarassés pour répondre. Alors ils ne répondent pas; l'affaire reste en suspens; le temps fait son œuvre; elle tombe dans l'oubli jusqu'au jour où une commission d'enquête la trouve dormant d'un profond sommeil. Le silence est le plus puissant levier de la bureaucratie. Dans les ports, on attend; et comme on ne se rend pas un compte exact de cette substitution de pouvoirs, on s'en prend au ministre que l'on charge bien à tort de tous les péchés d'Israël. Il en est bien innocent; car s'il lui prenait un jour la fantaisie de vouloir remplacer la fiction par la réalité et tout faire lui-même, la machine maritime s'arrêterait. L'expérience a été faite; la marine traversa alors une crise dont elle gardera longtemps le souvenir.

Cependant il faut que la marine vive, et pour qu'elle vive, il faut lui fournir des aliments. Quand on ne lui en donne pas, elle cherche à s'en procurer. Voici un bâtiment en campagne. Supposons, pour fixer les idées, qu'il s'appelle le *Faucon*. Il a dépensé des matières; il a besoin qu'elles soient remplacées. Il fait une demande qui va à Paris naturellement, et il attend. Mais, comme toutes les demandes doivent être examinées par un comité technique qui les centralise et retournent ensuite aux directions, le tour est long à venir (1). Le bâtiment profite d'un séjour au Pirée pour satisfaire à ses besoins les plus urgents. Six mois après, il va se caréner à Bizerte. Là, le commandant suppose que les approvisionnements de France ne permettent pas de lui envoyer des matières, et il se fait délivrer par l'arsenal tout ce qui lui manque.

---

(1) Le comité technique, présidé par un vice-amiral, émet un avis et fait des observations. Mais l'ordre d'envoi est toujours donné par un bureau... lorsqu'il est donné.

Le bâtiment revient en Crète; le commandant change; deux ans se sont écoulés. Tout à coup, les matières arrivent. Il y a beau temps que celles qui ont été prises au Pirée ou en Tunisie ont été consommées et remplacées par d'autres achetées sur place. Que s'est-il passé pendant ces deux années? Nul ne le saura jamais. L'administration a ses mystères tout comme la religion.

*
* *

La marine n'a pas toujours été aussi éprise de centralisation. La preuve en est qu'elle possède tous les organes de décentralisation nécessaires. Les représentants du ministre sont dans les ports les préfets maritimes; dans les forces navales les commandants en chef; mais les pouvoirs administratifs de ces délégués ont été constamment en diminuant, et, au lieu d'être des agents d'exécution, ils ne sont plus que des organes de transmission. Il leur reste leurs attributions militaires, mais dans cette branche également la centralisation a fait son œuvre. Les mêmes principes qui ont été appliqués à Paris, l'ont été dans les ports et sur les bâtiments.

Il y a trente ans, le personnel des préfectures maritimes était réduit à une très simple expression; le préfet n'avait comme chef d'état-major qu'un simple capitaine de frégate. A cette bienheureuse époque, on voyait souvent l'amiral dans l'arsenal ou à bord des bâtiments; l'œil du maître se faisait sentir. Aujourd'hui, les préfectures sont organisées sur le modèle du ministère. On y trouve un contre-amiral chef d'état-major, et aussi un sous-chef d'état-major, et des bureaux qu'on appelle des sections. Dans le port, rien ne peut se faire sans la signature du préfet; confiné dans son bureau, ce martyr de la plume doit apposer sa griffe — du moins à Toulon — sur plus de 40.000 dossiers qu'il ne peut contrôler. Un ingénieur n'a pas le droit de punir un ouvrier. Que dis-je? Le directeur des Constructions Navales lui-même n'a pas ce droit.

La fonction crée l'organe, dit-on. L'organe crée la mentalité. Aussi, le même esprit bureaucratique qui règne à Paris se retrouve dans les ports.

Il y avait, à X...-sur-Mer, une petite commission chargée des essais de torpilleurs; elle était composée d'officiers subalternes. Un directeur des défenses sous-marines, intelligent, lui avait laissé une grande liberté d'action; grâce à quoi elle abattait beaucoup de besogne, parce qu'elle réglait elle-même l'ordre de ses travaux, au jour le jour, en profitant des circonstances de temps. Survint un nouveau directeur qui s'aperçut que les torpilleurs faisaient des sorties dont il n'était prévenu qu'après coup, lorsqu'on venait lui rendre compte. Grand émoi! On soumet la question au préfet, qui décide que lui seul peut autoriser les sorties et qu'on devra à l'avenir lui soumettre des propositions à l'avance.

Premier résultat : perte de temps de deux jours entre la demande et la réponse; nécessité de faire de nouvelles propositions lorsque, au jour dit, on était contrarié par le temps; nouvelle perte de temps de deux jours et ainsi de suite.

Deuxième résultat : le principe ayant été sauvegardé, le préfet s'en remit à ses bureaux du soin de donner suite aux demandes de l'espèce; en sorte que, en fin de compte, c'était bien toujours un officier subalterne qui prenait la décision, mais celui-là n'était pas intéressé à la question et il avait fallu, pour arriver jusqu'à lui, passer par trois ou quatre intermédiaires.

Dans un arsenal, les mouvements de bâtiments sont journaliers. Les uns sont impératifs, comme les entrées et les sorties du bassin; les autres sont subordonnés au matériel de remorquage dont on dispose sur le moment, lorsqu'il s'agit de simples déplacements. Un major-général, nouvellement entré en fonction, constata que ce remue-ménage s'opérait par-dessus sa tête; le directeur des mouvements du port traitait directement avec les commandants. Cet état de choses était intolérable et l'on dut, à l'avenir, passer par son intermédiaire. Or, comme le major-général n'est pas directeur du port, on pense quelles pertes de temps et quelles complications amenait son intervention.

Le voilà bien, l'esprit bureaucratique! Ce major-général croyait sans doute sauvegarder les prérogatives du commandement, parce qu'il se substituait à un de ses subordonnés. Il se trompait. Commander, c'est laisser chacun agir dans son domaine particulier; c'est s'assurer que la besogne est bien faite; c'est faire des remontrances si le service marche mal et au besoin avoir recours à des sanctions radicales. Tout faire soi-même, ce n'est pas commander.

Dans les escadres, même centralisation. Les contre-amiraux en sous-ordre n'ont aucun pouvoir, pas même des pouvoirs disciplinaires égaux à ceux des simples commandants. Le règlement les ignore; ce sont de simples boîtes aux lettres. En revanche, le commandant en chef voit affluer dans sa majorité des monceaux de papier; ce sont toujours des signatures qu'on lui demande. Quand il a signé, il fait suivre sur Paris.

Le vice de notre système administratif est dans cet excès de centralisation apparente qui produit la diffusion des pouvoirs et annihile les responsabilités.

On a alors des bateaux sans canons, des canons sans projectiles, des projectiles sans fusées; et quand on cherche les coupables, on ne rencontre que des ombres fuyantes.

Voilà où mène la bureaucratie. Elle a perdu la marine russe; elle est en train de perdre la marine française.

II

LA PAPERASSERIE

———

La bureaucratie engendre la paperasserie.

Paris veut tout connaître, tout régler, tout contrôler. Mais la marine n'est pas à Paris; elle est sur mer et dans les ports. C'est donc sur pièces que Paris administre. Or il y a 50.000 marins répartis entre différentes spécialités dont chacune a son statut particulier. Il y a une flotte de plusieurs centaines de navires, ayant un matériel infiniment varié : artillerie, torpilles, électricité, machines, compas, etc., etc. Il y a les arsenaux, etc., etc... Si Paris se substitue au commandement qui a charge d'administrer le personnel et de faire usage du matériel, il faudra le tenir au courant de la vie individuelle de chaque personne et du fonctionnement de chaque organe. On ne pourra le faire qu'en multipliant les états et les rapports; et tout cela est indépendant de la comptabilité proprement dite qui vise le personnel, le matériel et les vivres. Telle est la cause de cette paperasserie fantastique qui a envahi la marine et qui est en passe de l'étouffer.

L'inutilité de cette dépense d'encre inconsidérée est flagrante. Les bureaux qui reçoivent tous ces états par centaines n'en font aucun usage; car, dès qu'ils ont besoin d'un renseignement particulier, ils le demandent. On pourrait leur répondre qu'on l'a fourni vingt fois, mensuellement, trimestriellement, semestriellement; mais il est juste de reconnaître qu'il ne serait pas facile à découvrir; autant vaudrait chercher une aiguille dans une botte de foin. D'un autre côté, ce serait bien mal connaître la marine que de croire que le moindre événement ne fait pas l'objet d'un rapport spécial. La création de certains états paraît d'ailleurs avoir fait l'objet d'une gageure. C'est ainsi que, pendant toute la durée de leur existence, les bâtiments devront fournir à l'Artillerie, deux fois par an, la nomenclature de leur armement. Réellement, on a peine à croire que, au moment de l'entrée en service d'un navire, le service de l'artillerie n'ait aucune donnée sur l'armement qu'il a construit lui-même et qu'il soit nécessaire de lui rafraîchir la mémoire tous les six mois.

Après les renseignements périodiques, vient le contrôle. On apprend dans les écoles à se servir du matériel et à l'entretenir. Lorsqu'un appareil quelconque est usé, ou fonctionne mal, ou a une avarie, on se préoccupera de le faire remplacer ou réparer. C'est ainsi qu'on agit partout ailleurs, dans le militaire aussi bien que dans le civil. Dans la marine, c'est insuffisant; et les directions, soit dans les ports, soit à Paris, désirent savoir périodiquement si tout va bien, parce qu'elles considèrent que le personnel utilisateur n'y connaît rien. On prendra comme exemple un appareil très simple qui, par sa simplicité même, ne doit pas donner de grandes appréhensions au service qui le délivre : les bouées de sauvetage. Nos règlements prescrivent d'en faire les essais périodiquement; c'est une mesure fort sage contre laquelle personne ne protestera. Mais ces essais devraient suffire, semble-t-il; car les officiers canonniers, ayant appris le fonctionnement des appareils, sont à même de constater s'ils remplissent les conditions voulues. Cependant, quatre fois par an, il faudra fournir à la direction de l'artillerie un état mentionnant les renseignements suivants : 1º numéros des bouées; 2º nature du phosphore; 3º date de fabrication et

état des boîtes; 4° immersion de la bouée-charge; 5° *heure
de la mise à l'eau de la bouée chargée*; 6° temps que la flamme
a mis à apparaître; 7° apparition et hauteur de la flamme
continue; 8° durée de la flamme intermittente; 9° durée
totale de la flamme intermittente; 10° durée totale de la
flamme continue; 11° durée totale de la combustion;
12° observations. On se demande vraiment si celui qui a
inventé cet état n'était pas un humoriste; malheureusement c'est à nos dépens qu'il exerçait sa verve. On peut
d'ailleurs mettre impunément sur cet état les chiffres les
plus fantaisistes; comme personne ne le lit, cela ne tire
pas à conséquence.

Toutes ces écritures périodiques ou occasionnelles sont
couronnées chaque année par le rapport d'inspection générale qui résume la situation de chaque bâtiment. Ce monument prend les proportions d'un véritable volume. S'il
ne faisait pas double ou triple emploi avec les autres
pièces expédiées dans le courant de l'année, on pourrait
lui reconnaître quelque utilité à condition qu'il soit lu;
mais il subsiste des doutes à cet égard.

On serait en droit de penser que les directions qui cons-
truisent et fournissent le matériel, mises en possession d'une
documentation aussi intensive, vont en tenir compte et
apporter les modifications qui ont été reconnues nécessaires
par l'usage. Cependant — c'est la constatation la plus saillante de la dernière commission d'enquête — il y a conflit
entre les constructeurs et les utilisateurs sur les moyens
mis à la disposition de ces derniers. Et il faut deux accidents
mortels, se succédant à quelques mois d'intervalle, pour
faire modifier une mise de feu.

Ceci se rapporte au matériel. En matière de paperasserie,
le personnel a tenu à ne pas se laisser distancer.

On a vu à quel débordement de chiffres donne lieu l'avancement des équipages; c'est un record. La gestion du per-

sonnel a aussi des états dont le nombre ne le cède en rien à
la gestion du matériel. Paris doit être tenu au courant de
la moindre particularité qui intéresse le moindre marin.
D'où : état des hommes qui remplissent telle condition;
état des hommes qui remplissent telle autre condition;
état des hommes qui ne remplissent aucune condition; état
des hommes qui désirent telle situation; état des hommes
qui désirent occuper telle autre situation; état des hommes
qui ne désirent rien. Comme pour le matériel, l'inspection générale est l'occasion de rapports qui signalent la
situation du personnel. On y exprime beaucoup de desiderata; mais, soit qu'on ne les lise pas, soit qu'on n'en tienne
aucun compte, jamais aucune amélioration ne se produit.

Il y a des règlements, mais le besoin de réglementation
à outrance leur fait apporter des modifications constantes;
et pour établir tous les états, il faut se reporter à des arrêtés
ministériels, à des circulaires, à des dépêches, à des décrets.
C'est cet ensemble qui constitue la substance d'un règlement. Dans la marine, on n'applique pas les règlements;
on passe son temps à les interpréter. Pour établir l'état de
proposition de médaille militaire, il ne faut pas consulter
moins de neuf documents (1). Il n'y a que le système judi-
ciaire qui offre une complication semblable; mais la justice
possède des juristes dont c'est le métier de compulser des
textes; ce n'est pas notre rôle, à nous marins qui avons
d'autres obligations. Il nous faut des règles simples, des
règlements clairs, d'une application facile (2).

(1) Arrêté du 26 mai 1891; décret du 30 avril 1897; arrêté du 5 juin
1897; circulaire du 23 juillet 1897; *Bulletin officiel* du 28 janvier 1901;
dépêche du 17 janvier 1906; arrêté du 21 avril 1906; *Bulletin officiel*
du 30 octobre 1907; *Bulletin officiel* du 28 décembre 1908.

(2) Il y a même des règlements dont l'interprétation est absolument impossible. On peut citer, entre cent, celui qui fixe les allocations de frais de route.

Sur le tout, viennent se greffer les commissions d'examen avec leur cortège d'écritures. A certaines époques de l'année, on se demande si les bâtiments ne sont pas des collèges et si les officiers ne sont pas uniquement des examinateurs. N'est-il donc pas possible de connaître la valeur professionnelle d'un homme sans le mettre en face d'un aréopage (1)?

Les règles innombrables qui régissent le personnel présentent deux particularités. La première, c'est que la plupart ne peuvent être appliquées qu'aux bâtiments qui sont en France; il y a donc deux statuts différents pour le personnel, et le souci de justice qui a présidé à l'élaboration de ces règlements compliqués aboutit à une injustice pour ceux

---

(1) 1º Commission d'examen des torpilleurs auxiliaires candidats à l'école des marins torpilleurs;

2º Commission d'examen des torpilleurs candidats à la mention d'aptitude à la T. S. F.;

3º Commission d'examen des chauffeurs-graisseurs auxiliaires de l'ancienne formation, candidats au brevet de chauffeur;

4º Commission d'examen des candidats proposés pour l'admission à l'école de pilotage et aux écoles de patrons-pilotes de torpilleurs des côtes nord et ouest de la France;

5º Commission d'examen des matelots mécaniciens non pourvus du brevet élémentaire, et des quartiers-maîtres mécaniciens candidats à l'examen de capacité;

6º Commission d'examen des matelots mécaniciens candidats au grade de quartier-maître;

7º Commission d'examen des gradés de la mousqueterie candidats à l'obtention du certificat de chef de section auxiliaire;

8º Commission d'examen des fusiliers auxiliaires et des matelots sans spécialité proposés pour l'admission au bataillon;

9º Commission d'examen des candidats proposés pour l'admission aux écoles d'apprentis patrons-pilotes de torpilleurs des côtes de Provence, Corse, Algérie et Tunisie;

10º Commissions d'examens :

a) Des premiers maîtres de mousqueterie proposés pour compléter leur instruction à l'école de tir;

b) Des seconds maîtres et quartiers-maîtres de mousqueterie candidats au brevet de fusilier vétéran;

c) Des seconds maîtres et quartiers-maîtres de mousqueterie susceptibles d'être admis au cours de chef de

qui ne peuvent en profiter. La seconde est que leur application est inconciliable avec une navigation active qui dé-
placerait nos escadres; notre système administratif a été
conçu pour une marine sédentaire.

Il y a enfin les commissions. Le moindre acte de la vie de
bord nécessite la réunion d'une assemblée délibérante. Si
l'on publiait le registre des procès-verbaux des bâtiments,
le public se demanderait à quel moment les officiers peuvent s'occuper de questions militaires.

Et comme si toute cette complication n'était pas encore
suffisante, les bâtiments sont obligés de tenir la comptabilité des services de gestion.

----

section d'artillerie légère ou qui ont à renouveler leur
certificat d'aptitude.

11º Commission d'examen des seconds maîtres, quartiers-maîtres et matelots mécaniciens candidats à l'école des apprentis mécaniciens torpilleurs;

12º Commission d'examen des quartiers-maîtres et élèves mécaniciens désirant concourir pour le grade de second maître
théorique;

13º Commission d'examen des candidats proposés pour l'obtention du brevet dans les spécialités auxquelles ils appartiennent;

14º Commission d'examen des quartiers-maîtres chauffeurs et
chauffeurs brevetés ayant accompli quatre-vingts heures
de quart dans les machines en marche;

15º Commissions d'examens :

a) Des premiers maîtres et maîtres mécaniciens admis à
faire un stage avant d'être employés comme mécaniciens-torpilleurs;

b) Des seconds maîtres, quartiers-maîtres et matelots mécaniciens torpilleurs brevetés depuis plus de quatre
ans, à réadmettre à l'école des mécaniciens torpilleurs pour y renouveler leur instruction;

16º Commission d'examen des seconds maîtres et quartiers-
maîtres canonniers candidats au certificat de chef de section auxiliaire.

Ceci n'est que pour les escadres; ailleurs, on trouve bien d'autres
commissions et bien d'autres examens.

C'est là une des conséquences de la suprématie de ces derniers sur les services d'action.

Les magasins qui font des délivrances de matériel savent ce qu'ils délivrent aux bâtiments; ceux-ci sont cependant obligés de leur envoyer périodiquement l'état de ce qu'ils ont reçu. Il en est de même au personnel : les bureaux exigent des bâtiments des renseignements qu'ils ont déjà en leur possession et que l'on trouve imprimés dans les annuaires.

*
* *

La bureaucratie est soupçonneuse par essence; car la défiance se trouve à la base même de la centralisation. La marine a satisfait à ce principe en multipliant les formalités et en faisant participer le plus grand nombre possible de personnes à la même opération, quelle que soit son importance.

Un simple billet de demande peut comporter jusqu'à treize signatures. Pour se faire délivrer dix balais de bruyère, il faut l'intervention du contre-amiral commandant en sous-ordre, du vice-amiral commandant en chef, du vice-amiral préfet maritime, du contre-amiral major général, sans compter neuf autres seigneurs de moindre importance; et on conçoit facilement à quelles tribulations sont soumis les billets avant de pouvoir recueillir toutes ces estampilles. En sorte que le fait très simple d'un bâtiment qui remplace dix balais usés par dix balais neufs prend les proportions d'un événement.

On sait que les bâtiments ont droit périodiquement, pour leur entretien, à une certaine quantité de matières consommables. A terre se trouvent des magasins qui sont chargés de les approvisionner : c'est le groupe-flotte. Qu'on veille à ce que chaque navire ne dépasse pas les allocations réglementaires, rien de mieux. Mais, ce principe admis, il n'est pas nécessaire d'avoir des intermédiaires entre le bâtiment qui consomme et le magasin qui délivre. Ce dernier devrait fournir, sans formalités préalables, les matières qu'on lui demande; en échange de quoi il recevrait un reçu qui le déchargerait des quantités sorties du magasin. Par exemple :

Un bâtiment a besoin de 50 kilos de peinture. L'opération de la délivrance n'intéresse pas le commandant de la division légère, ni le commandant en chef de l'escadre, ni le préfet maritime, ni le major général. Elle n'intéresse que le bâtiment et le magasinier de la peinture. Qu'on laisse donc le premier s'adresser directement au second. L'intervention du chef du service administratif du groupe-flotte n'est même pas utile; le rôle de ce commissaire est de veiller à ce que ses approvisionnements soient toujours suffisants pour satisfaire aux besoins, de remplacer les sorties par des rentrées, de faire des achats en conséquence. Pour cela, il n'a pas besoin de viser les demandes des navires; il suffit que ceux-ci donnent décharge de ce qu'ils prennent. Lorsque je vais faire un achat dans un magasin, je m'adresse au comptoir qui détient l'article dont j'ai besoin; le vendeur me le délivre après passage à la caisse sans avoir fait appel au chef de rayon, à l'inspecteur, au directeur de l'établissement, à l'administrateur délégué, au président du conseil d'administration de la société. C'est bien cependant à une filière de ce genre qu'on a recours dans la marine avec les billets de demande.

Il en est de même pour les billets de remise; mais, dans ce cas, ce formalisme décadent est encore moins justifié. Un cuirassé a reçu ses munitions d'artillerie légère dans des caisses en bois. Ses tirs terminés, il doit faire remise à l'artillerie de ces caisses. On pourrait croire que le cuirassé ira porter directement ces caisses au service de l'artillerie. Grave erreur. Là encore il faudra l'autorisation de deux commandants en chef et les signatures de neuf autres personnes. Pour satisfaire à ces multiples obligations, quinze jours seront nécessaires ; et si le bâtiment appareille avant le retour des billets, la remise ne pourra pas avoir lieu avant un mois, deux mois, trois mois.

La marine se complaît dans toutes ces chinoiseries administratives comme le poisson dans l'eau. Elle se refuse à comprendre qu'il faut avant tout que la machine maritime fonctionne et que tous les contrôles, toutes les vérifications ne doivent jamais entraver sa marche.

L'auteur pourrait citer un commandant de bâtiment (qui lui est apparenté de très près) auquel le ministère a demandé des explications sur la remise de deux bidons faite à l'arsenal de Bizerte. Remarquez que ces deux bidons n'étaient pas perdus pour la marine ; inutiles à bord, ils étaient simplement rendus au service général. Le ministère désirait savoir quelles machinations cachait la remise de ces deux bidons, remise prescrite par deux dépêches ministérielles (Je précise : instruction du 22 mai 1902, dépêche du 14 janvier 1903).

La remise des caisses en bois et des deux bidons n'est qu'une simple formalité ; elle n'engage aucune dépense. Alors, pourquoi entourer cette modeste opération de procédés plus compliqués que ceux dont on se sert pour la manipulation des fonds ? Le dernier jour du mois, on voit le commissaire d'un cuirassé aller chercher au Trésor plus de 50.000 francs d'un seul coup. Cet argent lui est délivré contre des mandats qui ne portent d'autres signatures que celles des membres du conseil d'administration du bord. Ce phénomène incroyable se produit sans l'intervention de quatre officiers généraux et de cinq officiers supérieurs. Le conseil d'administration étant pécuniairement responsable, on le laisse agir sous sa responsabilité ; sa gestion est ensuite épluchée minutieusement, mais, en attendant, le bâtiment peut vivre. Voilà de la véritable administration; et ce serait encore mieux si, au lieu de trois signatures, il n'y en avait qu'une : celle de l'officier d'administration qui établit lui-même les mandats et devrait être seul responsable.

*
* *

A bord, les signatures vont toujours par trois, comme les canards. On attache à la signature une efficacité mystérieuse. Voyez plutôt.

Le service de la machine a besoin de bois pour allumer les feux des chaudières. C'est le service des vivres qui délitient ce bois. Il faut alors faire un versement d'un service à l'autre, et voici ce qui se passe :

On prend deux états de versement imprimés; puis, sur chacun d'eux, on inscrit la quantité de bois, le numéro d'ordre de l'unité, le prix et la valeur par unité simple. Au bas de chaque état signent d'abord l'officier chef du service, puis le commissaire, l'officier en second, le commandant. Cela veut dire que ces quatre personnes ont formé une association pour céder le bois. Immédiatement au-dessous de leurs signatures, on en apppose quatre autres : celle de l'officier mécanicien, puis de nouveau celles du commissaire, de l'officier en second et du commandant. Cela veut dire que ces quatre personnages ont reçu le bois. Total (en raison de la double expédition) : 16 signatures.

Je mourrai sans avoir compris.

Mais voici un marin qui doit se libérer de sa dette envers l'État avant d'être renvoyé du service comme soutien indispensable de famille. Ayant reçu la somme nécessaire, 88ᶠ 63, il vient la verser au commissaire. Que va faire ledit commissaire de cet argent? Il tirera une traite à l'ordre de l'agent comptable des traites au ministère, et établira un

dossier de traite qui comportera quarante-trois signatures.
Et ce qui est admirable, c'est que cela se fait avec un sérieux
imperturbable.

Toutes ces signatures ont la prétention de représenter un
contrôle; et cependant il n'y a pas un seul Français qui
oserait soutenir un pareil paradoxe. Elles ne font qu'apporter des entraves dans le service et... augmenter la paperasserie. On signe sans regarder.

*
* *

Reste le contrôle proprement dit, exercé par les contrôleurs. Celui-là peut être de deux sortes.

Le contrôle mobile qui examine les opérations déjà
faites : c'est celui qui fonctionne dans des conditions analogues à celui des ministères de la guerre et des finances.
Le contrôle fixe qui consiste à placer à côté de chaque
service un organe qui a connaissance de tous les actes et
peut par conséquent en contrôler la régularité avant même
qu'ils aient été accomplis.

Le contrôle mobile a rendu d'immenses services à la
guerre. Il en rendrait d'aussi grands à la marine s'il ne se
contentait pas de relever les erreurs des personnes, et s'il
poussait ses investigations jusqu'à rechercher les défauts
de notre système administratif en vue de le rendre plus
simple et plus clair.

Le contrôle fixe repose sur un principe séduisant, car il
semble destiné à appliquer cet adage : « Il vaut mieux prévenir que sévir. » Dans la pratique, il est facile de montrer
qu'il aboutit à une confusion de pouvoirs et paralyse le
fonctionnement normal des services. Il équivaut à donner
le droit de veto à un organe irresponsable; et afin d'éviter
les observations journalières, ainsi que les discussions et
l'échange de correspondances qui en résulte, on en arrive à le

consulter avant de rien entreprendre. Le contrôle substitue ainsi son action à celle du commandement. On objectera que le contrôle représente le ministre; mais le commandement n'est-il donc pas le fondé de pouvoirs du même ministre? Entre ces deux puissances antagonistes, il y a cette différence que l'une est responsable de ses actes et que l'autre ne l'est pas.

Le 1er mai 1906, le premier de nos cuirassés de 15.000 tonnes prit armement. Dès qu'il entra dans l'arsenal, venant des chantiers de construction, le second envoya chercher le matériel de couchage. Il n'y avait pas un seul matelas à donner au bâtiment; et cependant les feuilles d'ouvrage concernant ce bâtiment étaient ouvertes depuis plus de six mois. Le second — c'était l'auteur — faisait retentir les échos de ses lamentations. Il disait aux Constructions Navales : « J'ai 6 officiers, 10 premiers maîtres, 9 sergents-majors dont je dois assurer le couchage; je ne puis laisser un bâtiment de 15.000 tonnes à l'abandon dans un arsenal pendant la nuit. Il me faut assurer la surveillance. — Je le regrette, répondait le directeur des Constructions Navales; mais nous n'avons pas un seul matelas à vous donner. Depuis longtemps, le contrôle n'a jamais autorisé l'achat des matières nécessaires. » Il fallut emprunter vingt-cinq matelas à un transport; ils n'avaient d'ailleurs pas la longueur ni la largeur voulues. Et cette situation dura cinq mois, jusqu'au moment où le contrôle leva son *veto*. Si l'influence du contrôle permanent peut être quelquefois salutaire, elle est plus souvent néfaste.

Voici ce qu'en disait M. Chaumet, dans la séance de la Chambre du 1er juillet 1909 :

On nous demande de renforcer le contrôle permanent. Ah! messieurs, les officiers de nos escadres, les ingénieurs, tous les services d'action seront stupéfaits de cette conclusion!

Je vous assure que ce n'est pas un hymne de reconnaissance

qui montera vers nous, si nous renforçons encore le contrôle permanent qui a fait déjà, permettez-moi de le dire, plus de mal que de bien à la marine. Oh! certes, il faut assurer un contrôle sévère des services de la marine, comme de tous les services de l'État,

Mais pourquoi ne pas l'organiser comme on l'organise dans tous les autres ministères, aux finances, aux colonies, à la guerre? L'inspection des finances est un contrôle singulièrement efficace et compétent; mais il n'est pas permanent; il ne substitue pas — je ne dis pas sa responsabilité, puisque les contrôleurs sont irresponsables — mais son initiative à celle des services d'action. Il laisse travailler librement ces services; il n'intervient qu'après, pour examiner leur gestion. C'est un contrôle *a posteriori*, qui ne gêne pas les administrateurs, ne paralyse pas leur initiative, leur laisse toute leur responsabilité, mais permet, s'ils se sont écartés des règlements, de les rappeler à l'ordre.

Ce n'est pas ainsi que fonctionne le contrôle de la marine. Si je critique son organisation, je n'en rends pas moins au corps des contrôleurs un hommage sincère. J'ai pour ces fonctionnaires toute l'estime que méritent leurs connaissances, leur clairvoyance, leur zèle et leur énergie à défendre les intérêts de l'État. Je crois seulement qu'ils rendraient plus de services par des missions fréquentes qu'étant chargés d'un contrôle permanent.

L'idée même du contrôle résident me paraît une erreur psychologique.

Le contrôleur a une tendance naturelle à se préoccuper surtout de la lettre des règlements. Le service, au contraire, chargé d'un travail, veut avant tout en assurer l'exécution. Il y a, pour des causes souvent futiles, un conflit perpétuel. C'est un échange interminable de correspondances qui retarde la solution des affaires, quand il ne l'empêche pas. Comme il serait plus simple et plus sage de laisser agir les chefs de service, dans la limite de leurs attributions, sous leur responsabilité!

On éviterait ainsi cet énervement perpétuel, cette irritation constante et fâcheuse des fonctionnaires de la marine à l'égard des contrôleurs qui n'est point de nature à assurer la bonne marche des services. Les contrôlés regardent les contrôleurs un peu comme les artistes et les poètes considèrent les critiques qui ne sont que des critiques.

Le chef des eunuques d'un pacha destitué, raillant son ancien maître, lui reprochait de n'avoir mis au monde qu'un enfant bossu.

Le pacha eût pu lui répondre avec Musset :

> Que l'on fasse, après tout, un enfant blond ou brun,
> Pulmonique ou bossu, borgne ou paralytique,
> C'est déjà très joli lorsqu'on en a fait un.

Les services d'action, aux prises avec les difficultés pratiques de l'administration quotidienne, disent : le contrôle a beau jeu de critiquer nos enfants et d'éplucher tous nos actes. Mais les contrôleurs feraient-ils mieux à notre place? Ils se vantent d'avoir réalisé des améliorations, des économies. Chacun de nous pourrait, à bon droit, se rendre le même témoignage.

Il est, en tout cas, à remarquer que le contrôle n'a pas empêché les abus les plus criants de la marine. Notamment, il a laissé passer sans observations toutes les affaires signalées par la Cour des comptes et relevées dans le rapport de notre collègue, M. Emmanuel Brousse.

On nous propose, pour relever la marine, d'appeler à Paris un contrôleur général supplémentaire. Un haut fonctionnaire de plus dans le sixième port de la rue Royale, ce n'est pas cela qui accroîtra nos forces militaires! Mais en fortifiant le contrôle résident on développera encore l'esprit de formalisme et le goût de la paperasserie. On transformera de plus en plus nos officiers et nos ingénieurs en ronds-de-cuir.

Il faut surtout à la marine des hommes d'action qui n'aient pas peur des responsabilités. N'essayez pas de transformer nos marins en bureaucrates timides, n'ayant d'autre préoccupation que de se couvrir contre les responsabilités.

Je m'excuse auprès de l'honorable M. Chaumet de l'avoir appelé à la rescousse, mais je n'aurais pu si bien dire.

Le contrôle de la marine avait un rôle magnifique à jouer. Comme il n'est pas absorbé, ainsi que le sont les services de gestion, par la besogne journalière qui prend tout le temps, il aurait pu voir les choses d'un point de vue plus élevé et mettre son amour-propre à apporter un peu de clarté dans notre administration; il avait dans son sein des éléments assez distingués pour mener cette tâche à bonne fin. Mal orienté, il ne s'est attaché qu'au détail, et, voyant les choses de trop près, il n'a pas eu le recul nécessaire pour distinguer les grandes lignes de l'édifice. En fait, le contrôle n'a jamais apporté aucune simplification; son passage est toujours marqué par de nouvelles complications.

*
* *

La caractéristique de notre administration est de ne pas aboutir. Les affaires s'égarent dans le labyrinthe des formalités administratives; quelques-unes finissent par trouver une issue et s'échappent; le plus grand nombre vient faire tête dans des culs-de-sac. Lorsqu'on veut faire vite et bien, on est obligé d'avoir recours à d'autres procédés.

En voici un exemple.

Après une période de tâtonnements et d'études, la question de la télégraphie sans fil finit par s'éclaircir, et la petite commission de T. S. F. qui travaillait sans bruit arriva enfin à pouvoir poser des conclusions très nettes. Elle détermina les bases d'une refonte complète de tous les postes. Cette réorganisation nécessitait la construction, l'achat et la mise en place d'un matériel de précision. Le ministre, qui tenait à cœur d'aboutir, se rendit compte des retards considérables que susciterait l'application des formes ordinaires. Que fit-il? Il donna carte blanche à la commission pour commander les appareils, en prendre livraison, les envoyer directement aux navires et en surveiller l'installation. Ainsi dégagée de toute entrave, cette commission fit en un an ce que l'intervention de la direction du matériel, des commissions de marchés et du contrôle n'aurait pas permis d'accomplir en dix ans. Si on avait passé par tous ces intermédiaires, le matériel eût été démodé avant d'entrer en service.

Nous ne tirerons pas de cet exemple cette conclusion que les choses doivent toujours se passer de cette façon; mais nous sommes en droit de dire que les frottements de la machine administrative l'empêchent de fonctionner.

Il n'est pas exagéré de dire qu'il faut rarement moins de six mois pour solutionner la question la plus simple; qu'il faut plus de temps encore avant de pouvoir entreprendre un travail de réparations, surtout dans le cas où l'arsenal doit s'adresser à l'industrie. Quant aux bâtiments qui ne stationnent jamais dans un port de guerre, il faut jusqu'à trois ans pour qu'ils reçoivent les matières d'un usage courant. Peut-on dire que, dans ces conditions, la marine est administrée? Ceux qui le croient ont une conception bien fausse du rôle qui incombe à l'administration.

La marine ne sera pas administrée tant qu'elle n'emploiera pas des procédés qui lui permettront de satisfaire à ses besoins aussitôt qu'ils se font sentir.

Pour l'instant, notre administration est impuissante : impuissante à armer les bâtiments; impuissante à les entretenir; impuissante à les réparer; impuissante à les approvisionner; impuissante à les administrer. Notre système administratif a ravalé la marine française au rang de ces puissances maritimes dont nous nous moquions dans notre jeunesse, parce qu'elles ne vivaient que d'expédients, comme des commerçants qui sont sur le point de faire faillite.

Le jour où de doctes personnages se réuniront autour d'un tapis vert pour poser les bases d'un véritable régime administratif, ils devront afficher le principe suivant dans la salle de leurs délibérations :

L'administration doit seconder et faciliter l'action des services ; elle ne doit pas s'efforcer de la contrarier.

***

Mais cette administration si minutieuse, si méticuleuse, arrive-t-elle au moins à découvrir la moindre erreur et peut-elle dire que, si elle est tracassière, elle assure la stricte exactitude de toutes les opérations? C'est ce que nous allons voir.

Un bâtiment en campagne recevait l'an dernier une dépêche ministérielle, datée du 8 avril 1908, dans laquelle on relevait diverses erreurs commises dans le calcul des allocations. Le bâtiment avait demandé :

2^{kg} 115 de cirage pour les fourniments, au lieu de 2^{kg} 178;

0^{kg} 044 de vermillon pour munitions, au lieu de 0^{kg} 045.

Cette dépêche était signée d'un officier général, *pour le ministre et par son ordre.*

Que voilà un contrôle effectif! Il relève des erreurs de la valeur d'une troisième décimale. Peut-on rien rêver de plus parfait!

Attendez; l'histoire n'est pas finie.

Quelques mois après, le commandant du même navire commettait une faute monumentale. Marchant à tâtons dans le maquis de la procédure administrative, il était tombé dans une fondrière. Son premier mouvement fut de signaler loyalement son erreur et d'écrire au ministre : « J'ai péché; voici ma tête. » A la réflexion, il se dit qu'il serait toujours temps de reconnaître sa faute. Il attendit avec résignation l'orage qui ne pouvait manquer de fondre sur lui. Il attend encore. Notre système administratif avait déniché la paille; il n'avait pas permis de voir la poutre. Le lecteur aura deviné que ce commandant n'était autre que l'auteur.

Il est curieux que la marine ignore ce que tout le monde sait, à savoir que l'excès de contrôle supprime tout contrôle.

La dernière commission d'enquête sur la marine a fait cette découverte sensationnelle que la comptabilité de la marine était fictive. Nous le savions déjà; mais les coupables ont une excuse : leur comptabilité ne peut pas être exacte. Chaque opération doit être accompagnée de telles justifications qu'il faudrait deux personnels distincts : l'un qui travaillerait, l'autre qui prendrait note des moindres particularités du travail. Alors que fait-on? On prend pour base les points de départ et d'arrivée, et l'on comble l'intervalle avec des chiffres approchés. Notre comptabilité est si compliquée que personne ne la connaît plus. Les services qui sont particulièrement chargés de l'expédition de certaines affaires n'arrivent même pas à détenir le secret de leur fonctionnement. On a cependant recours à eux pour éclairer sa religion; ce qui n'occasionne qu'une demi-consommation de papier, car ils ne répondent pas.

Les principes de la comptabilité, à force d'être recouverts par une couche de plus en plus épaisse de formalités, ont disparu à nos yeux. Nous noircissons laborieusement du papier sans comprendre la portée de nos actes. Nous faisons de l'administration empirique, alors que la base de toute administration doit être de répondre à un besoin évident.

La marine ressemble à un monument enseveli sous des décombres; on ne lui restituera sa véritable physionomie qu'en entreprenant des travaux de déblaiement.

Tout le monde, sans exception, se plaint de l'incohérence de notre système administratif; mais nous ne parvenons pas à nous en débarrasser. Nous restons là, bouche bée, comme des idiots, à contempler ce monstre sans oser y toucher.

Le plus triste est que nous n'avons pas deux méthodes administratives : l'une pour le temps de paix, l'autre pour le temps de guerre. Or il n'est personne qui ne se rende compte que, en temps de guerre, nos procédés administratifs paralyseront nos forces navales. C'est un fait bien connu que, dans les périodes de crise, les bureaux seuls restent étrangers à l'activité générale. Chez eux, le dogme est étouffé par les rites; la forme a plus d'importance que le but et ils s'abritent derrière leur formalisme comme derrière un mur. Le commandant Semenoff, dans son carnet, raconte quels obstacles rencontrait la réparation des bâtiments avariés, à Port-Arthur, par suite de l'obstruction des bureaux; et, en le lisant, on songe involontairement à ce qui attend la marine française.

III

LES SERVICES

———

La place énorme que tient le matériel dans la marine a
déterminé la division du personnel en deux catégories distinctes : le personnel constructeur qui comprend les ingénieurs et les artilleurs; le personnel utilisateur qui se compose de marins. Jusque-là, tout est pour le mieux. Cependant, on peut remarquer que, dans le département de la
guerre, il n'en est pas ainsi; c'est le même corps qui construit
et utilise l'artillerie, et cette organisation n'est certainement pas étrangère à la perfection de notre matériel d'artillerie de campagne, parce que les constructeurs étaient
pénétrés des nécessités auxquelles il doit répondre et de
l'emploi qu'on en fait sur le terrain. Malgré les bons effets
de cette solution, elle serait difficilement applicable à la
marine. Les officiers qui se consacreraient à la construction
seraient obligés de faire dans les usines des stages de longue
durée; or la mer est un élément dont on ne doit pas rester
éloigné trop longtemps. Les marins ne peuvent participer
à la construction qu'à la condition de devenir sédentaires
et de changer de corps. Nous pouvons donc très bien nous
accommoder de l'état de choses qui existe actuellement.

Mais le marin qui utilise le matériel est responsable de
son utilisation. C'est avec ce matériel qu'il navigue et qu'il
combat; c'est à lui qu'on demande compte de son emploi et
de son rendement. En conséquence, c'est à lui à préciser

les conditions qu'il doit remplir. Si sa conception de la
guerre est différente de celle de l'ingénieur et de l'artilleur,
son opinion doit prévaloir; il est en droit d'imposer ses
vues. Voilà à quel titre le marin doit avoir une action directe
sur le matériel.

Il est possible que, dans les désastres des Russes en
Extrême-Orient, le cuirassement défectueux des navires et
la mauvaise qualité des projectiles aient eu une large part;
ce n'en est pas moins aux marins seuls que les pouvoirs publics s'en sont pris. Eux seuls ont supporté les sanctions;
les constructeurs n'ont pas été inquiétés. Si un jour nous
sommes vaincus à notre tour, nous aurons mauvaise grâce
à venir pleurnicher comme de vieilles femmes devant le
conseil de guerre, en accusant le matériel de nous avoir
trahis. Il n'en est pas moins vrai que nous pourrions
bien avoir raison; mais personne n'acceptera notre excuse,
et nous serons disqualifiés. Nous avons donc le droit absolu
de choisir nos armes, en donnant à ce mot son sens le plus
étendu.

Or, lorsqu'on examine attentivement l'organisation de
la marine, on est frappé du soin méticuleux que l'on a pris
pour enlever progressivement aux marins toute action sur le
matériel. La construction, les réparations échappent à leur
contrôle. Les directions qui s'occupent du matériel sont
autonomes et elles ne contiennent aucun représentant de
l'élément combattant. Elles seules d'ailleurs disposent des
crédits affectés au matériel; or, c'est celui qui tient les cor-
dons de la bourse qui a toujours le dernier mot.

Le résultat se trouve dans le conflit d'idées — il n'y a pas
de conflit de personnes — que tous les parlementaires ont
constaté entre le marin et l'artilleur; il est également dans
la construction de certains bâtiments qui répondent aux
préférences personnelles de certains ingénieurs, d'ailleurs
fort distingués.

Cette situation assez spéciale faite aux combattants n'a pas toujours existé, du moins dans son intégralité. Lorsque l'extension prise par le service des torpilles nécessita la création d'un rouage nouveau, on établit une direction nouvelle où l'élément marin était prédominant. En plaçant à sa tête un capitaine de vaisseau, on affirmait ce principe qu'il n'est pas nécessaire d'être un technicien pour définir les conditions que doit remplir le matériel et pour constituer des approvisionnements. Cette direction, en effet, ne s'occupait pas de construire; elle se contentait de commander et d'acheter le matériel dont elle avait besoin. Telle qu'elle était constituée, il ne semble pas qu'elle ait jamais marché plus mal que les autres. C'était peut-être la seule qui ne soulevât aucune récrimination parce qu'il y avait communion d'idées entre elle et ses administrés.

L'existence de la Direction des Torpilles portait ombrage aux constructeurs qui trouvaient que les marins s'étaient emparés d'un terrain leur appartenant; et comme l'autorité des corps combattants subissait alors une éclipse, on la supprima. Les autres directions se partagèrent ses dépouilles. Les Constructions Navales prirent la torpille automobile; la torpille automatique échut en partage à l'Artillerie, qui a, paraît-il, plus de compétence que les torpilleurs en matière de torpilles. C'est depuis lors que nous ne savons plus si, oui ou non, nous avons encore des torpilles automatiques.

Et voilà comment les marins ont perdu le dernier contact avec leur matériel.

· Mais, dira-t-on, vous présentez les choses sous un jour absolument faux. Vous ne tenez aucun compte des grands conseils, des comités, de l'État-major général. Eh bien, parlons-en, des conseils et des comités; parlons aussi de l'État-major général.

Les grands conseils sont uniquement des organes consul-

tatifs, on l'oublie trop souvent. On ne présente à leurs délibérations que les questions qu'on veut bien leur soumettre,
et nous pourrions citer des décisions importantes qui ont
été prises sans qu'ils aient été consultés. Ils émettent des
avis qu'on suit ou qu'on ne suit pas. Les grands conseils
n'exercent donc ni autorité, ni contrôle.

En ce qui concerne le Conseil Supérieur, il est resté plusieurs années sans être réuni; il n'existait même plus. Il a
été rétabli, mais on ne lui soumet — et on ne peut lui soumettre — que des questions d'un caractère organique;
enfin il n'est pas permanent. Il comprend, il est vrai, une
section permanente; mais le public serait bien étonné s'il
savait à quoi se réduit son rôle : distribution de récompenses
et de legs, condamnation de vieux bâtiments (1). On tire
cependant parti de temps en temps de cet organe, lorsqu'une direction veut mettre sa responsabilité à couvert
derrière son autorité.

Quant au Comité Technique, à coup sûr il s'occupe de
matériel puisqu'on y trouve une section des bâtiments de
haute mer, une section des bâtiments de défense, une section
du matériel et des effectifs. Mais ce comité n'a pas, je pense,
la prétention de représenter l'élément navigant; car, à
côté d'officiers de vaisseau et de mécaniciens, on y trouve
des ingénieurs, des artilleurs, des commissaires; on y trouve
même un médecin. C'est dire qu'il n'a pas été établi pour
faire prédominer le point de vue militaire dans les questions de matériel; il satisfait seulement au goût prononcé
de la marine pour les commissions irresponsables.

Parlerons-nous des commissions d'essais? Elles contiennent des représentants des différentes directions du matériel
qui se trouvent ainsi juge et partie. Dans l'une se trouve

_____

(1) Voir à ce sujet la déposition du vice-amiral Caillard devant la
commission d'enquête.

même l'auteur des plans du navire dont l'opinion est connue d'avance.

Reste l'État-major général. Lui pourrait peut-être exercer un contrôle, mais les moyens lui font défaut. La seule section à laquelle puisse ressortir le matériel est la troisième. Ouvrons l'Annuaire. Nous y voyons que cette section a dans ses attributions : la centralisation des renseignements sur la flotte française; la préparation des opérations militaires et navales; la direction générale de l'instruction; la mobilisation de la flotte. Et elle comprend sept officiers! Cette section n'a ni le temps, ni les moyens d'imprimer une impulsion déterminée à un matériel aussi considérable et aussi compliqué que celui de la marine; dirigée par un officier supérieur, elle n'a pas non plus l'autorité suffisante pour imposer ses vues aux puissantes directions du matériel. Il lui faudrait à tout instant faire agir le chef d'état-major général qui ne s'occuperait plus que du matériel. J'ajouterai que l'État-major général ne paraît pas qualifié pour exercer un véritable contrôle. Il a et il a toujours eu le droit de préconiser des solutions, et ses indications seront d'autant mieux écoutées qu'il jouira d'un prestige plus grand; mais il sortirait de son rôle élevé en s'immisçant dans des détails de matériel (1). Or, l'action du personnel navigant ne doit pas seulement se faire sentir sur les lignes générales d'un programme de construction; il doit suivre également les diverses installations qui ont souvent une influence sérieuse sur la valeur d'un bâtiment. Les dimensions d'une tourelle, sa ventilation, les facilités de manœuvre qu'elle offre au personnel, l'installation des

---

(1) Le chef de la troisième section fait partie de la commission qui suit tous les essais des bâtiments en réserve. Cette fonction n'a qu'un rapport très indirect avec la préparation à la guerre; elle occasionne des déplacements constants qui doivent singulièrement gêner les travaux de la troisième section.

appareils de mouillage, des cabestans, des compas, la disposition des dromes et des superstructures, etc., etc.;
tous ces détails ont une répercussion sur la puissance
militaire. Pour en apprécier les dispositions, il faut se
rendre sur les lieux et les voir fonctionner. Ce rôle ne paraît
pas entrer dans les attributions de l'État-major général (1).
En tout cas, il n'est pas question en ce moment de ce qui
pourrait être, mais de ce qui est. Et d'ailleurs, pourquoi
vouloir faire de l'État-major général un organe de contrôle.
Il a mieux à faire qu'à contrôler; il a à créer.

L'état de choses actuel peut se définir de la façon suivante :

Les utilisateurs du matériel n'ont que voix consultative.
Les constructeurs sont, par l'organe de leurs directions, à
la fois fournisseurs du matériel et agents d'exécution; ils
se trouvent dans la situation d'un fournisseur qui serait
chargé de se contrôler lui-même. Ils en profitent sans aucune mauvaise foi; car il est assez naturel qu'un fournisseur
trouve excellente sa marchandise.

On se rappelle encore, dans la marine, l'insistance mise
par l'établissement d'Indret à imposer sa mise en train
Mazeline qui occasionnait des avaries journalières, alors
que toutes les machines construites à l'industrie étaient
munies de secteurs Stephenson d'un fonctionnement irré-
prochable. La raison en était que Mazeline était un ingénieur de la marine. Lorsque Canet créa le premier un matériel d'artillerie à tir rapide, l'Artillerie Navale qui s'était
laissée distancer l'écarta de parti pris en niant la nécessité
du tir rapide. Il fallut l'intervention à la tribune de M. Cle-

---

(1) Il y aurait beaucoup à dire sur l'organisation de l'État-major
général; mais le sujet a été traité à fond par M. le lieutenant de vaisseau CASTEX. Nous renvoyons le lecteur à son intéressant ouvrage :
Le grand État-major naval.

menceau pour l'imposer. L'opposition que l'Artillerie a faite à l'adoption des lunettes de pointage provenait de ce qu'elle n'avait pas eu l'initiative de cette modification. On pourrait multiplier les exemples du même genre tout aussi bien pour les Constructions Navales que pour le service de l'artillerie. Ces faits montrent la nécessité de donner aux utilisateurs un contrôle plus direct sur le matériel. Les institutions ne doivent pas permettre aux fournisseurs d'imposer leurs fournitures aux consommateurs. Aujourd'hui cette nécessité n'est plus contestée; les deux derniers ministres l'ont reconnue; mais on n'a pu encore s'entendre sur l'application. Quelques-uns trouvent bien que les garanties offertes aux marins par les institutions actuelles sont suffisantes, mais les faits leur donnent un démenti. Pendant dix ans, la marine a été à vau-l'eau (voir les conclusions de la commission d'enquête) au nez et à la barbe de l'État-major général. D'autres voudraient renforcer l'autorité de ce service et lui restituer ses anciennes attributions. Ceux-là oublient que jamais l'État-major général ne s'est moins occupé de la préparation militaire qu'à l'époque où il était omnipotent, parce qu'il était absorbé par des préoccupations moins importantes, mais plus immédiates. En voulant trop lui demander, on risque de le condamner à l'impuissance.

Il faut autre chose.

***

On a proposé un moyen radical, consistant à mettre un vice-amiral à la tête d'une direction générale du matériel, laquelle engloberait les deux directions actuelles des Constructions Navales et de l'Artillerie. Les fonctions de ce « grand » directeur seraient difficiles à préciser; car on présume qu'il n'aurait pas à s'occuper de la construction des navires et de l'usinage des canons. Et puis, est-ce bien le moment de centraliser encore plus une administration qui souffre manifestement d'un excès de centralisation? L'action personnelle d'un ministre se fera sentir plus facilement sur un plus grand nombre de directions dont chacune aura la gestion d'une espèce de matériel bien définie, que sur un plus petit nombre de directions dont chacune concentrerait plusieurs catégories de matériel.

Au lieu de n'avoir que deux directions du matériel, il nous paraîtrait plus rationnel de dédoubler les deux directions actuelles de manière à former les quatre directions suivantes :

1º Direction des constructions navales;

2º Direction de l'artillerie;

3º Direction des torpilles;

4º Direction des poudres et artifices.

En dirigeant la construction et la réparation des bâtiments, et en achetant des matières, la Direction des Constructions Navales est dans son domaine; elle y reste maîtresse. Mais, à côté d'elle, et pour faire prévaloir les vues de l'élément militaire, il faudrait placer un organe de contrôle plus efficace que ne peuvent l'être les comités consultatifs et l'État-major général. Il est curieux que les marins qui sont soumis à toutes sortes de contrôle soient seuls à n'exercer aucune espèce de contrôle.

Il y a quelques années, un comité qui remplissait ce but avait été établi pour les sous-marins; et il a certainement contribué à préciser les conditions d'emploi de ces bâtiments et à orienter les constructions dans un même sens. On trouva sans doute qu'il était gênant au même titre que la Direction des Torpilles; et il a été supprimé au moment de la création du Comité Technique. La section de ce comité qui s'occupe des bâtiments de défense a recueilli les dossiers, sans hériter des attributions.

Qu'on revienne à la même idée en l'élargissant à tous les types de bâtiments, et l'on aura un organe de contrôle. Il est bien entendu que ce comité ne sera pas une commission où les décisions sont prises à la majorité des voix; il aura un chef qui dirigera ses travaux et à qui on pourra demander compte de ses décisions. Comme le contrôle, pour être efficace, doit être mobile, surtout dans les questions de matériel, c'est ce comité qui, à l'aide de délégations, suivra tous les essais des navires. Il remplacerait le Comité Technique actuel et toutes ses sections, dont les délibérations platoniques seraient remplacées par des décisions qui, après avoir été soumises au ministre et approuvées par lui, deviendraient des ordres; il serait chargé de veiller à leur exécution.

Des grands conseils, il ne resterait que le Conseil Supérieur organisé sur de nouvelles bases. Quand il y a de graves décisions à prendre, il est logique que le ministre cherche à s'éclairer en consultant les personnes les plus autorisées; mais ce qui importe surtout, c'est d'avoir l'avis de ceux qui auront à jouer un rôle important pendant la guerre. Les opinions n'ont de valeur qu'autant qu'elles engagent ceux qui les emettent. Le Conseil Supérieur ne devrait donc être composé que du chef d'État-major général, de l'amiralissime et des trois commandants d'armée; il ne serait pas permanent.

On a pris l'habitude de confier au Conseil Supérieur l'élaboration des programmes de construction. Tant qu'il ne s'agit que de définir les types de bâtiments, ainsi que leurs caractéristiques, cette pratique peut se justifier; mais il n'appartient au conseil de fixer le nombre de nos escadres que dans la limite des crédits dont dispose la marine. Tout au plus peut-il répondre dans cet ordre d'idées à des questions précises qui le mettent en face de réalités; par exemple : quelles sont les forces nécessaires pour combattre avec avantage telle puissance, en prenant pour base la composition de sa flotte, actuellement ou à une époque déterminée? Au contraire, on demande généralement aux amiraux combien d'escadres doit avoir la France, sans leur fixer de précisions. En partant d'une base aussi large, on construit des châteaux en Espagne.

Pour en finir avec le Conseil Supérieur, disons qu'il serait intéressant de lui demander — ce qui, à notre connaissance, n'a jamais été fait — : Quelle est la composition normale d'une escadre, puis d'une armée navale? Quels sont les divers types de bâtiments entrant dans la composition de ces forces? Quelle est la proportion des bâtiments de chaque espèce? Il n'y a rien de précis à cet égard et c'est ce qui fait qu'aucune de nos escadres n'a la même composition.

Revenons aux directions.

La Direction de l'Artillerie n'a pas le même caractère que la Direction des Constructions Navales. On en a une preuve dans le fait que, seule, cette dernière porte le titre de Direction du Matériel. La construction, l'aménagement et la réparation des navires n'a, avec l'armement proprement dit, qu'un rapport indirect qui facilite l'emploi des armes. Le rôle de la Direction de l'Artillerie est plus militaire; il consiste à fixer le choix des armes et leurs conditions d'utilisation; cette direction doit également présider à la constitution des stocks de munitions, au double point de vue de l'approvisionnement normal et du ravitaillement. Dans la limite de ces diverses attributions, la Direction de l'Artillerie devrait incomber à un combattant bien plus qu'à un technicien. La nécessité de ce dernier n'apparaît que pour la fabrication des pièces et de leurs munitions, pour laquelle il se sert des données fournies par la direction centrale. C'est pourquoi, dans les pays où la marine n'usine pas elle-même ses canons, on a placé un marin à la tête des services de l'artillerie; soit que la fabrication soit faite par le département de la guerre comme en Angleterre, soit qu'elle soit confiée à l'industrie privée comme en Allemagne. En France, où le matériel d'artillerie est construit par la marine elle-même, on en a pris prétexte pour donner la direction aux artilleurs, ce qui est une source permanente de malentendus. On prendrait ce que chacun de ces divers systèmes a de bon en adoptant la solution suivante : la fabrication formerait un service complètement autonome, et serait confiée naturellement aux ingénieurs d'artillerie; la direction serait attribuée aux marins qui auraient recours, pour la fourniture du matériel, concurremment à l'industrie et à l'État.

Le maintien de l'état de choses actuel, tempéré par la création d'une inspection générale des tirs, ne donnerait pas satisfaction aux aspirations des marins; car le résultat des tirs dépend autant de la qualité du matériel que de l'entraînement du personnel.

Pour des raisons analogues, la direction des torpilles serait reconstituée sur ses anciennes bases; elle ne s'occuperait nullement du travail d'atelier, car elle recevrait ses torpilles, soit de l'arsenal de Toulon, soit de Fiume, soit d'ailleurs; mais c'est elle qui devra indiquer la route à suivre. Par ce moyen, nous pourrons espérer qu'on ne perdra plus de vue l'importance du rayon d'action des torpilles.

Quant à la poudre et aux artifices, ils font partie d'un domaine très spécial. Les explosifs sont actuellement confiés aux artilleurs qui ne sont guère mieux qualifiés que les marins pour en avoir charge. C'est afin d'avoir plus de garanties qu'on ferait appel, pour ce service, aux ingénieurs des poudres.

Cela fait, nous voudrions que dans les ports les relations entre les services de réparation et les autorités militaires fussent établies sur de nouvelles bases. Nous voudrions que les crédits affectés aux bâtiments, au lieu d'être portés au compte des Constructions Navales, fussent attribués aux commandants des forces navales. (Ce ne serait qu'une question d'écritures naturellement.) Lorsque les travaux auraient été approuvés par le ministre, les bâtiments traiteraient pour leur exécution avec les arsenaux comme avec un chantier privé, dans la limite de leurs crédits. Actuellement, la dépense n'est pas à la charge des navires, et les commandants en chef, sans se désintéresser de la question, n'y attachent pas naturellement la même importance que s'ils étaient obligés de proportionner leurs besoins à leurs ressources. Le procédé offrirait également l'avantage de supprimer toute discussion avec les Constructions Navales sur l'opportunité de tels ou tels travaux.

*
* *

Pour enlever aux marins toute action sur leur matériel, on s'est abrité derrière les mots de technicité et de compétence qu'on fait sonner bien haut. Et alors nous demandons quelle est la compétence d'un personnel exclusivement civil dans des questions d'un caractère exclusivement militaire.

On trouve dans l'État-major général lui-même, dans ce sanctuaire de la technique militaire, un bureau civil; c'est celui des mouvements. Ouvrons un Annuaire et lisons :

Bureau des mouvements de la flotte.

Mouvements de la flotte. — Composition des forces navales. — Armements, désarmements et services de la réserve. — Relations politiques avec le Ministère des Affaires Étrangères.

Transport de personnel et de matériel. — Instructions aux inspecteurs généraux des différents services de concert avec les sections de l'État-major général et les services intéressés. — Instructions aux commandants des forces navales et aux officiers envoyés en mission par le ministère, de concert avec les sections de l'État-major général et les services intéressés.

Ainsi, c'est un bureau civil qui s'occupe de la composition de nos forces, qui donne des instructions aux commandants en chef et aux commandants. On comprend maintenant pourquoi le commandement n'est pas encore organisé; pourquoi la composition de nos forces ne paraît pas rationnelle; pourquoi les escadres contiennent des bâtiments qui, en temps de guerre, devront aussitôt être affectés à une autre force; pourquoi les instructions ont ce caractère évasif et prudhommesque qui est légendaire. Ce bureau civil voit les choses d'un point de vue civil (1).

Comme correctif, il est spécifié que les instructions doivent être établies de concert avec les sections de l'État-major général. Qu'est-ce que cela veut dire? Les instructions sont établies par un service ou par un autre; il n'y a jamais qu'un rédacteur. Et comme on ne sait pas toujours quel est le service qui doit les faire, il arrive qu'on n'en fait pas du tout.

Dans les services de la flotte armée, nous trouvons la même anomalie. Le bureau de l'état-major et celui des équipages ont également un personnel civil, avec cette particularité que, au sommet et à la base, on trouve des marins. A la tête de la direction est placé un contre-amiral, et les commis des bureaux sont remplacés par des fourriers. Cette double particularité montre bien que les attributions de ces deux services ont un caractère militaire. C'est dans les bureaux de l'état-major et des équipages que sont faits tous nos règlements, que sont élaborés les statuts du personnel. Comment établir les uns et les autres, lorsqu'on n'est pas familiarisé avec les mille aspects de la vie maritime? Nous ne sommes plus étonnés maintenant qu'il y ait des spécialités inutiles et des emplois sans fonctions, que nos règlements nous font compter à bord quand nous sommes

_____

(1) Voir CASTEX, déjà cité.

à terre, et nous font compter à terre quand nous sommes à bord.

Sans doute on va nous répondre qu'on a eu soin de grouper dans ces bureaux tous les fonctionnaires civils qui ont appartenu à la marine. Parfaitement; ils étaient officiers il y a vingt ans, trente ans, et ils appliquent à la marine de 1909 les exigences de la marine de 1880. Et depuis tant de lustres, ont-ils conservé l'esprit militaire qui doit former l'essence de nos règlements?

N'y a-t-il donc que les marins qui, dans la marine, ne soient pas compétents?

IV

LES FONCTIONS MINISTÉRIELLES

––––––

Pendant longtemps, on a vécu sur cette idée que, pour diriger un département militaire, il fallait être militaire ; on plaçait donc un général à la guerre et un amiral à la marine. Un beau jour, il y eut une renverse et l'on posa en principe que les militaires étaient inaptes aux fonctions ministérielles. Et des parlementaires remplacèrent les généraux et les amiraux. Aujourd'hui, devant le résultat obtenu, il semble qu'il y ait hésitation et qu'on se demande lequel vaut le mieux : du militaire ou du civil.

C'est également la question que nous nous poserons et nous espérons pouvoir la traiter d'un point de vue assez élevé pour ne froisser aucune susceptibilité.

**
* *

Quand on vit dans un milieu spécial, on finit par être comme imprégné par les habitudes qu'on y contracte et les traditions qu'on y trouve. On perd la notion exacte de ce qui revient à la tradition et de ce qui appartient à la routine. On confond la lettre avec l'esprit. On s'attache aux vieilles idées comme à de vieux habits, parce qu'on a vieilli avec elles. En un mot, la nature s'adapte au milieu ; et si on ne trouve pas que tout soit bien, du moins on ne se rend pas compte qu'on pourrait être mieux autrement. C'est ce qui fait que chaque métier crée un type particulier.

Si maintenant, dans ce même milieu, vous introduisez un individu qui y est étranger, il sera immédiatement frappé par les contrastes. S'il remonte des effets aux causes, il constatera qu'il n'y a plus concordance entre les moyens et le but, et il sera plus apte à remédier au mal que ceux qui, par leur connaissance des choses, paraissent au premier abord mieux qualifiés pour le guérir.

Telles sont les raisons pour lesquelles un civil pourra faire, quelquefois mieux qu'un militaire, œuvre de progrès à la tête d'un département militaire. Mais ce n'est pas parce que civil; c'est uniquement parce qu'il n'a pas les idées préconçues du militaire.

De plus, aucune réforme ne peut s'accomplir sans léser des intérêts particuliers parce que nous accommodons toujours notre existence à l'état de choses existant, et que tout changement nous chasse de notre souille et vient troubler notre quiétude. Pour entrer dans une voie nouvelle, un civil ne sera pas arrêté par les mêmes scrupules de conscience qu'un militaire qui pourrait se laisser influencer par des considérations de camaraderie.

Un ministre civil pourra donc rendre des services à la marine; mais ce sera à la condition expresse de se cantonner dans ses attributions administratives. Son rôle est, par une gestion économe des deniers de l'État, d'obtenir le maximum de rendement avec la moindre dépense; il consiste également, lorsqu'on s'est rendu compte des besoins du département, à servir d'interprète auprès des Chambres pour obtenir du pays les sacrifices nécessaires. Le ministre pourra et devra pénétrer dans les détails de l'organisation militaire pour améliorer leur fonctionnement; mais il devra éviter d'imposer des conceptions personnelles sur l'utilisation des forces. Cette prétention, si elle existait, ferait supposer qu'il a l'intuition de la guerre navale. Or, cette intuition ne peut exister; ce serait merveilleux. La guerre est une science par certains côtés; un art par d'autres côtés. La science ne s'acquiert que par un travail continu; l'art est le monopole des praticiens, il s'applique sur le terrain avec des outils appropriés. En fait, les ministres civils qui ont voulu sortir du domaine administratif, n'ont fait que s'approprier les idées de certaines écoles. Nous avons eu ainsi le ministre des garde-côtes, le ministre des croiseurs-cuirassés, le ministre des torpilleurs; nous aurions préféré avoir le ministre dont nous chuchotons le nom quand nous sommes entre nous : le ministre de la victoire.

Trois écoles différentes ne peuvent détenir ensemble le secret de la guerre navale. Aussi bien, il n'y a pas de bonnes écoles, parce que les écoles, en matière militaire, sont des chapelles. Il ne doit y avoir qu'une doctrine qui est la résultante du labeur accumulé de plusieurs générations de penseurs militaires. Sans doute, la doctrine peut être fausse, ou bien il peut encore ne pas y en avoir (c'est ce dernier cas qui donne naissance aux écoles, parasites de la doctrine); mais le ministre serait bien prétentieux qui voudrait en forger une de toutes pièces, laquelle sortirait toute armée de son cerveau comme Minerve du casque de Jupiter. Il lui appartiendra, au contraire, s'il constate un manque de concordance dans les idées, de créer les institutions nécessaires pour apporter de l'ordre dans ce désordre intellectuel. Le ministre qui a fondé l'École Supérieure a eu le sentiment de ce devoir.

On nous dit que le ministre est responsable et qu'il a le droit de créer tels moyens qu'il juge convenables pour pouvoir répondre de sa responsabilité. Il y a dans cette opinion une confusion. Le ministre est responsable devant le Parlement de sa gestion. Mais jusqu'ici les marins seuls ont été tenus pour responsables de l'utilisation de leurs moyens.

Or, un ministre, en tombant, a-t-il le droit de leur laisser des moyens qu'ils estiment défectueux ?

Les ministres civils ont des avantages; ils offrent également des dangers. Eux aussi apportent dans leurs fonctions leur mentalité particulière. Ils sont plus accessibles aux influences étrangères. S'ils ne sont pas en garde contre les accès de sentimentalisme auxquels sont soumis les peuples en voie de décadence, ils laisseront porter atteinte à la discipline; recrutés le plus souvent dans le monde parlementaire, ils laisseront envahir le corps militaire par cet élément dissolvant qu'est la politique. Pour extirper ces maux, il y aura alors intérêt à avoir recours à un ministre militaire qui en saisira mieux la portée qu'un civil parce que celui-ci se rend plus difficilement compte des ravages qu'ils causent.

Ainsi, on peut dire que, suivant les circonstances, il y a avantage à placer à la tête du département de la marine, tantôt un civil, tantôt un militaire. Mais il ne saurait y avoir aucune règle précise à ce sujet; car la personnalité des individus vient souvent contredire les conclusions de principe. Donnez le ministère de la marine à un homme qui ait du bon sens et du jugement; qui ait surtout le caractère suffisant pour ne pas se laisser guider par l'opinion publique; qui, aux heures sombres, aura l'énergie de prendre des résolutions viriles; celui-là, qu'il soit civil, qu'il soit militaire, fera toujours un bon ministre. Nous, marins, nous ne demandons pas autre chose.

Des hommes de cette espèce existent. La difficulté est de les distinguer dans la foule.

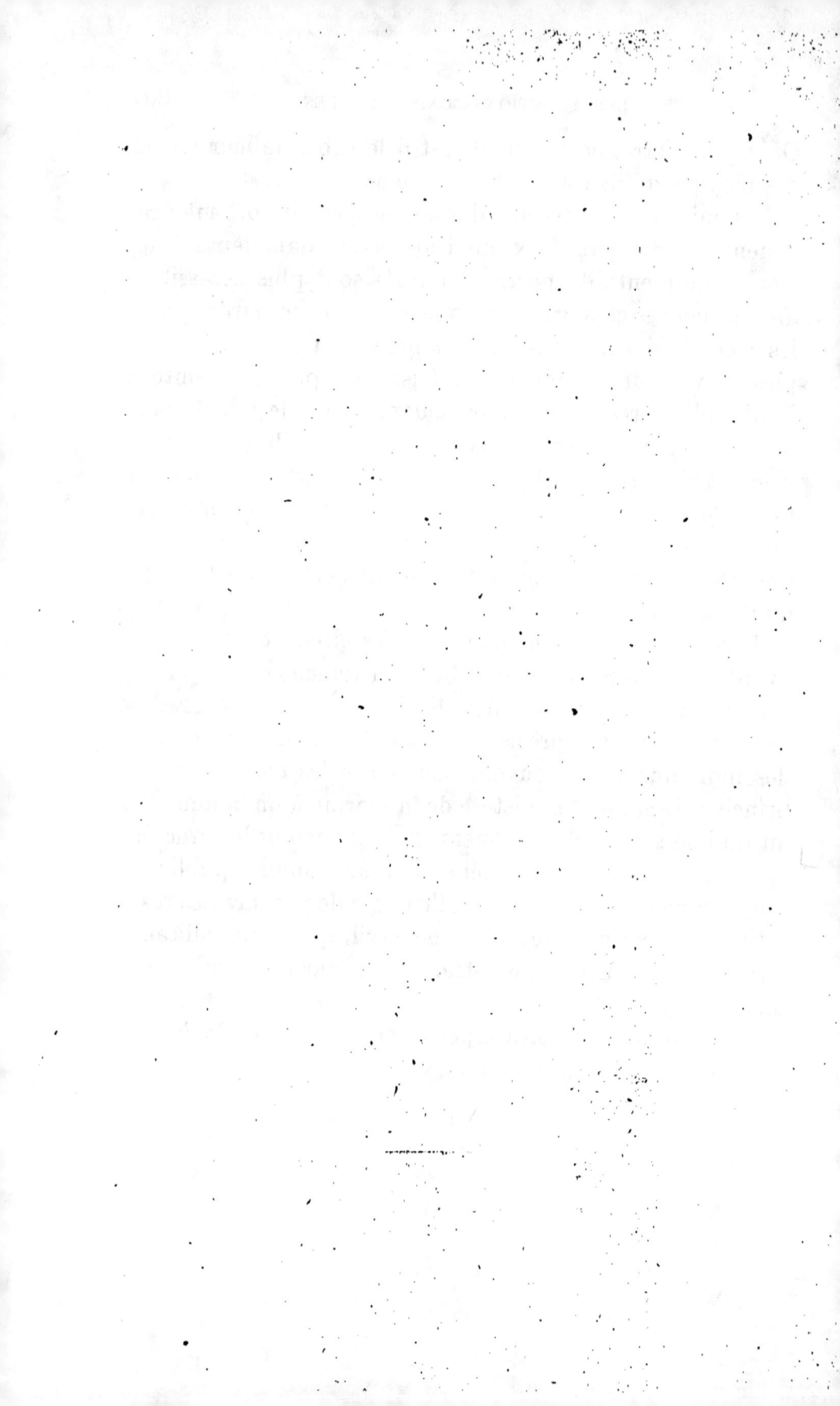

CONCLUSION

Le 1er juillet 1909, la dernière commission d'enquête sur la marine déposait ses conclusions sur le bureau de la Chambre. Elle faisait ressortir que :

1º Les bâtiments sont construits avant l'achèvement des plans;

2º « Des mois et le plus souvent des années » séparent la passation des marchés des différentes parties d'un même navire;

3º En cours d'exécution, les bâtiments subissent des « modifications nombreuses et importantes »;

4º « L'outillage des arsenaux est insuffisant et suranné »;

5º Le manque de matière détermine un arrêt de travail;

6º L'escadre de la Méditerranée n'a pas son approvisionnement réglementaire d'obus en acier;

7º L'escadre du Nord n'a que le tiers de ce même approvisionnement;

8º Les stocks de ravitaillement d'obus en acier de nos escadres ne sont pas prêts (1);

9º « Rien n'a été fait jusqu'à ce jour afin de pourvoir au carénage et aux réparations des cuirassés du programme de 1906 »;

10º Il n'existe entre les différents services de l'adminis-

---

(1) La commission a négligé de dire que plusieurs cuirassés et croiseurs-cuirassés en service n'ont pas encore leur artillerie légère.

tration centrale ni unité de vues, ni efforts coordonnés, ni méthode, ni responsabilité définie;

11° Il y a trop souvent négligence et confusion.

L'exposé de cette situation suffira pour nous faire pardonner d'avoir consacré un volume entier à l'organisation des forces.

Pour que la marine soit tombée si bas, il faut qu'elle soit rongée par des vices organiques. Nous avons essayé de les mettre en relief :

Pour le personnel, la méconnaissance des besoins actuels.

Pour le matériel, une surabondance de moyens inefficaces; une insuffisance de moyens effectifs.

Pour l'administration, des procédés ridicules qui semblent avoir été inventés tout exprès pour enrayer le jeu des services.

On a souvent accusé les marins d'avoir leur part de responsabilité dans cette anarchie; on leur a reproché de n'avoir jamais exprimé d'idées précises. Il est possible que cette assertion contienne une part de vérité. En tout cas, on ne pourra plus appliquer le même reproche à la génération actuelle. Nous, nous savons ce que nous voulons; nous le savons bien; nous le voulons fermement, et nous sommes prêts à collaborer à l'œuvre de relèvement, si on nous donne la place à laquelle nous avons droit.

Cette place, nous la réclamons. Pendant dix ans, on a prétendu avoir une marine sans marins. Pendant dix ans, nous avons assisté à cette désorganisation dont on vient d'opérer au grand jour la liquidation. Pendant dix ans, nous avons vu nos moyens de combat s'affaiblir. Et lorsque nous protestions, on nous disait : « Les questions techniques et administratives ne regardent pas les marins. » Tant que les ingénieurs, les artilleurs, les scribes ne monteront pas sur la passerelle au jour du combat, nous serons en droit de prétendre que ces questions nous intéressent.

Que serait-il arrivé si l'intervention du Parlement n'était pas venue arrêter la marine sur la pente où elle glissait? Dès que l'horizon se serait obscurci, on se serait retourné vers nous et on nous aurait fait les yeux doux. Ah! ce n'est pas alors qu'on nous aurait accusés d'avoir une « mentalité de petite fille ». On aurait fait appel à nos bons sentiments; on nous aurait « chauffés ».

Et nous, nous aurions été en droit de répondre : Nous battre? Avec quoi?

Eh bien, nous le disons très carrément : nous entendons ne pas être battus. Nous ne sommes pas venus dans la marine pour lui faire l'offrande d'un nouveau Trafalgar. Qu'on nous donne des armes!

Quoi qu'il en soit, il faut sortir de là. Assez de lamentations sur le passé; songeons maintenant à l'avenir.

Nous disposons de forces intellectuelles magnifiques; mais elles ont perdu le point de direction. Nos troupes se sont égarées et ont pris des directions différentes. La première chose à faire est de rallier nos forces éparses et, après les avoir concentrées, de les remettre dans la bonne voie.

Mais pour régénérer la marine, il ne faut pas chercher à adapter le présent au passé et à faire du neuf avec du vieux. Il faut reconstruire sur des bases nouvelles.

Évolution? Trop tard. Révolution!

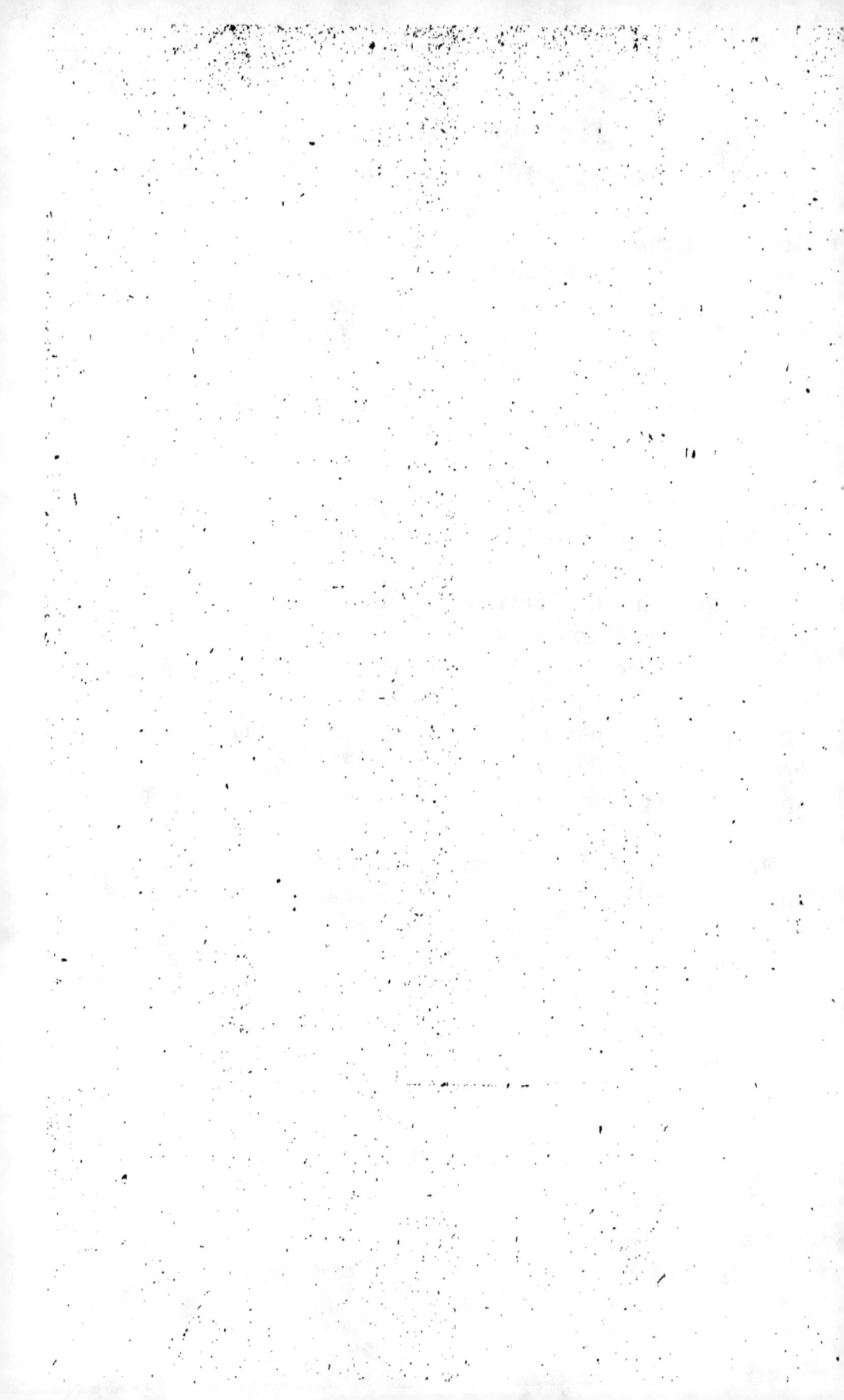

APPENDICE

Effectifs nécessaires pour armer la flotte

Première armée navale

	PIED DE PAIX	PIED DE GUERRE
	Hommes	Hommes
Première escadre de ligne. . . .	3.900	3.900
Deuxième escadre de ligne . . .	4.260	4.260
Première escadre légère	3.294	3.294
Première flottille (1)	1.432	1.432
Total	12.886	12.886

Deuxième armée navale

Première escadre de ligne. . . .	2.373	3.560
Deuxième escadre de ligne . . .	2.107	3.160
Deuxième escadre légère	1.698	2.548
Deuxième flottille (1)	1.432	1.432
Total	7.610	10.700

Troisième armée navale

Première escadre de ligne. . . .	4.227	4.227
Deuxième escadre de ligne . . .	2.437	3.652
Troisième escadre légère	2.489	2.987
Troisième flottille (1)	1.432	1.432
Total	10.585	12.298

---

(1) Y compris le bâtiment du chef de flottille.

Division indépendante

	PIED DE PAIX	PIED DE GUERRE
	Hommes	Hommes
3 croiseurs-cuirassés	1.689	1.689
Bâtiments légers.	697	697
Total	2.386	2.386

Escadre des garde-côtes

	PIED DE PAIX	PIED DE GUERRE
Escadre de ligne.	698	2.385
Division légère	349	1.047
Total	1.047	3.432
40 sous-marins	500	500

RÉCAPITULATION

	PIED DE PAIX	PIED DE GUERRE
Première armée navale.	12.886	12.886
Deuxième armée navale	7.610	10.700
Troisième armée navale	10.585	12.298
Division indépendante.	2.386	2.386
Escadre des garde-côtes	1.047	3.432
Sous-marins.	500	500
Total général.	35.014	42.202

L'effectif de la marine en temps de paix est de 51.000 hommes environ; la constitution de la flotte absorberait donc 66 % de l'effectif du temps de paix. Elle se substituerait aux armements actuels qui en absorbent 70 % (30 % pour les escadres actives; 7 % pour les divisions lointaines; 18 % pour les défenses fixes et mobiles; 15 % pour les bâtiments en réserve) (1). Elle procurerait donc une économie

(1) Ces chiffres sont fournis par le commandant Amet.

de personnel, sans affecter le fonctionnement de nos arsenaux qui prennent 4 % de l'effectif, ni celui des écoles qui
prennent 15 %. On disposerait encore d'un disponible de
15 %, soit plus de 7.000 hommes. Cette réserve serait beaucoup trop considérable et il serait possible d'armer également la deuxième escadre de la troisième armée avec des
effectifs complets, surtout si l'on supprimait l'escadre des
garde-côtes.

Nancy, impr. Berger-Levrault et Cie

www.ingramcontent.com/pod-product-compliance
Lightning Source LLC
Chambersburg PA
CBHW050459270326
41927CB00009B/1821